新时代理论研究文丛

中国式现代化江苏新实践研究丛书

指导委员会

主 任

张爱军　曲福田

委 员

（按姓氏笔画排序）

刘世虎　江　涌　杨　明
沈剑荣　张新科　周　进
赵金松　夏锦文　蒋　巍

学术顾问

公丕祥　洪银兴　郭广银

编撰委员会

总主编

曲福田

副总主编

张新科

委 员

（按姓氏笔画排序）

丁荣余　华桂宏　刘西忠
许益军　杨　明　范从来
夏锦文　黄贤金　章朝阳

◆—中国式现代化江苏新实践研究丛书—◆

中国式现代化江苏新实践
——— 百姓富 ———

夏锦文　吕永刚　孙运宏　著

江苏人民出版社

图书在版编目(CIP)数据

中国式现代化江苏新实践. 百姓富 /夏锦文等著.
— 南京：江苏人民出版社，2024.5
(中国式现代化江苏新实践研究丛书/曲福田总主编)
ISBN 978-7-214-28978-0

Ⅰ.①中… Ⅱ.①曲… ②夏… Ⅲ.①现代化建设－研究－江苏②共同富裕－研究－江苏 Ⅳ.①D675.3 ②F127.53

中国国家版本馆 CIP 数据核字(2024)第 024685 号

书　　　名	中国式现代化江苏新实践·百姓富
著　　　者	夏锦文　等
责 任 编 辑	胡天阳
装 帧 设 计	朱赢椿工作室
责 任 监 制	王　娟
出 版 发 行	江苏人民出版社
地　　　址	南京市湖南路 1 号 A 楼,邮编:210009
照　　　排	江苏凤凰制版有限公司
印　　　刷	江苏凤凰数码印务有限公司
开　　　本	718 毫米×1000 毫米　1/16
印　　　张	19.25　插页 2
字　　　数	274 千字
版　　　次	2024 年 5 月第 1 版
印　　　次	2024 年 5 月第 1 次印刷
标 准 书 号	ISBN 978-7-214-28978-0
定　　　价	86.00 元

(江苏人民出版社图书凡印装错误可向承印厂调换)

总序

现代化是从工业革命以来由制度创新、科技进步、思想变迁特别是产业革命所驱动的经济社会等各领域所发生的根本性、系统性变革,是由传统社会向现代社会转变的过程。自20世纪50年代以来,现代化进程中的悖论在于:实践上,现代化是不可抗拒的世界性潮流,但同时高筑壁垒,广大发展中国家追求现代化障碍重重、道阻且长;理论上,尽管流派众多,但都难以超越"西方中心论"藩篱,不能为广大发展中国家提供保持其独立性、民族性的现代化方案。这在客观上要求现代化理论实现创新突破,以更好指导人类现代化新实践。

以中国共产党成立为标志,中国追求现代化有了前所未有的历史自觉和精神主动。中国特色社会主义进入新时代,中国共产党成功推进和拓展了中国式现代化,初步构建中国式现代化的理论体系。中国式现代化是人类历史上人口规模巨大的现代化,坚持以人民为中心,追求共同富裕、物质文明和精神文明相协调、人与自然和谐共生,走和平发展道路。新型政党的组织领导、社会主义的制度性质、对民族文化的坚守和自信,让中国式现代化展现出非凡的气象和格局,开创了人类文明新形态。

"中国现代化建设之所以伟大，就在于艰难，不能走老路，又要达到发达国家的水平"①。大国现代化的重要特征是其内部差异性、不平衡性，这就决定了有条件的地区率先探索的必要性与可能性。在中国，与秦汉的"郡"、隋唐的"州"、宋代的"路"、元明清的"（行）省"等称谓大致对应的"省"一级，集行政单元、经济单元、文化单元、人口单元、地理单元等众多功能于一体，自古以来就是大一统国家体系中的重要枢纽。在中国这样的大国建设现代化，链接中央与基层的省域实践具有推进地方发展与治理创新、探索现代化多样路径、承担国家特殊使命等独特作用，尤其具有战略性、全局性。

江苏自然禀赋优越、人文底蕴深厚、经济基础厚实，在中国经济和人文地理版图上都具有十分重要的地位，在改革开放中领风气之先。2014年12月，习近平总书记要求江苏"努力建设经济强、百姓富、环境美、社会文明程度高的新江苏"。"强富美高"是习近平总书记着眼中国特色、时代特征和江苏特点为新时代江苏擘画的宏伟蓝图，是中国式现代化的江苏省域表达，指引江苏高水平全面建成小康社会，更引领江苏现代化建设的未来②，具有深刻的理论意义和实践价值。2023年，习近平总书记要求江苏在推进中国式现代化中走在前、做示范，奋力推进中国式现代化江苏新实践，谱写"强富美高"新江苏现代化建设新篇章。2024年，

---

① 《习近平关于中国式现代化论述摘编》，中央文献出版社2023年版，第65页。
② 信长星：《在推进中国式现代化中走在前做示范　谱写"强富美高"新江苏现代化建设新篇章》，《学习时报》2023年9月1日。

习近平总书记着眼国家现代化全局,要求江苏成为发展新质生产力的重要阵地。由此可见,习近平总书记始终以"强富美高"为江苏现代化谋篇布局,并不断赋予其新内涵,要求江苏在现代化建设上勇于探索、争做示范。

进入新时代,在习近平新时代中国特色社会主义思想的指引下,江苏广大干部群众踔厉奋发,奋勇争先,把"强富美高"新江苏美好蓝图一步步变为现实,呈现出中国式现代化省域实践的全新景象;与此同时,在这一重要的历史变革中不断探索现代化省域实践的成功经验和一般规律。在"经济强"上,经济增长迈入高收入阶段,发展方式全面转向创新驱动,走出了以发展新质生产力打开量的更大增长空间的高质量发展之路;在"百姓富"上,居民生活进入殷实富足阶段,区域城乡协调均衡成为鲜明特征,正以促进效率对公平的包容迈向全体人民共同富裕的现代化;在"环境美"上,高水平保护与高质量发展呈现良性互动,以追求生态财富持续增长,有效推动着人与自然和谐共生的现代化;在"社会文明程度高"上,充分展现了人的全面发展的生动场景,探索了在人文与经济、传统与现代的融合中推进物质文明和精神文明相协调的现代化新经验。新时代以来,江苏现代化进程的演进特征和规律启示,充分说明了"强富美高"与中国式现代化的本质特征高度契合,是中国式现代化生动的、富有标识性的省域表达。江苏的成功实践及其探索性、创造性和示范性充分证明了中国式现代化理论科学思想的伟力。

20世纪80年代以来,伴随着我国现代化研究的快速起步,大量西方现代化理论开始被引入。但西方理论很难解释我国经济快速发展与社会长期稳定"两大奇迹",这就迫切需要"我国哲学社会科学应该以我们正在做的事情为中心,从我国改革发展的实践中挖掘新材料、发现新问题、提出新观点、构建新理论"①。江苏始终处于我国改革开放和现代化建设的前沿,是现代化理论与实践研究的"富矿"。江苏社科工作者,有责任有义务担负起深化中国式现代化研究这份沉甸甸的学术使命,在研究解决事关全局性、根本性、关键性的重大问题上拿出真本事、取得好成果。

中国式现代化的理论与实践研究是一个不断展开的、开放式的学术领域,对现代化省域实践的研究是一个极富价值又亟待深化的学术空间,中国式现代化何以行、何以兴的很多制胜密码就蕴藏其间。如果说苏南模式和新苏南模式的提出科学解释了我国先发地区经济率先起飞和发展方式率先转型的奥秘所在,那么中国式现代化江苏新实践研究,不仅有助于揭示由中国式现代化本质要求所决定的、传统社会向现代社会转型省域实践的一般特征,即由制度创新、技术进步推动经济高质量发展的一般规律和以共同富裕、绿色发展与人的全面发展等为内涵的社会转型的基本特征,也有助于进一步弄清发展实体经济、促进开放创新、追求生态财富、推动人文经济学实践、激励基层创新等命题对中国式现代化省域实践的特殊价值。

"中国式现代化江苏新实践研究丛书"以"强富美高"新江苏建设历程为依据、以揭示过程本质特征为标准、以提出一般性规律为价值,运用多学科理论与方法研究江苏省域现代化的历史逻

---

① 《习近平在哲学社会科学工作座谈会上的讲话》,《人民日报》2016年5月19日。

辑、理论逻辑和实践逻辑，总结江苏发展模式演进的新特征、现代化建设的新规律。致广大而尽精微，这不仅有助于理解中国式现代化何以拥有为世界提供"另一种现代性"的文明伟力，也努力为中国式现代化建设提供江苏样本、凝炼省域经验。瞻望前程，在中国式现代化这一新时代总命题下，江苏"强富美高"现代化实景必定越发"气韵生动""气象万千"，我们的研究则如棱镜般折射出当代江苏的斑斓色彩与当代中国的澎湃活力。诚挚希望广大社科界的同仁和我们一道来描摹现代中国、学术中国的美丽画卷。

曲福田

目录

导论 ... 001
第一节 "百姓富":千年不坠的伟大梦想 ... 003
第二节 "百姓富":念兹在兹的深切牵挂 ... 005
第三节 "百姓富":笃行不怠的坚定追求 ... 007
第四节 "百姓富":省域示范的生成逻辑 ... 009

第一章 "百姓富"的理论基础及原创贡献 ... 011
第一节 "百姓富":把握规律之上的理论创新 ... 013
一、马克思主义唯物史观的根本遵循 ... 013
二、彰显社会主义的科学性人民性 ... 015
三、中国共产党一以贯之的追求 ... 018
四、对西方现代化的价值超越 ... 021

第二节 "百姓富":蕴藏中国智慧的话语表达 ... 023
一、体现"两个结合"的理论创新 ... 023
二、直击人心的群众性话语形态 ... 024
三、彰显民族特色的"术语的革命" ... 025

第三节 "百姓富":秉持新发展理念的理论运用 ... 027
一、在新发展理念体系中把握"百姓富" ... 027
二、在共享价值维度上把握"百姓富" ... 029
三、把追求"百姓富"贯穿共享共富进程 ... 030

第四节 "百姓富"：在实践演进中生成丰富内涵　032
- 一、一部追求共同富裕的实践史　032
- 二、成为现代化建设的"中心课题"　033
- 三、通向共同富裕的总体性概念　034
- 四、理论创新与实践创造的内在统一　035
- 五、让共富导向的美好生活可享可感　036

第二章　省域富民实践的基础及历程　037

第一节　坚实的发展基础　039
- 一、坚守实业、崇尚实干的物质条件　039
- 二、底蕴深厚、人文发达的文明条件　040
- 三、枢纽天下、融通世界的开放条件　041

第二节　跨越温饱的"关键一跃"　042
- 一、蓄积跨越温饱之力　042
- 二、贫困现象显著缓解　044
- 三、提前实现温饱目标　045

第三节　开启富民强省的探索　046
- 一、率先实施富民强省战略　046
- 二、把"富民优先"摆在重要位置　048
- 三、实施民生幸福工程　049
- 四、聚焦富民的战略部署　050

第四节　实现小康的宽裕生活　052
- 一、下好小康时代共同富裕"先手棋"　052
- 二、脱贫帮扶取得重大进展　053
- 三、率先展现宽裕生活的现实模样　053

第三章　在新思想指引下奋力推进"百姓富"　057

第一节　思想指引与时代特征　059
- 一、科学的思想指引　059

二、鲜明的时代特征　　062

　第二节　顶层设计与战略部署　　064

　　一、一体化部署"百姓富"战略重点　　064

　　二、率先实施民生共享战略　　065

　　三、出台"富民增收33条"　　066

　　四、实施重大富民专项行动　　067

　第三节　重点路径与实践进展　　069

　　一、高水平脱贫筑牢"百姓富"基底　　069

　　二、聚力破解"一老一小"民生痛点　　071

　　三、公共服务加速从"有"到"优"　　072

　　四、编密织牢民生兜底保障网　　073

　　五、不断彰显"百姓富"文明底蕴　　075

　　六、积极探索"百姓富"特色化路径　　077

　第四节　比较分析与态势研判　　078

　　一、国际经验：成功与挫折并存　　079

　　二、国内经验：丰富实践富有启示　　080

　　三、进度研判：推进"百姓富"取得阶段性进展　　083

第四章　以高质量发展夯实共富物质基础　　087

　第一节　以高质量发展推进"百姓富"　　089

　　一、在高质量发展中促进共同富裕　　089

　　二、率先转型打开江苏产业创富新空间　　090

　　三、迈上十万亿元台阶形成高质量发展领先态势　　092

　　四、高新技术产业成为"百姓富"的强力依托　　093

　　五、先进制造业集群成为推进"百姓富"的可靠基础　　094

　　六、科技人才队伍壮大成为推进"百姓富"的重大动能　　095

　第二节　以高水平消费升级推进"百姓富"　　096

　　一、消费升级彰显生活品质提升　　097

　　二、发挥服务业带动"百姓富"的重要作用　　097

三、消费有力支撑产业转型和民生改善　　098
　　四、服务业结构优化推动消费升级　　100
　　五、扩大内需推动消费成为主引擎　　101
　　六、持续拓展数字富民新空间　　102

　第三节　以多种所有制经济推进"百姓富"　　103
　　一、国资国企成为推动"百姓富"的关键力量　　103
　　二、民营经济成为名副其实的富民经济　　105
　　三、新型集体经济成为推动"百姓富"的特色力量　　107

　第四节　以培育新质生产力推进"百姓富"　　110
　　一、推进科技创新突破　　110
　　二、引导产业向高创新　　111
　　三、持续发力专精特新　　112
　　四、深度嵌入城乡融合　　112

第五章　以高水平创业就业拓展创富空间　　115

　第一节　在大规模创业中促进增收致富　　117
　　一、推进重点群体创业　　117
　　二、营造适宜创业的综合生态　　121
　　三、创业创富进展成效　　122

　第二节　在高质量就业中实现增收　　124
　　一、强化就业优先导向　　124
　　二、促进多渠道就业　　125
　　三、推进重点群体就业　　129
　　四、有力保障劳有所得　　129
　　五、就业增收富有成效　　131

　第三节　多措并举提高居民收入水平　　133
　　一、居民收入保持持续增长态势　　133
　　二、持续壮大中等收入群体　　134
　　三、千方百计促进农民增收　　135

四、拓展困难群体增收渠道　137
五、提升人力资本水平　137

第六章　在区域城乡协调均衡上先行示范　139

第一节　在一体协调中缩小区域差距　141
一、在实施功能区战略中缩小区域差距　141
二、在南北共建中缩小区域差距　144
三、在一体化中缩小区域差距　145
四、在完善综合基础设施网络中缩小区域差距　146

第二节　在深度融合中缩小城乡差距　148
一、在新型城镇化中缩小城乡差距　148
二、在新时代鱼米之乡建设中缩小城乡差距　149
三、在城乡融合发展中缩小城乡差距　150
四、在增强县域经济功能中缩小城乡差距　151

第三节　统筹推进区域城乡"百姓富"　152
一、凝练区域城乡"百姓富"的主攻方向　153
二、优化区域城乡共富导向的产业布局　155
三、促进农业转移人口全面融入城市　155
四、增强区域城乡协调的技术赋能共富水平　156
五、增强区域城乡公共资源配置均衡性　157

第七章　以高水平公共服务提升生活品质　159

第一节　用情守护"一老一小"　161
一、一体构建服务"一老一小"顶层设计　161
二、全面优化儿童发展环境　163
三、构建"苏适养老"服务体系　166

第二节　建设人民满意的教育　171
一、率先推进教育现代化　171
二、推进基础教育公平优质发展　172

三、推动高等教育内涵式发展　　174
　　四、构建开放融通的终身教育体系　　175
第三节　全周期保障群众健康　　176
　　一、统筹推进健康江苏建设　　177
　　二、优化提升医疗卫生服务　　178
　　三、持续提升群众健康水平　　181
第四节　有效保障居民住房需求　　182
　　一、提高住房保障供给能力　　182
　　二、改善城镇居民居住条件　　184
　　三、提升农村地区居住品质　　185
第五节　推进基本公共服务均等化　　186
　　一、健全完善基本公共服务标准体系　　186
　　二、推进城乡公共服务资源均衡配置　　187
　　三、提升区域公共服务协调发展水平　　188
　　四、促进常住人口基本公共服务均等化　　189

第八章　筑牢"百姓富"的基础底线　　191

第一节　兜牢民生底线　　193
　　一、保障基本民生是"百姓富"的试金石　　193
　　二、在精准识别中应救尽救、应养尽养　　194
　　三、健全多层次社会保障体系　　195
　　四、建成高标准、广覆盖的社会救助体系　　197
　　五、实施底线民生保障提升行动　　198
　　六、积极发展社会慈善事业　　200
第二节　守好安全底线　　201
　　一、安全是"百姓富"最基础的要求　　201
　　二、筑牢国家安全的江苏屏障　　202
　　三、高水平建设平安江苏　　203
　　四、提高公共安全治理水平　　204

第三节　确保法治底线　　205
一、法治为"百姓富"保驾护航　　205
二、用高水平法治强化江苏发展核心竞争力　　206
三、让法治成为最好的营商环境　　207
四、以法治保障和增进民生福祉　　208

第四节　坚守诚信底线　　209
一、良好的信用体系是社会公共财富　　210
二、"诚信江苏"成为百姓共享的亮丽名片　　211
三、社会诚信风尚加速形成　　213

第九章　在治理现代化中增进秩序与活力　　215

第一节　促进秩序与活力的平衡　　217
一、保持秩序与活力的平衡：一道世界性难题　　217
二、促进秩序与活力的平衡：现代化建设的中国经验　　218

第二节　强化治理保障社会秩序　　219
一、顶层设计指引治理创新　　220
二、坚持党建引领推进开拓创新　　220
三、健全多元主体治理参与机制　　221
四、推动构建社区治理共同体　　222
五、促进社会组织高质量发展　　223
六、网格化治理走在前列　　224

第三节　优化治理激发社会活力　　225
一、坚持服务为本提升治理效能　　225
二、优化社会治理层级功能　　226
三、探路城市治理促进"百姓富"新路　　227
四、积极构建和谐社区　　229
五、坚持和发展新时代"枫桥经验"　　230

第十章　在丰富群众精神世界上奋发作为　233

第一节　同步推进物质富足、精神富有　235
一、把握物质富足、精神富有的辩证关系　235
二、以人民为中心促进物质富足、精神富有　237
三、"两个文明"协调发展的坚定探索　238

第二节　持续丰富人民群众精神世界　240
一、深厚区域文化为"百姓富"注入深层动力　240
二、推动共同富裕理念入脑入心　241
三、在提升文明素养中丰富精神世界　242
四、激发"四敢"担当丰富精神世界　243
五、持续推进文化惠民　244
六、创新推进文化富民　245

第三节　充分彰显"百姓富"的文明底蕴　246
一、厚植"百姓富"的文明根基　246
二、打造涵养文明的公共文化空间　247
三、创新文明传承创新的实践形态　248

第十一章　江苏推进"百姓富"的探索启示　251

第一节　江苏推进"百姓富"的特色经验　253
一、深耕实业做大实体经济总量　253
二、弘扬企业家精神让企业敢干　254
三、坚持把为民造福作为最大政绩　256
四、持之以恒用心用情抓"民生七有"　257
五、加强基本公共服务标准供给　258
六、聚力解决群众"急难愁盼"问题　259
七、构建协调配套的分配制度体系　260

第二节　江苏推进"百姓富"的规律总结　261
一、坚持党的全面领导是最大优势　261
二、鼓励群众创新创造是根本动力　262

三、促进区域城乡协调是关键支撑 263
　　四、守牢民生安全底线是基础前提 264
第三节　江苏推进"百姓富"的经验启示 265
　　一、坚持做大"蛋糕"与切好"蛋糕"并举 265
　　二、坚持缩小收入差距与缩小财产差距并举 266
　　三、坚持补齐短板与筑高底板并举 267
　　四、坚持壮大中等收入群体与畅通社会流动并举 267
　　五、坚持激发市场活力与先富带动后富并举 268
　　六、坚持物质富裕与精神富裕并举 268

第十二章　锚定"百姓富"谱写新江苏现代化建设新篇章 271

第一节　明确"百姓富"的重点路径 273
　　一、着力增强省域综合实力、创新力、竞争力 273
　　二、提高发展的平衡性、协调性、包容性 274
　　三、着力增强人民群众的获得感、幸福感、安全感 275
第二节　紧扣高质量发展推进"百姓富" 276
　　一、在建设高标准市场体系中推进"百姓富" 276
　　二、在高水平供需动态平衡中推进"百姓富" 277
　　三、在加强人力资本投资中推进"百姓富" 278
　　四、在增加公共生产要素供给中推进"百姓富" 278
　　五、在扩大优质普惠公共服务中推进"百姓富" 279
　　六、在健全社会保障和救助帮扶体系中推进"百姓富" 280
　　七、在完善收入分配制度体系中推进"百姓富" 281
第三节　在打造标杆示范中推进"百姓富" 281
　　一、打造推进"百姓富"的重大改革标杆 282
　　二、打造推进"百姓富"的新型主体标杆 283
　　三、打造推进"百姓富"的政策创新标杆 284
　　四、打造壮大中等收入群体标杆 285
　　五、锻造先富带动后富标杆 286

后　记 288

导 论

习近平总书记指出:"党的十八大以来,党中央把握发展阶段新变化,把逐步实现全体人民共同富裕摆在更加重要的位置上,推动区域协调发展,采取有力措施保障和改善民生,打赢脱贫攻坚战,全面建成小康社会,为促进共同富裕创造了良好条件。现在,已经到了扎实推动共同富裕的历史阶段。"① 共同富裕是社会主义的本质要求,是中国式现代化的重要特征。江苏要在推进中国式现代化中"走在前、做示范",必然要在扎实推动共同富裕中积极作为、在重点领域率先取得实质性进展,率先形成省域共同富裕的现实模样。2014 年,习近平总书记擘画了"强富美高"新江苏宏伟蓝图,将"百姓富"所蕴含的百姓心、民生情、共富梦,融入新时代江苏现代化建设进程,"百姓富"成为江苏现代化最鲜明、最富吸引力的标识之一,成为大国现代化省域实践的重要内容。江苏坚定"百姓富"的志向追求,积极探索百姓求富创富共富之路,人民生活品质显著提升,发展更具均衡性、协调性,群众的获得感、幸福感、安全感不断增强,江苏奋力在扎实推动共同富裕的伟大进程中先行探路、提供示范。

第一节
"百姓富":千年不坠的伟大梦想

习近平总书记用"百姓富"来描绘新江苏的美好图景,体现了人民是历史创造者的马克思主义唯物史观,也体现了中华优秀文化以民为本、民生为重的"百姓观"。让老百姓告别贫困、过上富足美好生活,深深嵌入中国传统文化之中,体现着民生所向,民心所望,也是历朝历代"道统"与"政统"均追求的目标。《诗经》中"民亦劳止,汔可小康"的诗句,反映了先民对通过辛勤劳作过上宽裕生活的渴求。描述的虽是理想图景,

---

① 习近平:《扎实推动共同富裕》,《求是》2021 年第 20 期。

却蕴含着朴素的唯物主义思想，将实现理想建构在劳动者的奋斗创造之中，至今仍有启发性。中国古代思想家的"大同社会"构想，则包含着较之小康更高水平的追求，包含着消除绝对贫困、达至共同富裕的深刻意蕴。从"治国之道，必先富民"的朴素认知到"裕民以政"的深刻政见，反映了"富民""裕民"在国家治理中的重要价值。百姓需要"富"，百姓追求"富"，但百姓何以"富"在传统社会中却是一道无解的难题。在中国漫长的古代社会，中华民族创造了光辉灿烂的文明成果，普通民众的生活水平则长期徘徊在生存线边缘，无法实现质的提升。杜甫的诗句"稻米流脂粟米白、公私仓廪俱丰实"所描绘的场景，更多停留在诗人的追忆和想象之中。在半殖民地半封建社会的旧中国，中国社会创造的物质财富被帝国主义列强无情地掠夺践踏，社会遭受到毁灭性的破坏，人民生活在水深火热之中。广大民众面对的只有共同贫困、生活无继的悲惨遭遇，温饱不可得，富足生活、大同社会更是遥不可及、无从谈起。毛泽东深刻指出，由于帝国主义和封建主义的双重压迫，"中国人民的贫困和不自由的程度，是世界所少见的"[①]。

从社会制度层面分析，在原始社会，在生产条件极端落后的情况下，平均分配、共渡难关，是人类让种族得以延续的极限生存的最优策略；在奴隶社会下，奴隶消耗最少的物质财富、创造身体条件允许的最多社会财富，让一小部分奴隶主过上小康或富裕生活，也使得一部分人得以有闲暇进行精神文化层面的探索；在封建社会，人类社会生产力得到前所未有的发展，在一些王朝的繁盛时期，在以王朝都城或贸易港为代表的部分地区会阶段性出现经济发展、市场繁荣的景象，人民生活水平实现相对性的跃升。刻画北宋市井繁华的《清明上河图》就是一个艺术缩影。宋元时期的泉州已是"涨海声中万国商"的世界海洋商贸中心，明清时期江南地区手工业发达，已产生了资本主义萌芽，成为公认的"富庶之地"。但即便是在最强盛的封建王朝、最发达的都城，能达到的经济繁荣都是很有限的，

[①]《毛泽东选集》第2卷，人民出版社1991年版，第631页。

普遍贫穷仍是大多数社会成员的现实写照。在资本主义社会，即使是西方发达国家也没有更不可能根本解决社会性的贫困、内生性的贫富差距问题，不可能实现真正的共同富裕。在新中国，在社会主义的制度条件下，在"两个结合"这个中国特色社会主义取得成功的最大法宝的推动下，"百姓富"才在理想与现实、目标与过程、需要与可能之间真正架起桥梁，开启了富有远大前景的社会实践，让全体人民群体"一个都不能少"地向过上富裕美好生活迈出坚定步伐，获得前所未有的现实可能性。

第二节
"百姓富"：念兹在兹的深切牵挂

中国式现代化是中国人民共同的事业，也是自己的事业。习近平总书记指出，"中国式现代化，民生为大。党和政府的一切工作，都是为了老百姓过上更加幸福的生活"[①]。

习近平总书记对江苏"百姓富"的要求和期待，体现了人民领袖对百姓生活的深切牵挂，是"以人民为中心"根本立场的内在反映。老百姓期盼什么、过得怎样，始终是习近平总书记牵挂在心的"国之大者"。习近平总书记提出，"我们的人民热爱生活，期盼有更好的教育、更稳定的工作、更满意的收入、更可靠的社会保障、更高水平的医疗卫生服务、更舒适的居住条件、更优美的环境，期盼孩子们能成长得更好、工作得更好、生活得更好。人民对美好生活的向往，就是我们的奋斗目标"[②]。能不能做得到、做得好"民生七有"，是衡量"百姓富"的重要指标，也指明了实

[①]《习近平在重庆考察时强调　进一步全面深化改革开放　不断谱写中国式现代化重庆篇章》，《人民日报》2024年4月25日。
[②] 习近平：《论把握新发展阶段、贯彻新发展理念、构建新发展格局》，中央文献出版社2021年版，第22页。

现"百姓富"的重要途径。习近平总书记强调,"以人民为中心的发展思想,不是一个抽象的、玄奥的概念,不能只停留在口头上、止步于思想环节,而是体现在经济社会发展的各个环节。要坚持人民主体地位,顺应人民群众对美好生活的向往,不断实现好、维护好、发展好最广大人民根本利益,做到发展为了人民、发展依靠人民、发展成果由人民共享"①。"百姓富"不可能凭空实现,离不开以人民为主体的实践奋斗。为此,要有很强的问题意识,以解决问题、矛盾、短板为突破口,努力在推动高质量发展过程中办好各项民生事业,补齐民生领域短板。"要更加聚焦人民群众普遍关心关注的民生问题,采取更有针对性的措施,一件一件抓落实,一年接着一年干,让人民群众获得感、幸福感、安全感更加充实、更有保障、更可持续。"② 习近平总书记关于坚持以人民为中心、扎实推动共同富裕等重要论述对理解"百姓富"何以提出、把握"百姓富"何以推进提供了根本指引。

习近平总书记对江苏"百姓富"提出了明确要求,体现在习近平总书记对江苏工作重要讲话重要指示精神之中。习近平总书记在镇江提出"没有全民健康,就没有全面小康","真正解决好基层群众看病难、看病贵问题","深化城乡统筹,扎实推进城乡一体化发展,让农村成为安居乐业的美丽家园";③ 对徐州马庄村村民发展特色产业致富表示肯定和鼓励,指出"农村精神文明建设很重要,物质变精神、精神变物质是辩证法的观点,实施乡村振兴战略要物质文明和精神文明一起抓,特别要注重提升农民精神风貌"④;在南通五山地区考察时看到滨江生态的"沧桑巨变",对在场的群众说"大家生活在这样的城市里很幸福,幸福是你们共同奋斗、亲手

---

① 习近平:《论把握新发展阶段、贯彻新发展理念、构建新发展格局》,中央文献出版社2021年版,第94页。
②《习近平谈治国理政》第四卷,外文出版社2022年版,第60页。
③《习近平:主动把握和积极适应经济发展新常态 推动改革开放和现代化建设迈上新台阶》,《人民日报》2014年12月15日。
④《习近平在江苏徐州市考察时强调 深入学习贯彻党的十九大精神 紧扣新时代要求推动改革发展》,《人民日报》2017年12月14日。

创造出来的"①；在扬州考察时指出"千百年来，运河滋养两岸城市和人民，是运河两岸人民的致富河、幸福河"②；在参加十四届全国人大一次会议江苏代表团审议时强调，人民幸福安康是推动高质量发展的最终目的，"基层治理和民生保障事关人民群众切身利益，是促进共同富裕、打造高品质生活的基础性工程，各级党委和政府必须牢牢记在心上、时时抓在手上，确保取得扎扎实实的成效"③；在苏州考察时指出，"昨天我看了工业园区，今天又看了传统文化街区，到处都是古迹、名胜、文化，生活在这里很有福气"④，要求江苏必须在保障和改善民生、推进社会治理现代化上走在前列。江苏一直是习近平总书记的关注点、调研点和研究点。江苏的山山水水，习近平总书记始终装在心里；江苏老百姓的生活变迁，习近平总书记始终念兹在兹；江苏发展得怎样、未来如何在高质量发展上继续走在前列，习近平总书记始终关心关注。习近平总书记对江苏推进"百姓富"的要求，对民生建设提出的一系列指示要求体现了大国领袖的民生情怀，蕴含着对江苏要率先创造现代化富民业绩的深切期盼，要求江苏这样有条件的省域在率先实现"百姓富"上展现作为，展现了中国式现代化坚持以人民为中心推进共同富裕的坚定追求。

第三节
"百姓富"：笃行不怠的坚定追求

马克思在考察人类社会发展规律时明确提出："人类始终只提出自己

---

①②《习近平在江苏考察时强调　贯彻新发展理念构建新发展格局　推动经济社会高质量发展可持续发展》，《人民日报》2020年11月15日。
③《习近平在参加江苏代表团审议时强调　牢牢把握高质量发展这个首要任务》，《人民日报》2023年3月6日。
④《习近平在江苏考察时强调　在推进中国式现代化中走在前做示范　谱写"强富美高"新江苏现代化建设新篇章》，《人民日报》2023年7月8日。

能够解决的任务,因为只要仔细考察就可以发现,任务本身,只有在解决它的物质条件已经存在或者至少是在生成过程中的时候,才会产生。"① 习近平总书记着眼国家现代化建设全局,对一个省域提出"百姓富"的奋斗目标,体现了把握实现全体人民共同富裕远大目标与阶段性任务之间辩证关系的深谋远虑和高超决策艺术。现代化建设进程中,赋予一些有条件的省份率先开展"百姓富"的探索,形成"百姓富"的推进经验和建设成果,为在全国范围内扎实推动共同富裕积累经验、提出示范,展示了战略前瞻性、系统性和务实性。习近平总书记用"百姓富"来勾勒新江苏的未来图景,既是江苏全省上下要为之共同奋斗的重大目标,也表明江苏具备推进"百姓富"的坚实基础和巨大潜力,可以通过努力逐步加以实现。江苏在全国较早实施富民强省战略,人民生活水平持续改善,整体发展走在全国前列,具备在全省域推进"百姓富"的综合条件。

进入新时代以来,江苏沿着习近平总书记擘画的"强富美高"宏伟蓝图奋发作为,在探索"百姓富"上开展了一系列新实践,提炼了一系列新经验,不仅大大加快了全省"富民"进程,而且为全国扎实推动共同富裕贡献了江苏力量。在"百姓富"上,江苏创造了众多可触可感的现实成就。新时代十年,江苏居民人均可支配收入翻了一番,2022年达到49 862元,江苏是全国城乡收入差距最小的省份之一,基本公共服务标准化实现度超过90%,城镇新增就业人数占全国十分之一以上,人均预期寿命提高到79.7岁。人民群众是"百姓富"的主体,是"百姓富"的最终评价者。习近平总书记在江苏考察时,多次提及当地的居民"很幸福""有福气",正是对江苏在"百姓富"上取得实绩的充分肯定。放在人类发展的宏观视野中审视,经历了近代以来的深重灾难,新中国成立之后,中国人民才真正掌握了自身进步的命运,人民生活水平超越温饱、彻底消灭贫困,是在并不长的时间内取得的成绩,在中华民族史和人类发展史上具有重大意义。

江苏拥有锦绣人文,苏南等地历来以富庶闻名。但长期以来部分地区

---

① 《马克思恩格斯文集》第2卷,人民出版社2009年版,第592页。

老百姓的生活条件依然艰辛。经过不懈奋斗，如今全省上下日益展现蓬勃向上、和谐安康的景象，成为宜居宜业宜游宜创的发展热土、幸福家园，成绩殊为不易。但对照全体人民共同富裕的远大目标，江苏在"百姓富"上取得成绩还是初步的，面临困难挑战不少，一些制约"百姓富"的深层次矛盾和问题急需解决。要实现建成全体人民幸福家园的战略目标，唯有笃行不怠，接续奋斗，才能在现代化标准下实现更高水平的"百姓富"。

第四节
"百姓富"：省域示范的生成逻辑

习近平总书记要求江苏在推进中国式现代化中"走在前、做示范"，在"百姓富"上形成省域示范是其中的一个重要内容。区域发展不平衡性是我国大国经济体的显著特征，各省域之间及各省内部不同区域之间发展水平难以齐步走，必须调动、激发各区域相关主体内生积极性，既遵循共性发展规律，同时因地制宜探索差异化发展路径。打造"百姓富"的省域示范，具有创新探索、形成标杆、提供示范的多重意涵，体现了省域实践在大国现代化进程中的重要作用。进入新时代以来，在以往发展成绩的基础之上，江苏积极推进"百姓富"，在先行探索中形成了内涵丰富的实践成果，积累了富有启发性的经验举措。例如，注重区域协调，以功能区思维重塑经济地理格局，推动各个板块之间的有效协同，有效缩小地区差距，涵养共富空间；探索具有江苏特点的新型城镇化和城乡一体化之路，以城市群、都市圈建设为依托整体提升群众共富水平，在城乡融合发展上探索示范、有效缩小城乡差距；实施富民强省战略，聚焦富民，多措并举增加群众收入，缩小居民收入差距，提升群众收入水平；推进产业结构调整优化，在以培育发展新质生产力为引导的产业变迁中构建江苏共富的产业基础，筑牢百姓富的产业根基；坚持藏富于民，鼓励大众创业，以双创释放创富效应；把握物质共富与精神共富的辩证法，以两个文明协调发展推动物质精神同步共富，打造人民群众物质富足精神富有的现实样态；坚持党对共富实践的全面领导，将党的坚强领导贯穿于推进"百姓富"的全过程，确保始终沿着正确的方向推进"百姓富"。

面向未来，江苏还需要拉高标杆、提高标准，打造彰显现代化特色特质的省域示范。比如，打造在高质量发展中推进"百姓富"的省域示范，在坚守实体经济中做大财富总量，在高质量发展中增强社会创富能力，在高质量发展中做强居民收入、企业利润、财政收入等"三个口袋"，在高质量发展促进"百姓富"上形成更多成果；打造在高水平创业就业中推进"百姓富"的省域示范，在大规模创业中促进增收致富，在高质量就业中实现可靠增收，多措并举提高居民收入水平，在创业就业促进"百姓富"上形成更多成果；打造在统筹区域城乡发展中推进"百姓富"的省域示范，在一体协调中缩小区域差距，在深度融合中缩小城乡差距，在统筹区域城乡促进"百姓富"上形成更多成果；打造在提升服务保障水平中推进"百姓富"的省域示范，推进公共服务迈上新台阶、推进"民生七有"走在前列，健全多层次社会保障体系，在提升服务保障水平促进"百姓富"形成更多成果；打造在丰富人民群众精神世界中推进"百姓富"的省域示范，促进人民精神生活共同富裕，更好地满足人民群众精神文化需求，充分彰显"百姓富"的文明底蕴，在推动物质文明与精神文明协调发展上形成更多成果。通过在"百姓富"上的持续探索和标杆示范，以看得见摸得着的成绩，在中国式现代化大局中展现更大江苏作为。

第一章
"百姓富"的理论基础及原创贡献

习近平总书记擘画的"强富美高"蓝图，蕴藏着鲜明的"共富"导向，其中"百姓富"更是共同富裕的通俗表达，有着深厚的文明底蕴和理论基础。在中国式现代化新征程上，扎实推动全体人民共同富裕已经进入全面"施工"阶段。伟大的实践离不开科学理论的指引。推进全体人民共同富裕是一项极为艰巨、极具挑战性的系统工程。要在国家层面完成扎实推动全体人民共同富裕的"时间表"，江苏要在"百姓富"上取得更高层次的实质性进展，需要在党的创新理论指引下，创新思路举措，持续奋斗创造，推动形成理论创新与实践创新的良性互动格局。

第一节
"百姓富"：把握规律之上的理论创新

在中国推进现代化建设中，针对省域实践提出"百姓富"这一概念，有着深刻的时代背景和实践指向，体现了在对共产党执政规律、社会主义建设规律、人类发展规律和现代化建设规律的把握之上的理论创新，展现了中国社会主义道路和中国式现代化的高远追求和深邃内涵。

一、马克思主义唯物史观的根本遵循

马克思主义唯物史观揭示了人类社会形态从低级向高级演进的客观规律。社会生产力的发展是根本动力，但社会生产力和社会财富的创造与社会财富的分配具有非同步性、非一致性。在漫长的历史演进中，作为由社会普通民众构成的"百姓"这个群体，是创造财富的主体，但在财富分配中却处于被支配的地位。资本主义代替封建主义具有历史进步性，但在资本逻辑驱动下，对内剥削、对外掠夺，成为西方资本主义国家"发家"的通例。西方资本主义国家在现代化进程中创造了庞大的社会财富，但不仅没有消灭贫困，反而滋生了新的贫困，并形成了无产者的社会阶级，这为西方空想社会主义思潮的产生创造了社会条件。

空想社会主义者的代表人物在对资本主义制度深刻批判的同时，对未来社会进行了理想化的构思，产生了一批代表性人物和描绘未来社会的理想图景。莫尔看到英国现代化进程中的"圈地运动"所带来的"羊吃人"现象，他不能洞察这是资本主义生产方式和现代工业文明要登上历史舞台的本质，而是痛感资本主义原始积累的残酷野蛮，从人道主义立场出发，批判资本主义私有制天生的不合理性，在理念上构建了一个消灭私有制、实现共同富裕的"乌托邦"。这一理想国图景完全不同于中世纪宗教社会对理想社会的畅想，但是注定缺乏现实根基。康帕内拉同样看到私有制的弊端，由私有制所产生的种种罪恶不可能在封建社会或资本主义社会解决，这种黑暗的现实需要理想国的阳光普照，于是他构建了"太阳城"的理想图景。圣西门亲历法国大革命，他看到巨大的革命浪潮掀翻了封建统治，但是并没有给人民群众带来理想的社会，改变的只是变换了的奴役形式，在形式上虽然更平等、更公平，但却没有也不可能改变剥削和压迫的本质。圣西门认为劳动者越忙碌越贫穷、有闲者则越闲越富的新社会是"黑白颠倒的世界"，于是在《全世界的和谐》一书中设计出让劳动居中心位置的"实业制度"，让劳动者通过劳动创造财富获得富裕和福利，这样才能摆脱资本主义无法克服的内在矛盾，实现"和谐制度"和共同富裕。

马克思深刻批判空想社会主义者的历史局限性，同时也高度肯定这些"空想"所具有的重大价值，指出"这种空论的社会主义实质上只是把现代社会理想化，描绘出一幅没有阴暗面的现代社会的图画，并且不顾这个社会的现实而力求实现自己的理想"[①]。马克思、恩格斯特别关注到空想社会主义者关于共同富裕的设想，认可共同富裕是未来共产主义社会的重要特征，但摒弃其空想特色，在唯物史观的科学基础之上，让追求共同富裕成为科学社会主义的重要内容。资本主义生产方式在创造社会财富的同时

---

① 《马克思恩格斯文集》第 2 卷，人民出版社 2009 年版，第 166 页。

必然导致分配不平等，马克思、恩格斯深刻分析了资本主义生产方式的特殊运动规律，揭示了贫困差距、两极分化的根源。

马克思主义认为，资本主义制度极大地解放了社会生产力，创造了前所未有的社会财富，推动人类从社会生产力不发达、人民群众生活普遍贫困的传统社会实现向现代社会的转变，从根本上改写了人类的命运，具有巨大的历史进步性。但是，资本主义有其不可克服的内在矛盾，剩余价值蕴藏着资本家发财致富和工人贫困的秘密，必须通过社会主义革命来"剥夺剥夺者"，才能从根本上破解财富创造与分配高度不平等的悖论，让"所有人共同享受大家创造出来的福利"[①]。马克思在《1857—1858年经济学手稿》中进一步指出，未来社会的特点既包括社会生产力的迅速发展，继续做大社会财富总量，同时实现生产与分配的协调，"生产将以所有人的富裕为目的"[②]。可见，马克思主义追求所有人特别是人民群众的富裕。因此，"百姓富"所主张的全体人民特别是广大人民群众的富裕，是马克思主义经典理论的当代运用与发展，体现了马克思主义的真理性与实践性。

二、彰显社会主义的科学性人民性

社会主义的科学性人民性决定了追求百姓富裕的必然性，这也是社会主义优越性重要体现。按照马克思的构想，替代资本主义社会的未来社会要建立在资本主义时代的成就的基础上，对其创造的文明成果进行扬弃，从而破解资本主义"丰饶中的贫困"现象。在共产主义社会的第一阶段即社会主义阶段，生产资料归全体社会成员共同占有，劳动者根据按劳分配原则共享生产力的成果，在大力发展生产力的基础上实现共同富裕。恩格斯在《社会主义从空想到科学的发展》中对社会主义与共同富裕的关系有深刻论述，他指出未来社会的生产资料由社会占有，可以消除"统治阶级

---

① 《马克思恩格斯文集》第1卷，人民出版社2019年版，第689页。
② 《马克思恩格斯选集》第2卷，人民出版社2012年版，第787页。

及其政治代表的穷奢极欲的挥霍而为全社会节省出大量的生产资料和产品。通过社会化生产，不仅可能保证一切社会成员有富足的和一天比一天充裕的物质生活，而且还可能保证他们的体力和智力获得充分的自由的发展和运用"①。这一重要论断以唯物史观为依据科学地揭示了共同富裕的深刻内涵，为我们全面把握共同富裕的基本内涵指明了方向。

恩格斯指出，未来社会的"一切社会成员"不仅有"富足"和"充裕"的物质生活，而且体力和智力也能"获得充分的自由的发展和运用"，这表明未来社会的共同富裕必然是物质生活和精神生活都富裕，因为在马克思和恩格斯看来，精神生活是"钻研精神、求知欲望、道德毅力和对自己发展的孜孜不倦的追求"②，即智力充分的自由的发展和运用。我国在极为落后的条件下走上社会主义道路，不具备直接继承资本主义发展成就的条件，这决定了我国必须大力发展社会生产力，同时又不能走两极分化之路；既能实现物质财富和文明成果的创造繁荣，也能避免资本主义制度下不可避免的痛苦和磨难，这决定了中国必须探索跨越"卡夫丁峡谷"之路。实现共同富裕是社会主义的本质要求，是社会主义现代化建设的根本目标。在社会主义现代化建设进程中，针对特定省域提出推动"百姓富"的命题，较之"共同富裕"更加聚焦普通民众的富裕问题。从实践角度看，推进"百姓富"有着清晰的目标内涵，表现为人民群众，特别是普通群众，的收入和生活品质，提升到一个可以度量也易于被感知的发展水平。提出"百姓富"这一实践指向性很强的时代命题，意味着提高百姓富裕程度的任务已经可以突出地提出来了，在江苏既具备真实的现实要求，又具备了实现的客观条件。

在全面建成小康社会的历史阶段，"百姓富"的重点是要解决普通民众的贫困问题，把千百年来困扰百姓的生活贫困问题彻底解决掉，将"百姓富"的地基筑牢；同时，实现全面小康，特别是在江苏这样率先发展的

---

① 《马克思恩格斯文集》第3卷，人民出版社2009年版，第563—564页。
② 《马克思恩格斯文集》第1卷，人民出版社2009年版，第290页。

省份实现高水平全面小康，则将百姓富裕程度拉高到一个全新水平，创造出宽裕小康生活的现实图景。在达到宽裕小康之后，在现代化新阶段推进"百姓富"，一方面仍紧扣百姓所需，依靠百姓之力，来创造百姓自己的富裕生活；另一方面，"百姓富"在内涵、标准上则融入更高定位，更多体现中国式现代化的内在要求。在"富"的内涵上，从集中于经济和生活层面，向广义现代化的方向拓展，在居民收入水平上与发达经济体和国际通行标准靠拢，体现国际上的先进性乃至领先性；同时，在民主法治现代化层面，"百姓富"体现为人民群众共同拥有广泛的民主权利，共享法治文明；在文化发展现代化层面，"百姓富"体现为人民群众人文素质、文明修养普遍达到高水平，先进文化成为社会文化主旋律和普遍形式；在社会发展现代化层面，"百姓富"体现为社会充满活力又和谐有序，基本公共服务均等化基本实现，形成橄榄型社会结构，低收入群体共享社会发展成果，发展权得到充分保障；在生态文明现代化层面，"百姓富"体现为生态环境根本好转，人民群众共享优质生态环境福利，人与自然和谐成为社会常态；在人的现代化层面，"百姓富"体现为围绕促进人的全面发展，人民生活更为宽裕，城乡区域发展差距和居民生活水平差距显著缩小，人民平等参与、平等发展权利得到充分保障，积极推进充分调动人的积极性、激发人的创造性的改革实践。

在社会主义现代化的语境中，"百姓富"是坚持以人民为中心的具体体现，是科学社会主义人民性的体现，也是社会主义现代化的体现。一方面，实现"百姓富"必须依靠人民群众的力量来实现。人民群众既是物质财富的创造者，又是精神财富的创造者，还是生产力的体现者、传播者、奉献者，不仅通过推动生产力的发展影响社会基本矛盾的变化趋势，而且直接或间接推动了生产关系的变革和上层建筑的变革。在前资本主义社会，由于生产力水平低下，受到物质总量匮乏的约束，人民群众不具备获得富裕生活的条件，共建共享也无从谈起。在资本主义世界体系中，受到资本逻辑的支配，劳动从属于资本增值的目的，导致劳动者自身的异化，"资本在具有无限度地提高生产力趋势的同时，又……使主要生产力，即人本身片面化，受到限制"，① 在此状况下，人民群众在整体上难以获得富裕生活的条件。只有在社会主义生产关系中，且社会生产力达到较高水平，人民群众开始具备摆脱资本逻辑支配所导致异化现象的条件，恢复了自身在社会财富创造的主体作用和分配中的主导作用，共建共享才第一次成为人民群众追求富裕生活的现实途径。走向富裕离不开作为劳动者个体的独立奋斗，但劳动者作为"类的存在物"，更需要通过共建共享来实现，这也符合社会主义倡导的"共享"伦理。

三、中国共产党一以贯之的追求

中国共产党将领导全体人民实现共同富裕与实现人的解放、全面发展高度统一起来，坚持以人民为中心的发展思想，不断筑牢实现人的全面发展的基础，使马克思主义的人民性和实践性得到充分彰显，极大地丰富和发展了马克思主义。建党之初，李大钊就提出，社会主义"是生产、消费、分配适合的发展，人人均能享受平均的供给，得最大的幸福"②。党的二大提出铲除私有财产制度，渐次达到共产主义社会的最高纲领，彰显出党追求共同富裕的初心和决心。土地革命战争时期，毛泽东在井冈山土地革命实践经验的基础上，制定了中国共产党历史上第一部成文的土地法，提出"以人口为标准，男女老幼平均分配"；土地革命使农民发自内心地支持革命，产生了巨大的生产热情，巩固了革命根据地。抗日战争时期，毛泽东提出"自己动手，丰衣足食"的口号，制定了减租减息、增开荒地、增加农贷等惠农政策。解放战争时期，党通过《关于土地问题的指示》《中国土地法大纲》等政策文件，明确提出"废除封建半封建剥削的土地制度，实行耕者有其田的制度"以及"废除一切的土地所有权"，推动解放区土地改革和经济建设。土地作为农民最重要的生产资料，实现"耕者有其田"是党带领农民走向共同富裕的前提和基础。因此，整个新

---

① 《马克思恩格斯全集》第30卷，人民出版社1995年版，第406页。
② 《李大钊全集》第4卷，人民出版社2006年版，第196页。

民主主义革命时期，党都紧紧围绕农民的土地问题，制定政策，开展工作，改善人民生活，彻底结束了极少数剥削者统治广大劳动人民的历史，彻底废除了帝国主义列强在中国的一切特权，建立了人民当家作主的新中国，实现了民族独立和人民解放，为谋求共同富裕创造了根本政治条件。

中华人民共和国成立后，党领导人民战胜政治、经济、军事等方面一系列严峻挑战，社会面貌焕然一新。以毛泽东为代表的中国共产党人根据马克思主义关于未来社会的基本设想，结合中国具体实际，领导和完成了"三大改造"，建立了社会主义制度，实现了中国历史上最伟大最深刻的社会变革，为党在社会主义条件下追求共同富裕提供了坚实的制度基础。同时，"一五计划"超额完成、"两弹一星"成功研制等奠定了党探索共同富裕的工业和国防基础。这一时期，毛泽东首次提出"共同富裕"概念，并多次做出阐释。毛泽东在《关于农业合作化问题》的报告中首次提出"共同富裕"概念。他指出："实行合作化……使全体农村人民共同富裕起来。"[①] 在毛泽东看来，对于农民来说，"除了社会主义，再无别的出路"，"全国大多数农民，为了摆脱贫困，改善生活，为了抵御灾荒，只有联合起来，向社会主义大道前进，才能达到目的"。[②]

改革开放以后，以邓小平为代表的中国共产党人创造性回答了"什么是社会主义、怎样建设社会主义"的时代课题，开启了社会主义现代化建设新时期党对共同富裕新的理论思考和实践摸索。邓小平提出了共同富裕的构想："一部分地区有条件先发展起来，一部分地区发展慢点，先发展起来的地区带动后发展的地区，最终达到共同富裕。"[③] 共同富裕是一个艰巨而复杂的历史过程，要以先富带后富逐步实现共同富裕的战略思想来统一全党认识。邓小平将共同富裕纳入社会主义本质的范畴，他指出："社会主义最大的优越性就是共同富裕，这是体现社会主义本质的一个东

---

① 《毛泽东文集》第6卷，人民出版社1999年版，第437页。
② 《毛泽东选集》第5集，人民出版社1977年版，第179页。
③ 《邓小平文选》第3卷，人民出版社1993年版，第374页。

西"。① 共同富裕是检验社会主义的试金石。邓小平强调:"社会主义的目的就是要全国人民共同富裕,不是两极分化。如果我们的政策导致两极分化,我们就失败了;如果产生了什么新的资产阶级,那我们就真是走了邪路了。"② 江泽民强调,实现共同富裕是社会主义的根本特征,绝不能动摇。胡锦涛强调,使全体人民共享改革发展成果,使全体人民朝着共同富裕的方向稳步前进。

进入新时代,党对共同富裕的认识也跃升到一个新的高度。《中共中央关于党的百年奋斗重大成就和历史经验的决议》指出,必须"立足新发展阶段、贯彻新发展理念、构建新发展格局、推动高质量发展,全面深化改革开放,促进共同富裕"。中国式现代化是全体人民共同富裕的现代化。习近平总书记强调:党的根基在人民、血脉在人民、力量在人民,要坚持发展为了人民、发展依靠人民、发展成果由人民共享,坚定不移走全体人民共同富裕道路,坚决防止两极分化。习近平总书记指出,"共同富裕是中国特色社会主义的根本原则,所以必须使发展成果更多更公平惠及全体人民,朝着共同富裕方向稳步前进"③。"全面建成小康社会,一个也不能少;共同富裕路上,一个也不能掉队"④,这是任何其他西方发达国家没有提出也不可能完成的任务,当代中国共产党人将其扛在肩上,放在心头,与人民群众一道为实现这一崇高目标共同奋斗。

对于如何推进共同富裕,习近平总书记指出:"共同富裕本身就是社会主义现代化的一个重要目标。我们不能等实现了现代化再来解决共同富裕问题,而是要始终把满足人民对美好生活的新期待作为发展的出发点和落脚点,在实现现代化过程中不断地、逐步地解决好这个问题。"⑤ 决胜全面小康社会之后,面向现代化新征程,习近平总书记指出:"我们要实现

---

① 《邓小平文选》第3卷,人民出版社1993年版,第364页。
② 《邓小平文选》第3卷,人民出版社1993年版,第110—111页。
③ 《习近平谈治国理政》第一卷,外文出版社2018年版,第13页。
④ 《习近平谈治国理政》第三卷,外文出版社2020年版,第66页。
⑤ 习近平:《全党必须完整、准确、全面贯彻新发展理念》,《求是》2022年第16期。

14亿人共同富裕，必须脚踏实地、久久为功，不是所有人都同时富裕，也不是所有地区同时达到一个富裕水准，不同人群不仅实现富裕的程度有高有低，时间上也会有先有后，不同地区富裕程度还会存在一定差异，不可能齐头并进。这是一个在动态中向前发展的过程，要持续推动，不断取得成效。"① 习近平总书记关于共同富裕的重要论述丰富了党关于共同富裕的思想，也为江苏推进"百姓富"提供了根本遵循。

四、对西方现代化的价值超越

西方现代化是以资本为中心的现代化。资本与财富的持续积累是现代增长的关键。"资本来到世间"，蕴藏巨大的扩张性力量，打开了现代增长全新空间，使得"一个全新的人类时代就此孕育"。② 资本按照自身的要求不断组织社会生产，使得"一切社会生产能力"都变成了"资本的生产力"，资本也一跃成为"社会生产能力的主体"。③ 在追逐资本增值的本能驱动下，资本与财富积累推动社会再生产，成为现代增长的重要动力源。一些后发经济体并不缺乏资本积累，但缺乏将资本积累转化为现代增长动能的机制。例如，拉美大地产制下的大庄园、种植园和规模化的家庭农场本身具有较强的规模效应，加之在农副业、特色农业上具有比较优势，即使受到宗主国的利润压制与剥夺，大庄园主仍能获得不菲的回报，但"高额利润并未给本地工业发展提供资金积累，而是被用于大地产的自我扩张"④，从而阻断了农业与现代工业的互促互补的通道。

从西方现代化国家的实际情况看，繁荣并不会必然带来富裕。在马克思生活的时代，财富作为与人相对的附属物而存在，财富与人自身发展之间形成了深刻的"历史悖论"。马克思对此进行了批判，指出一切财富形

---

① 习近平：《扎实推动共同富裕》，《求是》2021年第20期。
② 刘同舫：《"资本来到世间"的真实写照与资本蕴含的辩证法》，《江苏社会科学》2023年第1期。
③《马克思恩格斯全集》第30卷，人民出版社1995版，第587页。
④ 梁泳梅：《拉美是怎样掉进"陷阱"的？从拉美与美国发展历程的比较看不平等的长期影响》，《政治经济学评论》2022年第7期。

式不过是人的本质力量的再现，体现了人的全面发展的根本要求。资本主义现代化创造了丰裕的物质财富，但"共同"与"富裕"之间有着深刻鸿沟。两极分化既是资本主义生产的前提和基础，也是其必然归属，"在一极是财富的积累，同时在另一极，即在把劳动的产品作为资本来生产的阶级方面，是贫困、劳动折磨、受奴役、无知、粗野和道德堕落的积累"[①]。随着资本主义的发展演化，早期"血与火"的残酷性大为减少，"文明因素"显著增加，但两极分化的趋势未变。法国学者皮凯蒂的《21世纪资本论》关于财富不平衡的论证，新冠肺炎疫情下西方资本寡头财富暴涨、中产阶级财富大幅缩水让社会财富呈"K"形走势均是生动注脚。第二次世界大战后日本宣称建成全民中产社会，但在经济长期停滞后，出现"一亿总中流"断流并滑向"差距社会"。福利国家的出现是让资本主义增加了"社会主义因素"，但资本主义福利的政治经济逻辑下，必然产生福利分配的非均衡结构和不平等状态，选举政治则进一步加剧福利分配的政治功利化；在价值导向上，福利社会形成"养懒汉"的逆向激励，劳动和创造的价值被弱化消解，最终走向福利陷阱而难以自拔。

与资本逻辑宰制下的财富积累与贫困积累的共生性、财富生产与人的发展形成深刻"历史悖论"不同，中国实行公有制为主体、多种所有制经济共同发展的基本经济制度，决定了按劳分配为主体、多种分配方式并存的社会主义收入分配制度，进而决定了中国广大劳动者有条件避免异化、实现对"自己本质的占有"，通过劳动分享经济社会发展成果，形成共同富裕的生态图景。可以说，我们国家的社会制度、中国式现代化的独特性，决定了追求全体人民共同富裕的必然性和可能性，也提供了"百姓富"这一时代命题的合法性。

---

① 《马克思恩格斯文集》第5卷，人民出版社2009年版，第744页。

第二节
"百姓富"：蕴藏中国智慧的话语表达

"两个结合"是我们在探索中国特色社会主义道路中得出的规律性的认识，是我们取得成功的最大法宝。"百姓富"这一概念以及把追求"百姓富"纳入社会主义现代化内在要求的论述，体现了"两个结合"的理论创新，蕴藏着富有中国智慧的话语表达。

一、体现"两个结合"的理论创新

习近平总书记在庆祝中国共产党成立 100 周年大会上的重要讲话中提出"两个结合"，即"坚持把马克思主义基本原理同中国具体实际相结合、同中华优秀传统文化相结合"，是当代中国马克思主义理论的又一重大创新。"两个结合"，是中国共产党百年奋斗得出的历史经验总结，也是取得百年辉煌成就的密钥，蕴含着丰富而深刻的思想内涵。"百姓富"这一概念的提出，体现了"两个结合"的鲜明特征。一方面，"百姓富"是马克思主义关于全体人民共同富裕思想的具体表达。马克思主义之所以在中国得到广泛传播，并被先进分子所接受，在中国这片古老土地上展现出强大活力和创造力，就在于马克思主义理论武器下的中国共产党能够结合中国的具体国情进行创新创造，在用中国化的马克思主义指导中国的革命、建设和改革。另一方面，"百姓富"是中国话语形态的鲜活表达，具有中华民族的自身特点。将"百姓"这一通俗化的词语与"富"这一表述发展状态的词语组合在一起形成让人民群众一听就懂的新词汇，有利于最大程度凝聚社会共识，激发一切社会积极力量为实现"百姓富"而奋斗。

"第二个结合"让我们掌握了思想和文化主动，并有力地作用于道路、理论和制度。从"坚持把马克思主义基本原理同中国具体实际相结合"的视角分析，共同富裕是马克思主义的基本观点，也只有马克思主义理论才第一次解决了百姓即人民群众与富裕之间现实连接性问题，在马克思主义指导下的社会主义实践中，"百姓富"才具备真实的制度条件和不断增长的物质条件。进行社会主义现代化建设，是当前中国的具体国情和具体实践，将"百姓"这一话语用于当代中国，体现了马克思主义的根本要求，正是"第一个结合"的根本呈现。

从"坚持把马克思主义基本原理同中华优秀传统文化相结合"的视角分析，将"百姓"这一中国传统文化语境中的特色概念用于表达社会主义中国在现代化进程中推动全体人民共同富裕，体现了马克思主义指导下社会主义现代化的本质规定性，同时体现了中华优秀传统文化的穿透时空的价值，展现出旺盛的生命力。在新形势下，习近平总书记直接点出"百姓"在省域共同富裕实践中的中心位置，作为战略目标和价值导向，将深刻影响省域现代化的各个方面。例如，江苏追求的"经济强"必然是以"百姓富"为导向的"经济强"；如果偏离"百姓富"的导向，即使在一些关键指标上达到了国际公认的"经济强"的水平，也不符合"强富美高"的系统性要求。良好的生态环境是最公平的公共品，是最普惠的民生福祉。"环境美"本身就体现了人民群众对生态环境的高要求，是新时代百姓的所需所想。因此，"百姓富"的丰富内涵，还需要放在"强富美高"这一系统中来理解，在新形势下则要放在中国式现代化这一大局中来理解，呈现推陈出新、引领实践的效应。

二、直击人心的群众性话语形态

1942年2月1日，毛泽东在中共中央党校开学典礼上发表题为《整顿党的作风》的演讲，他指出"学风和文风也都是党的作风，都是党风"[①]。使用什么样的语言，反映的不仅是"话风"，还有与之相关的"文风""学风"问题。毛泽东善于使用群众容易听得懂的语言，被公认为党的"语言

---

① 《毛泽东选集》第3卷，人民出版社1991年版，第812页。

大师"。使用明白晓畅的语言让群众听得懂、听得进去,是党的创新理论让人信服的重要原因。习近平总书记高度重视文风学风问题,善于进行语言的创新,形成了一系列富有中国特色、时代风格的话语,产生直击人心的良好效果,"百姓富"这一概念的提出,就是鲜活案例。使用"百姓"而非"人民"或"群众",在省域层面更容易为广大人民群众理解和接受。"百姓富"的冲击力在于直接点出了"百姓"这一关键词。

在人类发展史上,虽然不乏共同富裕的理想,但事实上的"富裕"从来不能为普通百姓所拥有。将"百姓"置于中心位置,可以从主体和客观两个维度来理解。"百姓富"强调百姓既是实现共同富裕的建设主体,也是共享富裕生活状态的目标人群。"百姓富"的力量主体在"百姓",而不是其他力量,更不是什么神秘的力量。具体落实到省域现代化实践中,就是要激发广大干部群众的主观能动性,激发积极性创造性。在现代化新征程上,江苏坚持把敢为、敢闯、敢干、敢首创作为干事创业的风向标,拿出眺望"最高峰"的眼界、勇闯"无人区"的锐气、战胜"不可能"的韧劲,让争当表率、争做示范、走在前列不仅成为一种目标追求,也成为一种精神气质。这种以"四敢"担当激发高质量发展活力的探索蕴含着巨大的创新创造活力,正是实现"百姓富"的力量之源。

三、彰显民族特色的"术语的革命"

恩格斯在评价《资本论》的划时代贡献时,极富启发性地指出,"一门科学提出的每一种新见解都包含这门科学的术语的革命"[①]。术语是理论的基本元素,"术语的革命"本质上是思想创新的词语表达,通过提炼和归纳具有"术语革命"意义上的新概念、新范畴,突破既有思想体系的限制,以简洁凝练的"术语"呈现新思想、新理论的创见。习近平总书记身体力行推进中国特色社会主义政治经济的"术语革命","百姓富"这一概念具有"术语的革命"的鲜明特质,尤其是体现了"两个结合"的内在规

---

① 《马克思恩格斯文集》第5卷,人民出版社2009年版,第32页。

定性。习近平总书记指出："我说过，如果没有中华五千年文明，哪里有什么中国特色？如果不是中国特色，哪有我们今天这么成功的中国特色社会主义道路？只有立足波澜壮阔的中华五千多年文明史，才能真正理解中国道路的历史必然、文化内涵与独特优势。"①

对中华传统优秀文化进行创造性转化，是中国共产党进行理论创新的重要来源。其中，毛泽东对"实事求是"概念的借用与改造堪称典范。毛泽东指出，"实事"就是客观存在着的一切事物，"是"就是客观事物的内部联系，即规律性。同时他还说："人们要想得到工作的胜利即得到预想的结果，一定要使自己的思想合于客观外界的规律性，如果不合，就会在实践中失败。"② 这里的"合"，指的就是对事物客观规律的准确把握。在探索中国的现代化道路的进程中，邓小平对古代典籍中的"小康"一词进行创造性转化，赋予其全新的时代内涵，成为容易为群众为接受和理解的睿智话语表达。

习近平总书记强调："从民本到民主，从九州共贯到中华民族共同体，从万物并育到人与自然和谐共生，从富民厚生到共同富裕，中华文明别开生面，实现了从传统到现代的跨越，发展出中华文明的现代形态。"③ 习近平总书记使用"百姓富"，同样实现了对"百姓"这一概念的全新概括，体现了中华民族"富民厚生"的深厚传统。"百姓"一词，在战国之前是对贵族的统称；战国之后，则是对平民的统称。《诗经·小雅·天保》写道，"群黎百姓"。郑玄笺中称，"百姓，官族姓也"。《国语·楚语下》写道，"民之彻官百，王公之子弟之质能言能听彻其官者，而物赐之姓"。《周礼·秋官·小司寇》写道，"掌外朝之政，以致万民而询焉。一曰询国危，二曰询国迁，三曰询立君。其位，王南乡，三公及州长、百姓北面，群臣西面，群吏东面"。《史记·殷本纪》写道，"帝舜乃命契曰：'百姓不亲，五品不训，汝为司徒而敬敷五教。五教在宽。'"。"百姓"内涵的变化，

---

① 习近平：《在文化传承发展座谈会上的讲话》，《求是》2023年第17期。
② 《毛泽东选集》第1卷，人民出版社1991年版，第284页。
③ 习近平：《在文化传承发展座谈会上的讲话》，《求是》2023年第17期。

反映了社会制度的变迁和人的自主性的拓展。就共同富裕而言，管仲的"凡治国之道，必先富民"、孔子的"不患寡而患不均"、孟子的"老吾老以及人之老，幼吾幼以及人之幼"、《礼记》中的"大同社会"、孙中山的"天下为公"以及费孝通的"志在富民"等，都体现了对共同富裕的诉求，充分彰显出"百姓富"这一术语穿透古今的重大价值。

第三节
"百姓富"：秉持新发展理念的理论运用

新发展理念是一个内涵丰富、结构严密的理论体系，着眼我国转向高质量发展的时代特点，深刻回答了我国发展的目的、动力、方式、路径，阐明了推动发展的政治立场、价值导向、发展模式、发展道路等重大政治问题，这是关系中国发展全局的一场观念变革。提出"百姓富"的目标定位和发展路径，与新发展理念的精髓要义高度契合，是秉持新发展理念的理论运用。

一、在新发展理念体系中把握"百姓富"

习近平总书记指出："实践告诉我们，发展是一个不断变化的进程，发展环境不会一成不变，发展条件不会一成不变，发展理念自然也不会一成不变。"[①] 所谓的理念，就是王夫之在《张子正蒙注》中说的"理者，物之固然，事之所以然也"。理念是否符合客观实际，具有前瞻性、引领性和现实指导性，直接决定发展的成效乃至成败。2015年10月，习近平总书记在党的十八届五中全会上提出了创新、协调、绿色、开放、共享的新

[①] 习近平：《论把握新发展阶段、贯彻新发展理念、构建新发展格局》，中央文献出版社2021年版，第39页。

发展理念，强调创新发展旨在创造发展核心动力，协调发展旨在破解发展不平衡矛盾，绿色发展旨在推动人与自然和谐共生，开放发展旨在促进内外联动，共享发展旨在实现社会公平正义，为推动高质量发展提供思想指引。党的十九届六中全会审议通过的《中共中央关于党的百年奋斗重大成就和历史经验的决议》指出："党中央强调，贯彻新发展理念是关系我国发展全局的一场深刻变革，不能简单以生产总值增长率论英雄，必须实现创新成为第一动力、协调成为内生特点、绿色成为普遍形态、开放成为必由之路、共享成为根本目的的高质量发展，推动经济发展质量变革、效率变革、动力变革。"

新发展理念中的五大理念相互贯通、相互促进，是具有内在联系的集合体，要统一贯彻，不能顾此失彼，也不能相互替代。哪一个发展理念贯彻不到位，发展进程都会受到影响。新发展理念是一个整体，创新发展要体现在推动发展的全领域和全过程，把创新因子渗透到发展的全域全维之中；协调发展不仅要推动城乡、区域和社会居民间的发展平衡性，同时也体现在传统动能与创新动能的有序衔接、效率与水平的协调等方面；绿色发展需要创新发展模式与发展动力，需要在各类主体、要素、空间的协调中实现，需要在开放条件来实现，需要让绿色发展造福民众，让群众共享绿色低碳之美；开放发展是现代经济的内生特点，是创新、协调、绿色、共享发展必须遵循的实践形态；共享发展则决定着其他发展理念的价值皈依，其发展成效需要放在共享发展的维度进行评判，五大发展理念共同统一于新时代的发展进程之中。

江苏推进"百姓富"，在理论上树立系统化思维，注重规律性遵循，用系统论的方法来认知、考虑问题，完整把握、准确理解、全面落实新发展理念，整体性推动"百姓富"的实践转化。一是从本质要求上把握"百姓富"，体现共享发展的内在要求。从社会主义的本质要求出发，坚持以人民为中心，自觉主动解决地区差距、城乡差距、收入差距等问题，持续排查解决突出民生问题，把握人民群众对生活的新期待，着力提升人民生活水平和质量，维护社会公平正义，保障人民平等参与、平等发展权利，充分调动人民的积极性、主动性和创造性，让全省群众都能过上更加殷实、更加富足、更有安全感和幸福感的生活。二是从理念融合上把握"百姓富"。把新发展理念特别是共享发展理念融入推进"百姓富"的全领域、全过程，推动创新成为核心驱动力，协调成为区域城市间、各类社会主体间及经济社会大循环系统的鲜明特征，绿色成为充盈于生产、生活、生态空间中的普遍形态，开放成为打开更大发展空间的有效路径，塑造高质量发展澎湃动能，厚植"百姓富"的物质基础。三是在"强富美高"中一体把握"百姓富"。坚持以创新驱动为主引擎，把实体经济作为现代化经济体系建设的根基，在高质量发展中推进"经济强"，为"百姓富"注入源源不断的发展动能；让良好生态环境成为最普惠的民生福祉，以"环境美"成为"百姓富"的鲜明标志；推动社会文明和文化自信达到新高度、文化创新创造成为发展新优势，以"社会文明程度高"推动人民群众共享更高的社会文明成果，成为"百姓富"的特色亮点。

二、在共享价值维度上把握"百姓富"

"共享发展"与"百姓富"的要求高度契合。人民共享发展成果的现实表现就是最终实现全体人民共同富裕，目的就是通过让广大人民群众共享改革发展成果，形成发展的良性循环，最终实现共同富裕。因此，成果由人民共享，是检验新发展理念的"试金石"。落实新发展理念，需要解决发展成果由谁共享这个根本问题。同样，"百姓富"也直接标定了"百姓"是"富"之主体，事实上揭示了我国现代化建设进程中发展成果由谁共享的问题。共享是中国特色社会主义的本质要求。推进建设社会主义现代化，不仅要坚持发展为了人民、发展依靠人民，而且还要用发展的成果是否由人民共享来检验发展的成效及发展是否偏离了正确的方向。坚持发展成果由人民共享，不仅能使全体人民有更多的获得感，而且可以增进人民的团结，并朝着社会主义共同富裕的目标稳步前进。

在共享发展中，"共"指的是全体社会成员之共，"百姓"对其中主要群体的特定表达，同时，"共"也指发展条件之共，如生产资料所有制、社会化大生产以及具有社会公共品属性的社会制度体系、公平服务、社会保障与社会福利等，表现为共享发展的基础条件；"享"即享有，体现为社会各主体对社会发展成果的占有、使用和感知体验上，既包括物质成果，也包括精神文化产品、民主权利、高效治理、可靠保障、良好生态等诸多方面，具体体现民众获得感上，这直接反映共享发展的质量水平。

共享发展注重的是解决社会公平正义问题。发展是保障社会公平正义、不断促进社会和谐的重要任务。在坚持以经济建设为中心的过程中坚持社会公平正义、促进共享发展，是推进"百姓富"的内在要求。一是坚持全民共享。共享发展是人人享有、各得其所，不是少数人共享、一部分人共享。江苏在推进"百姓富"的实践中坚持做到发展为了人民、发展依靠人民、发展成果由人民共享，解答"谁来共享"之问。二是坚持全面共享。共享是一个广义的范畴，既包括物质财富的共享，又包括精神财富的共享，还包括国家制度等制度性公共产品以及社会公共服务等社会性公共产品的共享，因此"百姓富"的内涵是十分广泛的。江苏坚持全面保障人民在各个方面的合法权益，促进人民群众共享经济、政治、文化、社会、生态各方面建设成果，全面保障人民在各方面的合法权益，解答"谁来共享"之问。三是坚持共建共享。共建的过程也是共享的过程，在共建共享中形成人人参与、人人尽力、人人都有成就感的生动局面。江苏推进"百姓富"要充分发扬民主，广泛汇聚民智，持续激发民力，发挥人民群众发展建设的主体地位，把共享发展建立在全省人民共同奋斗基础之上，解答"如何共享"之问。四是坚持渐进共享。共享发展必将有一个从低级到高级、从不均衡到均衡的过程，即使达到很高的水平后也会有差别。江苏坚持立足省情、立足经济社会发展现实水平来思考设计共享政策，保持必要与可能、当前与长远、公平与效率的平衡，让人民群众在推进"百姓富"中不断增进获得感、幸福感，解答共享发展"如何推进"之问。

三、把追求"百姓富"贯穿共享共富进程

中国正处于并将长期处于社会主义初级阶段，我们不能做超越社会主

义初级阶段的事情，但也不是说在逐步实现共同富裕方面就无所作为，而是要根据现有条件把能做的事情尽量做起来，积小胜为大胜，一仗接着一仗打，不断朝着全体人民共同富裕的目标前进。

江苏坚持落实中央关于促进共同富裕的战略部署，把推动共享发展作为推进"百姓富"的战略举措。一是把追求"百姓富"贯穿共享共富进程。习近平总书记对江苏寄予"百姓富"的殷切期望。百姓即人民群众，既是实现共同富裕的建设主体，也是共享富裕生活状态的目标人群。江苏坚持以"百姓富"为目标，推动更高水平实现幼有所育、学有所教、劳有所得、病有所医、老有所养、住有所居、弱有所扶，创造更优美的环境，让人民群众更多更公平地分享改革发展成果，促进物质生活富足、精神生活丰富。二是创造性探索共享共富江苏路径。江苏在全国率先解决绝对贫困，推动共同富裕起步早、基础厚，特别是牢记习近平总书记关于民生工作"八个更"的要求，重点抓苏北农房改善、教育综合改革、现代交通体系建设、富民增收等事关共享共富的重大事项，群众获得感很强。江苏坚持培育更具活力的市场主体，厚植发展根基，把扩大优质共享的公共服务作为关键抓手，把健全社会保障和救助帮扶体系作为兜底要求，把深化关键环节改革作为关键一招，积极探索共享共富的现实路径。三是在率先建设全体人民共同富裕的现代化上走在前列。在社会主义现代化建设新征程上，江苏要深刻把握中国式现代化的丰富内涵，把满足人民群众对美好生活的向往作为一切工作的出发点和落脚点，促进公共服务体系和社会保障体系更加完善，人民群众物质富裕和精神富足达到新水平，地区差距、城乡差距、收入差距显著缩小，中等收入群体规模显著扩大，基本公共服务均等化水平显著提高，发展的平衡性、协调性、包容性显著提高，让每个江苏人都享有勤劳致富、奋斗圆梦的机会，以更高水平展现"百姓富"的现实模样。

第四节
"百姓富"：在实践演进中生成丰富内涵

一部新中国史，就是一部追求共同富裕的实践史。因为历史和时代局限，在旧社会，"百姓富"不可能成为普遍的社会实践，只有在中国共产党领导下，在建立了新中国获得独立自主建设现代化国家的全新条件下，推进"百姓富"才能成为大规模的社会实践，并在决胜全面建成小康社会之后，成为中国式现代化的重要内容。

一、一部追求共同富裕的实践史

新中国在成立后走上了独立自主发展道路，这是通往共同富裕的决定性一步。在主权沦丧的情况下，政府无法有效组织力量进行经济建设，积贫与积弱相互强化、恶性循环。实现独立自主，彻底摆脱了财富随时被外力掠夺的历史，财富积累具备了全新的制度条件和稳定的政治条件。中国果断采取举措应对1997年亚洲金融危机、2008年国际金融危机、美国对华经贸施压以及新冠肺炎疫情冲击，将风险扩散外溢效应控制在一定限度内，避免了国民财富遭受洗掠和大幅缩水。其中的深层逻辑在于，独立自主的大国地位让中国拥有战略和政策自主，强大的国家动员能力可迅速实现力量集结，大大增加抵御风险能力；同时，摆脱依附地位，让中国拥有霸权国难以"设限"的发展空间，使中国经济的发展没有"天花板"。由于中国的工业化和经济发展从未依附于西方发达国家，中国社会能力的累积性成长从未被外力所左右或打断。中国得以在一个拥有稳定预期的环境下逐步推进改革创新、创造社会财富，实现物质财富与文明财富的接续累积，这成为中国可分阶段、分步骤谋划推进共同富裕的逻辑前提。

在社会主义革命和推进社会主义建设阶段，中国遵循马克思关于两大部类比例关系和生产资料优先增长的理论，实施举国体制，集聚全国人力、物力、财力，保障重工业所需生产资料的供应，采取指令性计划配置生产资料，在较短时期内建成较完善的工业体系和国民经济体系、较健全的基础设施网络，培养了素质较高且供给充沛的劳动力队伍。这成为其后中国经济嵌入国际分工体系、获享经济全球化红利的关键比较优势。受到社会生产力发展水平的限制，在这一阶段共同富裕是低水平的，其重点是克服工业和农业这两个经济部门发展不相适应的矛盾，让占社会人口多数的农民摆脱贫困的状态。

在改革开放和社会主义现代化建设阶段，中国开启了市场化改革进程，依托要素成本较低、劳动力供给充足、人力资本水平相对较高等比较优势融入全球分工体系和市场体系，释放了巨大的经济能量，要素解放和效率配置提升成为中国创造经济奇迹的微观基础。在这一阶段，共同富裕的重点在于打破平均主义、"大锅饭"的低效率锁定状态，鼓励"先富"，在较短时间内推动经济持续高速增长，最大化社会总财富，同时防止两极分化。

在中国特色社会主义进入新时代的阶段，中国低要素成本优势发生逆转，"追赶型"和"出口导向"型的增长模式的深层次结构性矛盾凸显，推动中国经济发展进入新常态，由高速增长阶段转向高质量发展阶段。高质量发展契合人民美好生活需要的有效供给，有助于破除供需错配、创造更多满足人民美好生活需要的优质供给和有效供给，有利于进一步做强共同富裕的财富基础，促进共同富裕取得实质性进展。习近平总书记要求江苏推进"百姓富"，正是江苏率先进行结构调整、逐步转向高质量发展轨道的时代背景下提出的，江苏在高质量发展上走在前列，则进一步增强了推进"百姓富"的现实条件。

二、成为现代化建设的"中心课题"

从中国社会主义现代化建设进程看，从摆脱贫困到决胜全面建成小康社会，中国强化国家动员能力跳出"低水平均衡陷阱"，闯出快速工业化新路,实现了罗素关于中国"将来几十年间工业当有长足的进步"[①]的预言。中国创造了经济长时间快速发展的"增长奇迹",综合国力显著增长,超大规模市场的稀缺价值日渐显现;创造了社会长期稳定的奇迹,建成世界上规模最大的社会保障体系,拥有数量庞大、最具成长性的中等收入群体,提供了破除亨廷顿关于"现代性意味着稳定,而现代化意味着动荡"论断的新解;创造了全面脱贫的人间奇迹,以精准脱贫之策破解了全球减贫史上的一个共性难题,即一个国家或地区减贫达到一定程度之后,减贫边际成本和减贫难度大幅提升,导致减贫效应停滞,中国由此将现代化建设置于贫困清零的全新地基之上。

决胜全面建成小康社会,进入社会主义现代化国家建设新征程,中国从追求经济增长转向更加注重经济发展质量,强调发展的全面性、协调性和共享性,实现了民生的显著改善和社会的全面进步,此时突出地、实质性地解决共同富裕的时机已经成熟,标志着邓小平关于"共同富裕,我们从改革一开始就讲,将来总有一天要成为中心课题"[②]的构想转入大规模实践阶段。习近平总书记对江苏提出"百姓富"的擘画,体现了对我国现代化建设规律的深刻把握,具有极强的前瞻性与实践性,为江苏在国家现代化大局中率先探索指明了方向。

三、通向共同富裕的总体性概念

"百姓富"在本质上与实现全体人民共同富裕一致,都是一个总体性的概念,需要从全局角度系统深刻把握。共同富裕是"共同"与"富裕"的统一体,"共同"是社会财富的占有和分配方式,以"共同享有"为基础的社会分配制度,是"共同富裕"的内核与灵魂;"富裕"是社会发展进步的基础和目标,没有社会物质财富的积累和丰富,社会发展进步就难以实现,共同富裕也无从谈起。习近平总书记明确提出"全体人民共同富

---

① [英]罗素:《中国问题》,秦悦译,学林出版社1999年版,第189页。
② 《邓小平文选》第3卷,人民出版社1993年版,第364页。

裕是一个总体概念"①的重大论断，具有极强的思想性和实践指导性。中国式现代化所追求的共同富裕，是全国人民团结奋斗、共建共治，实现共享的富裕形态，不是同时富裕，不是同等富裕，也不是同步富裕。

首先，从主体的角度来看，中国式现代化要实现的是全体人民共同富裕，不是少数人或少数群体的富裕，是需要依靠全体人民共同奋斗才能实现的富裕。其次，从内容的角度来看，中国式现代化要实现的共同富裕是物质富裕、精神富足与生态美好有机统一、协调发展的富裕，是中国共产党人对"富裕"内涵的创造性升华。再次，从空间的角度来看，中国式现代化要实现的共同富裕是城乡统筹融合、区域协调发展的富裕。最后，从时间的角度来看，中国式现代化要实现的共同富裕是一个需要长期坚持、久久为功的历史过程。

四、理论创新与实践创造的内在统一

全体人民共同富裕是中国式现代化的鲜明标识，贯穿于中国式现代化发展的全过程，要坚持理论创新和实践创造相统一，从达成共识走向形成合力，脚踏实地久久为功。坚持党的领导，充分发挥党总揽全局、协调各方的领导核心作用，不断完善社会主义基本经济制度，充分发挥"公有制为主体、多种所有制经济共同发展"的所有制、"按劳分配为主体、多种分配方式并存"的分配制度和社会主义市场经济体制的制度协同作用，处理好效率和公平的关系，更有效地推进共同富裕。坚持以人民为中心，始终坚持把增进民生福祉、促进人的全面发展作为全体人民共同富裕的出发点和落脚点，实现好、维护好、发展好最广大人民根本利益，真正实现发展成果由人民共享。坚持完善公共服务政策制度体系，尽力而为、量力而行，不断提升公共服务效能，聚焦人民群众最关心的教育、医疗、养老、住房等领域，精准提供基本公共服务，兜住困难群众基本生活底线，不能搞"福利主义"那一套，不吊高胃口、不空头许诺。加强就业创业服务，

---

① 习近平：《扎实推动共同富裕》，《求是》2021年第20期。

推动实现更加充分更高质量就业,提高经济增长的就业带动力,发挥中小微企业就业主渠道作用,在发展壮大实体经济中创造更多高质量就业岗位,以职业教育和技能培训提升劳动者能力素质。

五、 让共富导向的美好生活可享可感

中国式现代化美好生活是与人的现代化相匹配的生活形态。人的自由全面发展是社会发展的终极目标,而财富的积累是实现人的自由全面发展的重要物质手段。社会生产的目的在于不断满足人民日益增长的美好生活需要。将财富的积累视为社会发展的终极目的是本末倒置的发展观,坚持以人民为中心才是对社会发展目标的正确把握。中国式现代化关键是实现人的现代化,不断提高人民生活质量是中国式现代化建设的重要内容。正因为如此,习近平总书记明确提出:"我们的目标很宏伟,但也很朴素,归根结底就是让全体中国人都过上更好的日子。"[①] "百姓富"是鲜明的价值追求和政策导向,更是来自人民、为了人民的群众性实践。长期以来,江苏坚持把人民对美好生活的向往作为奋斗目标,加大民生领域补短板、强弱项的投入力度,建立健全基本公共服务均等化体系,着力办好民生实事和解决民生突出问题,持续增进民生福祉,人民获得感、幸福感、安全感的成色更足。进入新发展阶段,江苏谋划推进"百姓富",突出共同富裕的本质特征,在缩小城乡差距、区域差距和收入分配差距上下功夫,鼓励辛勤劳动、诚实劳动、创造性劳动致富,积极提高中等收入群体比重和收入水平,逐步实现全体人民共同富裕。

---

① 《习近平谈治国理政》第三卷,外文出版社2020年版,第134页。

第二章
省域富民实践的基础及历程

习近平总书记赋予江苏推进"百姓富"的重大使命任务，建立在江苏具备实现这一重大使命任务的现实和潜在条件的基础之上。在国家现代化大局中，江苏以其战略定位、率先之势，始终占据重要地位。新中国成立以来，江苏一直是全国的经济大省、人文高地，人民生活水平长期处在全国前列。改革开放以来，江苏在全国发展大局中的地位更加凸显，具有率先开展富民实践的现实条件。

第一节
坚实的发展基础

江苏发展基础厚实、人文底蕴深厚，人民的素质和社会文明程度较高，整体发展水平走在全国前列，形成了富有特色优势的现代化建设基础性力量，为富民实践创造了关键性的前提条件。

一、坚守实业、崇尚实干的物质条件

江苏在历史上形成的崇尚实干、重视实业的传统，成为江苏以实业见长、成为世界级制造业基地的重要基础。在近代内忧外患的形势下，作为中华文化熏陶出来的知识分子，张謇提倡实干兴邦，起而行之，兴办了一系列实业，投身教育、医疗、社会公益事业，帮助群众，造福乡梓，是我国民族企业家的楷模。荣氏两兄弟在无锡西门创办茂新面粉厂，拉开了家族几代人实业救国、实业报国、实业强国的序幕。19 世纪末到 20 世纪初期，缫丝、纺织、面粉、火柴、采煤等近代工业在苏南地区以及南通、徐州等地陆续兴起，江苏成为早期民族工业发达的地区。

新中国成立以后，江苏经济基本以传统农业为主，工业和服务业发展相对缓慢，但传统的轻纺工业、化工、机器制造、建材等发展较快。正是这些宝贵的实业基因，在改革开放之初家庭农业得到恢复、对私营工商业

的限制逐渐消除的背景下,为乡镇经济的勃兴创造了条件。这正是在新的历史条件下,把传统经济中的有效因素加以利用的结果。在实体经济的发展过程中,逐渐培养起专心专注、至精至善、行稳致远的工匠精神,成为推动地区发展的强大精神力量。江苏延续崇尚实干、重视实业的传统并发扬光大,谱写了发展乡镇工业、发展园区经济、构建现代产业集群、推进经济结构调整、鼓励创新创业等光辉篇章,创造了可观的物质财富,也创造了宝贵的精神财富。2022年,江苏实体经济占全省经济总量超过80%,拥有完整的产业门类、全国最大规模的制造业集群,实体优势与实体精神紧密相连、相互促进,共同构成江苏现代化建设的鲜明特征。这些成绩的取得,离不开这片土地上崇尚实干、重视实业的传统,而由实干与实业所创造的财富,成为江苏推进"百姓富"最可靠的基础优势。

二、底蕴深厚、人文发达的文明条件

"江苏"作为一个地理概念,源于清朝的"江南省"。但是如今的"江苏省"这一个区域,从古至今一直是中华文化的重要地理板块。"远古时代环太湖地区的崧泽文化与江苏中部的青莲岗文化,以及稍后江浙一带的良渚文化,都堪称中华文化的源头。有文字记载的信史范围内,江苏南部以苏州为中心的地区,是吴文化的发祥地。江苏北部以徐州为中心的地区,则是汉文化的发源地。唐代在全国学术界最负盛名的研究文学的专家都集中在江苏的区域内。从宋元到明清,江苏的文化在全国占据举足轻重的地位,江苏已被公认为人文荟萃之地。"① 滨海拥江跨淮的优越自然条件、悠久持续的历史开发进程、多次南北移民与文化融合以及崇文重教的地域优良传统,共同孕生和哺育了江苏文明,延绵了江苏文脉,让江苏文化兼具南北色彩,具有多元性、交融性、互补性的特点,体现出全省同心共济、义利相互兼顾、经济与文化重心同步推进的鲜明特色。② 习近平总

---

① 莫砺锋:《中华传统背景下的江苏文脉》,《群众·大众学堂》2017年第3期。
② 于锋:《江河湖海,如此塑造江苏文化个性》,《新华日报》2023年8月4日。

书记在2023年7月在苏州平江历史文化街区考察调研,在街边一家商铺内,见到了苏绣代表性传承人卢建英。一架绣绷、一副眼镜、一枚钢针、一缕丝线,心静如水地飞针走线之间,一幅"太平鸟"图案栩栩如生。习近平总书记十分感慨,说:"中华文化的传承力有多强,通过这个苏绣就可以看出来。像这样的功夫,充分体现出中国人的韧性、耐心和定力,这是中华民族精神的一部分。"① 苏工、苏作,就是当年的专精特新。深厚的人文传统,让传统与现代交相呼应,相得益彰,让江苏拥有发展人文经济的巨大优势,这种深层次的人文优势,成为江苏在新征程上推进"百姓富"的独特优势。

三、枢纽天下、融通世界的开放条件

江苏是我国唯一同时拥有大海、大江、大湖、大平原的省份。河网密布、湖泊棋布是江苏的突出特点,江苏境内的大小湖泊有近300个之多,全国五大淡水湖中的太湖、洪泽湖就坐落于江苏境内。江河湖海,是自然资源,也是发展要素,更是战略空间。凭海跨江,拥湖枕河,让江苏拥有天然的枢纽联通优势,在新时期转化为显著的开放优势。20世纪90年代初,江苏从实际出发,在全国率先提出大力实施经济国际化战略。以2001年底我国加入世界贸易组织为起点,江苏巩固提升先发优势,经济进入新一轮更高层次的发展提升阶段。江苏大力吸引外资和发展加工贸易,积极参与国际产业分工,这种以出口导向为特征的发展路径,在相当程度上缓解了国内市场对经济发展的硬性约束,使江苏成为我国从经济全球化获利的最大受益者之一。进入新时代,处于"一带一路"交汇点上的江苏,以此为契机,放大向东开放优势,做好向西开放文章,全面提升对内对外开放能级,更好服务全国构建新发展格局。新形势下,江苏积极打通堵点、接通断点,不断创新吸引外资、扩大开放的新方式新举措,建设具有世界

---

① 张晓松、朱基钗、杜尚泽、何聪:《"把中国式现代化的美好图景一步步变为现实"——习近平总书记考察江苏纪实》,《人民日报》2023年7月9日。

聚合力的双向开放枢纽，推动外贸创新发展，不断巩固和拓展国际市场，开放优势不断巩固提升。

第二节
跨越温饱的"关键一跃"

江南自古繁华，江苏自古以来就是令人向往的鱼米之乡。但是，发展基础优越的江苏在近现代依然深陷贫困陷阱，缺乏现代化启动的根本性推动力。新中国成立后特别是改革开放后，江苏迎来了跨越温饱的历史性跨越。

一、蓄积跨越温饱之力

贫困是人类社会的顽疾，是全世界共同面临的挑战。贫困及其伴生的饥饿、疾病、社会冲突等一系列难题，严重阻碍人类对美好生活的追求。

从世界各经济体的成长历程看，打破最初的"低水平均衡发展陷阱""马尔萨斯陷阱"等各类"贫困陷阱"需要同时具备许多条件，许多经济体长期陷入其中难以自拔。中国古代社会虽然创造了光辉灿烂的文明，但广大民众在整体上始终没有摆脱如影随形的"贫困陷阱"。中国长期饱受贫困问题困扰，贫困规模之大、贫困分布之广、贫困程度之深世所罕见，贫困治理难度超乎想象。新中国成立后，江苏经济虽然走了一段弯路，但总体上取得了长足进步，人民群众变成了国家的主人，得以分享经济社会发展成果，逐步跳出千百年来难以摆脱的"贫困陷阱"。

新中国通过对农业、手工业和资本主义工商业的社会主义改造，建立了社会主义制度，奠定了打破"贫困陷阱"、推进共同富裕的制度基础。建立了新的劳动制度，确立了劳动者的主体地位。在国民政府时期，企业中的用工均实行雇佣劳动制度，存在较浓厚的封建专制色彩。新中国成立后，江苏企业的劳动制度，从多种用工形式并存和有进有出的劳动制度，逐步变为基本实行以固定工为主的用工制度。新型劳动制度的建设，使劳动者直接获得劳动工资福利，并成为企业主人翁，有效地调动了劳动者积极性，为增加社会财富，跨越"贫困陷阱"提供了条件。

商品经济顽强存在。在计划经济占据主导地位的情况下，江苏仍然存在商品经济的元素，社队经济是代表性经济形态。到1978年底，已办各类企业7.2万个，其中工业企业5.2万个。这一经济形态可以追溯到明清手工业和近代民族工商业的发展，有着深厚的民间基础和生命力，是近代工商文明和传统农耕文明在社会主义制度下的特殊存在，成为苏南地区乡镇企业发展的基础性优势。社队经济带动社会生产力的扩展，为苏南率先跨越"贫困陷阱"创造了物质条件。

加强基础设施建设和社会事业建设。新中国成立后，江苏经济社会发展百废待兴，设施网络方面的欠账很大。江苏在水利设施、公共卫生等重点领域持续推进的各类工程建设，成为支撑江苏发展的基础性力量。例如，江苏境内河流密布，湖泊众多，水系发达，降雨量南多北少，汛期与非汛期相差很大，容易受到水旱灾害的侵扰。在国家部署引导下，江苏持续加大基础设施以及社会事业等领域投资力度，先后建成一大批具有长期效益和社会效益的社会工程，如开挖整治新沂河、新沭河、邳苍分洪道、"分沂入沭"水道，整修沂河、沭河、中运河堤坝，兴建南四湖、骆马湖湖泊控制工程；开展淮河入江水道大规模治理，实施淮河入海水道工程，加强沿海堤坝建设，对长江江苏段干、支流河道进行岁修加固，加强太湖整治力度；实施农业节水灌溉工程、农村河道疏浚工程和水土保持工程，持续开展水利设施建设。到1974年，全省基本建成了防洪、防涝、防旱、防潮、防溃等五套水利工程体系，使高产稳产农田占了农田总面积的80%以上。加之推广优良品种、改革耕作制度、发展支农工业等，农业生产持续稳定发展。江苏在改革开放初期所拥有的基础设施和社会事业发展都是低水平的，但在承载社会投资、支撑开发建设、保障群众健康方面发挥着极其关键的重要作用。

二、贫困现象显著缓解

放眼中华民族从辉煌到衰落到走向复兴的千年时间线，在漫长的古代社会，中华民族创造了领先世界的文明成就。唐朝中晚期，长江流域经济地位上升，关于运河之城扬州有"天下之盛，扬为首"之说，人称"扬一益二"；描绘苏州"商贾辐辏，百货骈阗"市井风情的《姑苏繁华图》，再现了古城苏州的精致发达；丝绸之乡盛泽地处江南一隅，最繁盛时号称"日出万匹，衣被天下"。然而即便在汉唐盛世，抑或两宋、明清等商品经济繁盛时期，小康生活始终是广大"升斗小民"的奢望，连维持温饱的愿望往往都难以实现，被誉富庶之地的江南地区也概莫能外，新中国成立前夕国民经济更是处于全面崩溃的边缘。

新中国成立后，江苏根据全国的统一部署，没收官僚资本并进行社会主义改造，统一财政经济工作，稳定市场和物价，到1952年底，国民经济就恢复到历史最高水平，同年全省人均地区生产总值为131元。经过土地制度改革，废除了地主阶级封建剥削的土地所有制，广大农民实现了"耕者有其田"的梦想，极大地调动了发展生产的主动性和积极性。在对资本主义工商业进行社会主义改造过程中，江苏一批规模较大、影响重要的企业先后实行公私合营，大大促进了社会生产力的发展，以煤炭、冶金、电力、机械、化工等为重点的重工业以及轻工业、纺织工业、电子工业都得到了发展，县以下以农机、化肥、水泥等为代表的"五小工业"也从无到有、从小到大；开展大规模基础设施建设，进行农田水利改造，大力改善农村交通条件和灌溉设施，农村土地改革和农业技术进步改善了农户以土地为核心的资产状况，促进了江苏农业生产力发展和农村人口福利水平的逐步提高。总之，政府通过行政手段对社会资源进行再分配，以包括土地革命、公社化运动在内的社会制度改革，切断了产生贫富差距或两极分化的经济根源，通过平均收入分配、改善基本教育和健康，有效消除了极端贫困现象，引发了第一次大规模的贫困缓解。

三、提前实现温饱目标

改革开放后，江苏经济进入发展快车道，家庭联产承包责任制的实行极大地调动起广大农民的生产积极性。1983年上半年江苏全面实行包产到户、包干到户，同时大幅提高农副产品的收购价格，1979年至1984年，农产品收购价格平均提高了45.6%，其中粮价提高了56.6%；同时放开与提高农副产品价格，调整农业由单纯追求粮食生产转向扩大经济效益好的农副产品生产，农业生产力获得极大解放，农村经济迅猛发展，农民收入大幅增长。与此同时，乡镇企业逐步兴起，1980年江苏成为全国第一个社队工业产值超百亿元省份。1984年3月，中央下发文件高度肯定乡镇企业的地位和作用，江苏创造性地把农业联产承包的经验带进乡镇企业，累积多年的能量迅猛释放，出现了乡镇企业发展史上的第一高潮。

1986年，苏州、无锡两市的乡、村两级工业产值都超过了110亿元，第一次超过了这两个市全民和大集体工业企业产值的总和。1987年，全省乡、村两级工业企业达124 743个，从业人员729.77万人，完成产值688.52亿元。为了促进全省乡镇企业上技术、上管理、上质量，创优、创汇，提高经济效益，1987年4月，江苏下发了《关于推进乡镇企业技术进步的若干政策规定》，全省乡镇企业普遍增强了管理意识，抓住管理，练好企业"内功"，创出了一批优质产品和新产品。全省获市优质产品称号650个、省优质产品称号140个、部优质产品称号47个。

20世纪80年代中期，江苏全面推进城市改革，经历企业扩权让利、利改税、承包经营责任制等阶段，企业效益大幅提高。国家、企业、职工三者之间的利益分配开始向职工倾斜。到1987年，江苏总体上跨进温饱大门，这是江苏发展史上具有里程碑意义的重大飞跃。在摆脱贫困之后，江苏开始把自身的发展置于生存线之上，得以跳出极具损耗性的"贫困陷阱"，真正开始经济起飞的步伐，向着更高的发展目标迈进。

实现温饱，不仅看能否吃饱穿暖，还要看居民健康状况。为居民提供必要健康保障，是摆脱贫困的重要指标。新中国成立后，城乡医疗体系的建立，保障了人民群众基本的医疗需求的满足。疾病控制方面，江苏经过 20 世纪 50 年代初普种牛痘和大面积的霍乱菌苗接种，天花和霍乱很快消失。20 世纪 60 年代初脊髓灰质炎疫苗和麻疹减毒活疫苗问世，全省有重点地开展多种疫苗接种工作。1978 年又全面推行 7 岁以内儿童实行有计划的"四苗"（卡介苗、脊髓灰质炎三价糖丸疫苗、百白破三联疫苗、麻疹疫苗）基础免疫，传染病得到有效预防和控制。1978 年起，江苏大多数地方的乡村推行了儿童计划免疫和母婴系列保健保偿、老年保健保险和独生子女健康保险等制度；改革和建立健全农村合作医疗管理制度，在村办企业发达的地方实行村民劳保医疗制度。这些制度的建立，改善了人民群众健康保障条件，显著提升了城乡居民健康水平。

第三节
开启富民强省的探索

在现代化的省域实践中，江苏率先把"富民"写在了自己发展的旗帜上，"富民"成为江苏坚定不移的战略追求。进入 21 世纪，江苏确立富民强省的根本导向，推进现代化建设与富民进程同向发展，不断提升百姓的收入水平和社会的整体民富水平。

一、率先实施富民强省战略

2001 年，中国共产党江苏省第十次代表大会提出江苏在实现由温饱到小康的历史性跨越之后，进入全面建设宽裕的小康社会的新的发展阶段，并正式将"强省富民"战略调整为"富民强省"战略，将"富民"置于更加突出地位。会议明确了"富民强省"战略的时代内涵。富民，就是要尽快让全省人民都过上富裕的生活，实现百姓富、地区富、城乡人民共同富。这主要是：提高人民的收入水平和生活质量，建立和完善社会保障体系；提高人民的精神文化生活水平，形成科学、文明、健康的生活方式；提高人民参与管理国家、社会事务的民主程度，更加充分地行使当家作主的权利；提高人民的思想道德素质和科学文化素质，促进人的全面发展。强省，就是要加快由经济大省向经济强省的转变，实现企业强、产业强、全省综合实力强。这主要是：确立经济总量、发展速度、增长质量、财政收入和可持续发展能力在全国的领先地位；确立若干中心城市、部分支柱产业和一批规模企业在国际国内竞争中的优势地位；确立江苏在全国的科教强省和文化大省的重要地位；确立聚集国内外资金、技术、人才创新创业的优选地位。

在小康江苏建设过程中，江苏持续实施"富民强省"战略，推动人民生活水平以及综合实力和竞争力稳步提升。2006年，中国共产党江苏省第十一次代表大会对"富民强省"做出进一步部署，提出"全面达小康、建设新江苏"的奋斗目标。2011年，中国共产党江苏省第十二次代表大会提出，要推进全省人民共同富裕步伐不断加快，城乡居民家庭尤其是中低收入家庭财富普遍增加，收入差距逐步缩小，覆盖城乡的社会保障体系更加健全，基本公共服务水平和均等化程度大幅提高，文化事业和文化产业大发展大繁荣，人民精神文化生活更加丰富，人的全面发展得到有效促进，人们生活得更有尊严、更加幸福。2016年，中国共产党江苏省第十三次代表大会进一步提出"聚力创新、聚焦富民，高水平全面建成小康社会"，赋予"富民强省"战略以新的时代内涵。会议指出，高水平全面建成小康社会，必须把创新作为引领发展的第一动力，摆在发展全局的核心位置。江苏能不能冲出转型的关口、实现发展的凤凰涅槃，能不能在新一轮竞争中占据先机、赢得优势，根本上取决于发展动力转换的速度，取决于创新这个驱动发展的新引擎能不能成为主动力。高水平全面建成小康社会，最直接、最根本的是提高广大老百姓的富裕程度和生活质量。必须更加自觉地践行以人民为中心的发展思想，坚持把人民对美好生活的向往作为工作追求，千方百计加快富民步伐，下大力气解决好事关群众切身利益的问题，切实帮扶困难群众和弱势群体，让百姓得到更多实惠，确保全省人民在小康路上一个不少、一户不落。2021年,中国共产党江苏省第十四次代表大会指出,坚持以人民为中心的发展理念,把满足人民群众对美好生活的向往作为一切工作的出发点和落脚点,扎实推动共同富裕取得更为明显成效。江苏在现代化建设中实现乡村振兴全面推进,区域发展更加协调,城乡居民收入增长与经济发展基本同步,人民群众物质富裕和精神富足达到新水平,地区差距、城乡差距、收入差距显著缩小;中等收入群体规模显著扩大,基本公共服务均等比水平显著提高,发展的平衡性、协调性、包容性显著提高,每个江苏人都享有勤劳致富、奋斗圆梦的机会,共同富裕这一社会主义本质要求在江苏现代化建设中更加充分显现。经过持之以恒地不懈推动,江苏"富民强省"战略取得巨大成就,成为江苏现代化建设的强大推动力,这也是江苏有基础有底气率先探索并高水平推进"百姓富"的关键所在。

二、把"富民优先"摆在重要位置

2003年,省委、省政府根据省情,提出"四个优先",即富民优先、科教优先、环保优先、节约优先,这是科学发展观在江苏的具体化,也是江苏在新的发展阶段坚持的鲜明导向。其中,富民优先摆在"四个优先"首要位置,彰显出富民优先的重要性。江苏省委强调,江苏经济总量居全国前列,但城乡居民富裕程度与之还不够相称,要把富民作为优先的发展目标,是基于中国共产党"立党为公、执政为民"的执政理念。江苏作为东部沿海经济较发达省份之一,必须把以人为本、执政为民的理念融入经济发展的全过程和社会发展的各个方面,做到发展经济与造福百姓的统一。同时,富民优先也是基于江苏虽经济总量大但老百姓富裕程度还不够高的特殊省情提出来的。改革开放以来,江苏地区生产总值连续保持两位数增长,经济总量一直位居全国前列,与之形成反差的是,江苏城乡居民收入水平存在短板,特别是南北之间发展不平衡,不同群体的利益矛盾较突出。因此,优先解决人民群众富裕程度与经济发展水平不尽相称这个难题,已成为一个紧迫任务。

江苏把支持创业作为致富百姓的首要途径；注重激发全社会创造活力，激励"百姓创家业、企业创实业、干部创事业"，使江苏真正成为一片创业的热土，努力增加人民群众的经营性、财产性收入。坚持把促进就业放在政府工作的优先位置，全方位拓宽就业空间，多渠道加强就业培训，放手支持和引导能人创业，带动和帮扶弱者就业，使绝大多数人通过劳动就业提高工资性、福利性收入。加快农村劳动力转移和现代高效农业发展，以富裕农民为中心建设社会主义新农村。把调整产业结构和就业结构、分配结构统筹起来考虑，合理调控城乡、区域和不同社会群体收入差距。在大力发展高技术、高效益产业的基础上，逐步形成高劳动者素质、高劳动者报酬的"双高"就业及分配机制。加快完善养老、失业、医疗和城乡低保等社会保障制度，构筑广覆盖的社会安全网，切实保障困难群众的基本生活，不断提高城乡困难居民最低生活保障水平，坚决守住有饭吃、有衣穿、有房住的"三有"底线，逐步解决困难家庭上学难、看病难的"两难"问题。

2010年，江苏全省城镇居民人均可支配收入和农民人均纯收入分别达到22 944元和9 118元；"十一五"时期新增城镇就业每年超过100万人，五年累计转移农村劳动力227万人；高中阶段教育和高等教育毛入学率分别达到95.5%和40.5%；城镇养老、医疗、失业三大保险覆盖率高于95%，新型农村合作医疗保险参保率高于99%；社会救助体系基本建立；新一轮农村实事工程进展顺利，解决了1 200万农村居民饮水安全问题，新型农村社会养老保险实现全覆盖；平安江苏和法治江苏建设深入推进，社会保持和谐稳定。

三、实施民生幸福工程

2011年，省委对民生幸福工程作出部署，坚持以实现共同富裕、共享改革发展成果为鲜明导向，以实施居民收入倍增计划为核心，以完善终身教育、就业服务、社会保障、基本医疗卫生、住房保障、养老服务体系为重点，统筹推进各项民生事业协调发展，大力增加居民收入特别是中低收入者收入，大力提高基本公共服务能力和水平，大力提升人民群众的生活质量和幸福指数，努力建设人民安居乐业、社会和谐稳定的幸福江苏。在发展目标上，围绕又好又快推进"两个率先"、共同创造更加美好生活，着力调整国民收入分配格局，着力完善保障和改善民生的制度安排，到2015年基本公共服务体系比较健全，城乡、区域间基本公共服务实现均等化，"学有所教、劳有所得、病有所医、老有所养、住有所居"目标基本实现，居民物质文化生活水平显著提升，人民生活更加幸福、更有尊严。

江苏推进民生幸福工程，重点是实施"一个计划"、构建"六大体系"。实施"一个计划"，就是大力实施居民收入倍增计划，到2017年全省居民收入实现倍增，这是民生幸福工程的基础和核心。居民收入倍增包括两层含义：一是实际收入的倍增，是剔除物价因素的倍增，而非名义收入的倍增；二是结构优化、惠及大众的倍增，而非简单的平均数倍增。围绕实施居民收入倍增计划，江苏突出抓好农村居民、企业职工、中低收入者和困难家庭"四个群体"增收，拓宽就业、创业、投资、社保和帮扶"五大增收渠道"，努力实现"三个高于"——职工最低工资标准增幅高于地区生产总值增幅、低收入者收入增幅高于全省平均水平、农民收入增幅高于城镇，促进居民收入普遍较快增长。同时，积极推进收入分配制度改革，逐步缩小城乡、区域和不同群体之间的收入差距。完善"六大体系"，就是完善终身教育、就业服务、社会保障、基本医疗卫生、养老服务、住房保障体系，强化基本公共服务功能。在实施民生幸福工程过程中，江苏注重科学实施把握好民生保障与民生幸福的关系、个人幸福与广大人民群众整体幸福的关系、积极作为与量力而行的关系、统筹兼顾与突出重点的关系，使民生幸福工程真正成为保障水平高、群众幸福感强的惠民工程。

四、聚焦富民的战略部署

中国共产党江苏省第十三次代表大会提出，坚定不移地以新江苏定位引领高水平全面建成小康社会，不仅要确保如期全面建成，而且要高水平全面建成，建成一个贯彻新发展理念、体现"强富美高"要求、惠及全省人民的小康社会，明确聚力创新，引领发展转型升级；聚焦富民，让百姓过上更好生活。高水平全面建成小康社会，最直接、最根本的是提高广大老百姓的富裕程度和生活质量。现在江苏居民收入与经济发展水平还不够相称，有些地方老百姓收入还不高。如果这种状况不改变，高水平全面建成小康社会就不可能得到人民群众的认可。必须更加自觉地践行以人民为中心的发展思想，坚持把人民对美好生活的向往作为工作追求，千方百计加快富民步伐，下大力气解决好事关群众切身利益的问题，切实帮扶困难群众和弱势群体，让百姓得到更多实惠，确保全省人民在小康路上一个不少、一户不落。要顺应民生需求新变化，切实保障人民群众各方面权益，促进人的全面发展，让人民群众有更强获得感和幸福感。要把生态文明建设作为全面小康的重要标杆，作为提升人民生活质量的重要内涵，着力改善生态环境，增加生态产品有效供给，切实增进人民群众的生态福祉。无论是抓改革还是促发展，都要强化民生导向，实现政府有形之手、市场无形之手、群众勤劳之手同向发力，共同创造全省人民幸福生活。

百姓富，是全面小康的直接体现。群众致富的最大潜力在创业，要进一步优化环境、改进服务、强化政策支持，充分调动创新创业的积极性，促进各类社会群体依靠自身努力和智慧创造财富。江苏坚持把就业作为民生之本，着力优化就业结构、提高就业质量，构建和谐劳动关系；拓宽居民增收渠道，增加财产性收入来源，实行差别化收入分配激励政策，提高科研人员成果转化收益分享比例，努力扩大中等收入群体。公共服务供给水平是衡量民生福祉的重要标准。江苏坚持普惠性、保基本、均等化、可持续方向，增加公共服务供给，创新提供方式，提高共建能力和共享水平；大力推进基本公共服务标准化，明确基本公共服务清单和分类建设标准，科学确定公共设施服务半径和覆盖人群，努力实现布局优化、普惠可及。

第四节
实现小康的宽裕生活

一、下好小康时代共同富裕"先手棋"

改革开放之初,邓小平深入思考中国能否实现"在 20 世纪末实现四个现代化"的既定目标,提出了小康社会的伟大构想。1983 年 2 月,邓小平考察江苏,看到苏州在改革开放后繁荣发展的状况,坚定了我国可以实现小康社会目标的信心。"第一,人民的吃穿用问题解决了,基本生活有了保障;第二,住房问题解决了,人均达到 20 平方米,因为土地不足,向空中发展,小城镇和农村盖二三层楼房的已经不少;第三,就业解决了,城镇基本上没有待业劳动者了;第四,人不再外流了,农村的人总想往大城市跑的情况已经改变;第五,中小学教育普及了,教育、文化、体育和其他公共福利事业有能力自己安排了;第六,人们的精神面貌变化了,犯罪行为大大减少。"[①] 苏州所取得的发展成绩,是江苏进入小康阶段之后下好共富"先手棋"的直接体现。

苏州在创造经济发展奇迹的同时,城乡一体化水平走在前列,是区域共同富裕水平较高的重要体现。2008 年 9 月,省委、省政府确定苏州为全省城乡一体化发展综合配套改革试点地区;之后,苏州又被国家发展改革委列为城乡一体化综合配套改革联系点、全国农村改革试验区。作为先行者,苏州市抓住改革试点重大机遇,加快城乡发展一体化,先后推出"三集中""三置换""三大合作""三大并轨""四个百万亩"等一系列改革举措,创造了多项全省乃至全国第一。通过改革,初步探索出一条具有苏州特色的城乡一体化发展新路。

[①]《邓小平文选》第 3 卷,人民出版社 1993 年版,第 24—25 页。

二、脱贫帮扶取得重大进展

1985年,江苏成立江苏省扶贫工作领导小组,组织推进全省扶贫工作。1986年,江苏召开全省扶贫经验交流会,提出制定好扶贫工作全面规划,因地制宜扶持贫困农户发展生产,开展科技扶贫等措施。1991年,省委、省政府批转《关于加强"八五"期间扶贫工作的请示》,提出了江苏扶贫工作的基本思路、目标和任务,确定了开发式扶贫方针,江苏扶贫工作新的历史时期由此拉开序幕。同年,江苏出台《关于苏南、苏北部分市、县(市)互派干部、对口协作、相互支援的通知》,南北对口协作机制正式建立。1992年召开的全省扶贫工作会议提出,以沭阳县为重点,对苏北10个县人均年纯收入在400元以下的58个贫困乡(镇)进行大规模的扶贫开发。1995年,江苏公布《江苏省扶贫攻坚计划》,明确到1997年,重点解决200万贫困人口的脱贫问题,基本改变淮北经济薄弱地区的贫困面貌;1998年至2000年,使淮北地区人民生活基本达到小康。1998年,全省扶贫工作会议明确提出以小康建设总揽苏北农村工作全局,对苏北经济薄弱地区的扶贫开发保持"四个不变",即:扶持政策不变、扶持力度不变、帮扶形式不变、派驻扶贫工作队方式不变。截至2000年底,根据国家统计局15项小康社会指标和省小康县建设12项指标综合考核,苏北地区以县为单位基本达到小康目标,扶贫攻坚计划确定的目标圆满实现。"十一五"时期,江苏在苏北实施"千村万户帮扶工程",2007年,全省农村人均收入在1 500元以下的低收入人口,由2005年底的310万人减少至201万人。2011年底,全省2 500元以下的贫困人口整体实现脱贫。

三、率先展现宽裕生活的现实模样

江苏小康进程一直在全国领先,20世纪90年代后建设进程明显加速。在这一时期,1997年全省国内生产总值在1980年基础上实现翻三番,1999年人均地区生产总值在1980年基础上实现翻三番;结构调整取得实质性进展，2000年三次产业增加值结构为12.0∶51.7∶36.3，三次产业从业人员结构为42.4∶30.1∶27.5，城市化水平达到41.5%；经济体制改革逐步深化，社会主义市场经济运行机制初步建立，市场化程度逐步提高，国有企业改革与脱困三年目标基本实现，混合所有制经济和非公有制经济快速发展，一大批国有企业在竞争中焕发新的生机与活力，非公有制经济增加值占地区生产总值的比重超过三分之一；对外开放不断扩大，一大批跨国公司在江苏落户，2000年外贸进出口总额达到456.4亿美元，全省已开放各类口岸17个，建成各类国家级和省级开发区80个，开发区建设进入收获期和新的成长期；基础设施建设成效显著，全省高速公路通车里程突破1000公里，公路网密度居全国第一，兴建了一大批防洪骨干工程和重点水源工程，防洪保安和水源供给能力大大增强，城市基础设施建设步伐加快，城乡面貌发生很大变化。

在社会民生领域，社会事业发展加快，科学研究与开发取得明显成效，在全国率先基本普及九年义务教育和基本扫除青壮年文盲，高中阶段教育普及程度提高，普通高校在校生人数居全国第一。耕地保持总量动态平衡，环境综合整治力度加大，创建了一批国家卫生城市。广泛开展爱国主义、集体主义、社会主义教育，马克思主义唯物论、无神论和崇尚科学、破除迷信教育不断深入，积极推进文化大省建设，群众性精神文明创建活动硕果累累，社会稳定的局面进一步巩固。人民生活水平进一步提高，2000年城镇居民人均可支配收入和农民人均纯收入分别达到6800元和3595元，城市居民人均居住面积增加到10.8平方米，农民人均生活用房面积增加到33平方米，城乡恩格尔系数为42.7%，人均预期寿命达到73岁。全省总体上达到以县为单位全面实现小康的目标，实现了由温饱向小康的历史性跨越，走出了一条具有江苏特色的小康建设之路。

进入21世纪后，省委、省政府按照党中央要求，在建设更高水平的小康社会进程中，更加注重增强发展协调性，更加注重提高自主创新能力，更加注重改善民生，更加注重扩大人民民主，更加注重文化建设，更加注重建设生态文明，全面建设惠及十几亿人口的更高水平的小康社会，经过深入调研论证，于2003年在全国率先制定了省级全面建设小康社会指标。该指标包括经济发展、生活质量、社会发展、政治文明以及生态环境等4大类18项25个指标，坚持分类指导，对发展基础不同的苏南、苏中、苏北三大区域，分别提出了不同的时序进度要求。同时，明确提出，努力建设一个高水平的全面小康社会，就是要以县为单位实现全面小康，不能以市域总体达标代替县县全部达标；多数城乡家庭达到全面小康的收入和生活标准，不能以平均数代替大多数；多数老百姓认可全面小康的实际成果，不能以统计数据代替直观感受，切实提高人民群众的幸福感和满意度。

到2010年，江苏地区生产总值突破4万亿元，人均地区生产总值超过5万元，财政总收入突破万亿元大关，全社会研发经费占地区生产总值比重达到2%，经济发展跃上新台阶。三次产业从业人员结构实现"三二一"的重要转变，新兴产业成为新的经济增长点，高效农业占比达到三分之一，城市化水平达到57%，经济结构调整取得重大进展。社会主义市场经济体制进一步完善，以公有制为主体，国有、民营、外资经济共同发展的格局不断优化，农村改革进一步深化，省对县的经济管理体制全面实施，"引进来""走出去"的双向开放格局正在形成，全省进出口总额4 658亿美元，实际利用外资额保持全国第一，服务业利用外资比重比2005年提高超过18个百分点，境外协议投资累计达到45亿美元。生态文明建设取得新进步，城市绿化覆盖率为42%，森林覆盖率达到20.6%，国家环境保护模范城市、国家级生态市分别达到19个和6个，占全国的四分之一和二分之一。沪宁城际高铁开通运营标志着苏南地区进入区际通勤时代，连云港港15万吨级航道建成投运结束了江苏无深水海港的历史，高速公路通车里程突破4 000千米，二级以上公路密度居全国第一，所有行政村实现通等级公路，南京禄口国际机场旅客吞吐量突破千万人次。第一轮治淮工程全面完成，南水北调江苏段工程具备送水出省条件，基础设施达到新水平。

在社会民生领域，到2010年，江苏高中阶段教育和高等教育毛入学率分别达到95.5%和40.5%,城镇养老、医疗、失业三大保险覆盖率高于95%,新型农村合作医疗保险参保率高于99%,解决了1 200万农村居民饮水安全问题,新型农村社会养老保险实现全覆盖,社会事业全面推进;城镇居民人均可支配收入和农民人均纯收入分别达到22 944元和9 118元,城镇居民人均住房建筑面积为33.4平方米,农村居民人均住房建筑面积为46.3平方米,实现城市低保家庭申请廉租住房实物配租和租赁补贴应保尽保、低收入家庭申请购买经济适用房和廉租住房补贴应保尽保,人民生活显著改善。到2010年,江苏总体上达到省定全面小康目标,为全面建成更高水平小康社会打下了扎实基础。

第三章

在新思想指引下奋力推进"百姓富"

党的十八大以来，习近平总书记提出了一系列新理念新思想新战略，极大丰富了我们党对实现共同富裕的规律性认识，为推动全体人民共同富裕提供了根本遵循和行动指南。在中国式现代化新征程上，江苏高质量推进"百姓富"，要完整、准确、全面理解推动共同富裕的实践要求，沿着新思想的指引，推动全体人民共同富裕取得更为明显的实质性进展，成为江苏在推进中国式现代化中"走在前、做示范"的重要体现。

第一节
思想指引与时代特征

进入新时代，以习近平同志为核心的党中央着眼我国社会主义矛盾的历史性转变，把逐步实现全体人民共同富裕摆在全面小康和社会主义现代化国家建设的关键位置。习近平总书记对我国推进共同富裕的重要性、必要性、重点领域、目标阶段、实现方式、保障条件等进行了系统阐释，为江苏推进"百姓富"提供了科学指引。

一、科学的思想指引

2012年11月15日，在与中外记者见面会上，习近平总书记郑重宣示"人民对美好生活的向往，就是我们的奋斗目标"，强调要"坚定不移走共同富裕的道路"，充分彰显了团结带领全党全国各族人民走共同富裕道路的决心信心。2012年12月29日至30日，习近平总书记前往河北省阜平县考察扶贫开发工作，深刻指出"消除贫困、改善民生、实现共同富裕，是社会主义的本质要求"。以此为起点，习近平总书记作出向贫困宣战的战略部署，向全党全国发出了新时代脱贫攻坚的动员令。2015年10月，在党的十八届五中全会上，习近平总书记创造性提出以人民为中心的发展思想和新发展理念，强调必须坚持发展为了人民、发展依靠人民、发展成果由人民共享,作出更有效的制度安排,使全体人民朝着共同富裕方向稳步前进,绝不能出现"富者累巨万,而贫者食糟糠"的现象。

在党的十九大报告中,习近平总书记明确指出"必须坚持以人民为中心的发展思想,不断促进人的全面发展、全体人民共同富裕"。在实现第二个百年奋斗目标的"两步走"战略安排中,习近平总书记对促进共同富裕提出明确要求:到2035年"全体人民共同富裕迈出坚实步伐",到21世纪中叶"全体人民共同富裕基本实现"。2020年10月,在党的十九届五中全会上,习近平总书记明确指出"我们推动经济社会发展,归根结底是要实现全体人民共同富裕","必须把促进全体人民共同富裕摆在更加重要的位置"。会议对促进共同富裕作出重要部署,提出到2035年"全体人民共同富裕取得更为明显的实质性进展",在改善人民生活品质部分突出强调了"扎实推动共同富裕"。2021年1月11日,在省部级主要领导干部学习贯彻党的十九届五中全会精神专题研讨班开班式上,习近平总书记从党的根本宗旨高度强调"实现共同富裕不仅是经济问题,而且是关系党的执政基础的重大政治问题",要"让人民群众真真切切感受到共同富裕不仅仅是一个口号,而是看得见、摸得着、真实可感的事实"。2021年1月28日,习近平总书记在中共中央政治局第二十七次集体学习时强调"进入新发展阶段,完整、准确、全面贯彻新发展理念,必须更加注重共同富裕问题","促进全体人民共同富裕是一项长期任务,也是一项现实任务,必须摆在更加重要的位置,脚踏实地,久久为功,向着这个目标作出更加积极有为的努力"。

2021年7月1日,习近平总书记在庆祝中国共产党成立100周年大会上深刻揭示中国共产党过去为什么能够成功、未来怎样才能继续成功的根本所在,强调"必须团结带领中国人民不断为美好生活而奋斗","着力解决发展不平衡不充分问题和人民群众急难愁盼问题,推动人的全面发展、全体人民共同富裕取得更为明显的实质性进展"。2021年10月9日,习近平总书记在纪念辛亥革命110周年大会上强调指出,要"不断满足人民过上美好生活的新期待，不断推进全体人民共同富裕"①。

在《扎实推动共同富裕》这篇经典文献中，习近平总书记从历史和现实、理论和实践、国际和国内的结合上，深刻透彻阐明了促进共同富裕的一系列根本性、方向性问题，具有很强的思想性、理论性、现实性、指导性。深刻阐明新发展阶段促进共同富裕的重要意义、科学内涵、坚实基础和目标任务，作出我国现在"已经到了扎实推动共同富裕的历史阶段"的重大判断；深刻阐明促进共同富裕要把握好的原则：鼓励勤劳创新致富、坚持基本经济制度、尽力而为量力而行、坚持循序渐进；深刻阐明促进共同富裕总的思路，并有针对性地提出一系列重大举措：提高发展的平衡性、协调性、包容性，着力扩大中等收入群体规模，促进基本公共服务均等化，加强对高收入的规范和调节，促进人民精神生活共同富裕，促进农民农村共同富裕。②习近平总书记的系列重要论述，进一步丰富和发展了我们党对共同富裕的规律性认识，是习近平新时代中国特色社会主义思想的重要组成部分，是扎实推动共同富裕的科学遵循。

习近平总书记在党的二十大报告中指出，中国式现代化是全体人民共同富裕的现代化。共同富裕是中国特色社会主义的本质要求，也是一个长期的历史过程。"我们坚持把实现人民对美好生活的向往作为现代化建设的出发点和落脚点，着力维护和促进社会公平正义，着力促进全体人民共同富裕，坚决防止两极分化。"③ 江山就是人民，人民就是江山。中国共产党领导人民打江山、守江山，守的是人民的心。治国有常，利民为本。为民造福是立党为公、执政为民的本质要求。必须坚持在发展中保障和改善民生，鼓励共同奋斗创造美好生活，不断实现人民对美好生活的向往。我们要实现好、维护好、发展好最广大人民根本利益，紧紧抓住人民最关心最直接最现实的利益问题，坚持尽力而为、量力而行，深入群众、深入基层，采取更多惠民生、暖民心举措，着力解决好人民群众急难愁盼问题，健全基本公共服

---

①② 习近平：《扎实推动共同富裕》，《求是》2021年第20期。
③ 习近平：《高举中国特色社会主义伟大旗帜　为全面建设社会主义现代化国家而奋斗——在中国共产党第二十次全国代表大会上的报告》，人民出版社2022年版，第22页。

务体系，提高公共服务水平，增强均衡性和可及性，扎实推动共同富裕。①

二、鲜明的时代特征

全体人民共同富裕作为中国式现代化的特色和本质要求，是党百年奋斗初心使命的生动体现，也是新时代新征程党中央向人民、向历史作出的庄严宣示和郑重承诺。社会主义的本质是解放生产力，发展生产力，消灭剥削、消除两极分化，最终达到共同富裕。实现全体人民的共同富裕，是社会主义区别于以往一切社会制度的本质所在。我们要实现的共同富裕，是涉及14亿多人的伟大事业。我们要深刻认识让人民生活幸福是"国之大者"，要让群众看到变化、得到实惠；要正确处理效率和公平的关系，构建初次分配、再分配、三次分配协调配套的基础性制度安排，使全体人民朝着共同富裕目标扎实迈进。

共同富裕是中国式现代化的重要特征。共同富裕是社会主义现代化的一个重要目标，既是一项长期任务，也是一项现实任务。党中央明确了"十四五"时期、到2035年和21世纪中叶的分阶段目标安排；提出要在高质量发展中实现共同富裕，要以改革创新为根本动力，以解决地区差距、城乡差距、收入差距问题为主攻方向，突出推动体制机制创新，尽力而为、量力而行，不能吊高胃口，不能搞"过头事"等。既提出了"过河"的任务，也解决了共同富裕的"桥"与"船"的问题。

共同富裕是以人民为中心的发展思想的根本体现。扎实推动共同富裕，要求始终把人民放在心中最高位置、把人民对美好生活的向往作为奋斗目标，紧紧围绕解决好社会主要矛盾，满足人民日益增长的美好生活需要，推动改革发展成果更多更公平惠及全体人民，真正实现发展成果由人民共享。强调要紧紧团结和依靠人民，站稳人民立场，坚持人民主体地位，尊重人民首创精神，推动发展实现"量"的扩大和"质"的提升，在

---

① 习近平：《高举中国特色社会主义伟大旗帜　为全面建设社会主义现代化国家而奋斗——在中国共产党第二十次全国代表大会上的报告》，人民出版社2022年版，第46页。

实现高质量发展中做大社会财富"蛋糕",使国民收入达到更高水平。

实现全体人民共同富裕是当代中国的时代命题,呈现鲜明的时代特征。一是共同富裕是物质和精神的统一。随着社会生产力的发展,人民生活水平的不断提高,人们的精神需求的增长越来越快,同时,人的精神追求的超前性又对物质生产提出更高的要求。所以,只有物质生活与精神生活的共同富裕,才能促进人的全面而自由的发展。实现共同富裕就是要保障所有人脱贫,不仅是物质上的,而且包括精神上的脱贫,促进人的自由全面发展。二是共同富裕是人与自然和谐的统一。针对共同富裕问题,在很长的一段时间里,过多地强调将发展作为解决中国一切问题的基础和前提,又将发展片面地理解为经济的增长、物质财富的增量,忽视了人类发展与自然平衡的相互关系。当人们获得了物质的丰裕、精神的充实,却越来越发觉生存的问题依然存在。因此,实现共同富裕并非仅仅体现为人类自身问题的解决,不仅仅是物质丰富、精神文明,还包括人与自然关系的和谐。三是共同富裕是效率与公平的统一。换言之,共同富裕不是部分群体少数人的富裕,而是全体社会成员的富裕,社会公平、社会和谐是共同富裕的基本要求。部分群体的富裕、少数人的富裕绝不可能成为社会前进的动力,有悖于社会的长期稳定和可持续发展。共同富裕意味着人的全面发展与社会的全面进步,社会必须尊重和发挥人的主动性和创造性,满足主体全面发展的要求。同时,应将个人的自我价值和社会责任统一起来,更好地发挥人对于社会发展的作用。公共服务普及普惠,瞄准人民群众所忧所急所盼,真正体现公共服务均等化,保障公平机会、公平条件和公平权利,确保向上流动的渠道畅通,加快形成"中间大、两头小"的橄榄型分配结构,促进社会公平正义。四是共同富裕是国家发展和人民幸福的统一。国家的富裕是国家进一步强大的物质基础,民族复兴是人民幸福进一步提升的前提条件,没有国家强盛、民族兴旺,就不可能有人民幸福,没有人民幸福、人民共享,就不可能有共同富裕。要实现富裕到富强、复兴到幸福的转化,离不开中国共产党的全面领导。中国共产党始终坚持"以人民为中心""全心全意为人民服务""立党为公、执政为民"的执政理念,并以"科学执政、民主执政、依法执政"为要求不断改进执政方式,不断完善国家治理体系和治理能力现代化,努力实现人民的幸福。

第二节
顶层设计与战略部署

为落实习近平总书记关于推进"百姓富"的要求,江苏在继续实施富民强省战略的基础上,不断赋予"百姓富"时代内涵,形成了前后连续、内在贯通的推进"百姓富"的顶层设计与战略部署。

一、一体化部署"百姓富"战略重点

省委、省政府根据形势发展,在多个发展阶段、重大节点制定出台推进"强富美高"新江苏建设的一揽子方案,形成推动"百姓富"的战略思路。中国共产党江苏省第十三次代表大会提出,群众致富的最大潜力在创业,要进一步优化环境、改进服务、强化政策支持,充分调动创新创业的积极性,促进各类社会群体依靠自身努力和智慧创造财富。坚持把就业作为民生之本,着力优化就业结构、提高就业质量,构建和谐劳动关系。拓宽居民增收渠道,增加财产性收入来源,实行差别化收入分配激励政策,提高科研人员成果转化收益分享比例,努力扩大中等收入群体。中国共产党江苏省第十四次代表大会提出,推动人民生活品质显著提升,以人民为中心的发展思想充分体现,公共服务体系和社会保障体系更加完善,更高水平实现幼有所育、学有所教、劳有所得、病有所医、老有所养、住有所居、弱有所扶,人民群众在高质量发展中更好享受高品质生活,获得感幸福感安全感更加充实、更有保障、更可持续;推动共同富裕水平显著提升,乡村振兴全面推进,区域发展更加协调,城乡居民收入增长与经济发展基本同步,人民群众物质富裕和精神富足达到新水平,地区差距、城乡差距、收入差距显著缩小，中等收入群体规模显著扩大，基本公共服务均等化水平显著提高，发展的平衡性、协调性、包容性显著提高。《中共江苏省委关于深入学习贯彻党的二十大精神在新征程上全面推进中国式现代化江苏新实践的决定》提出，增强公共服务的均衡性可及性，在高质量发展中创造高品质生活，在共同奋斗中促进共同富裕。

2023年7月，中共江苏省委十四届四次全会审议通过了《中共江苏省委关于深入学习贯彻习近平总书记对江苏工作重要讲话精神在推进中国式现代化中走在前做示范谱写"强富美高"新江苏现代化建设新篇章的决定》，对创造人民群众高品质生活、切实保障改善民生等作出部署，形成了推进"百姓富"的系统化部署。坚持以人民为中心的发展思想，扎实促进共同富裕。始终把实现人民对美好生活的向往作为现代化建设的出发点和落脚点，更高水平实现"民生七有"。深化收入分配制度改革，深入推进中等收入群体壮大行动和农民收入十年倍增计划，支持苏南等地打造共同富裕示范区。实施就业优先战略，健全就业公共服务体系，推动创业带动就业，支持和规范发展新就业形态，发挥公共投资和重大项目带动就业作用，打造高质量就业先行区。实施积极应对人口老龄化国家战略，发展养老事业和养老产业，优化社区养老支持政策体系，完善生育支持政策举措，降低生育、养育、教育成本，用心用情解决好"一老一幼"等群众急难愁盼问题。深入开展健康江苏行动，促进优质医疗资源扩容和区域均衡布局，实施中医药传承创新行动，建设一批国内领先、世界一流的高水平医院，健全公共卫生体系，加强重大疫情防控救治体系和应急能力建设，更好地为群众提供全方位全生命周期健康服务。健全覆盖全民、统筹城乡、公平统一、安全规范、可持续的多层次社会保障体系，统筹做好社会救助、社会福利、住房保障、退役军人服务保障、妇女儿童权益保障和残疾人福利保障等工作。

二、率先实施民生共享战略

进入全面建成小康社会新阶段，省委制定"十三五"规划时明确提出实施民生共享战略，强调坚持以人为本、民生优先、共享发展，把民生需求作为经济社会发展的根本导向，全面落实以人民为中心的发展思想，鼓励创业致富、勤劳致富，把75%以上的一般公共预算支出投入到民生领域，提高公共服务均等化水平，全面完成扶贫脱贫攻坚任务，切实保障和改善民生，促进人民群众物质生活富足、精神生活丰富，不断增强人民获得感和幸福感。在重点领域，江苏注重以共同富裕为目标推动城乡之间的民生共享。着力推进全省农村集体经济增长多元路径基本形成、集体经济组织体系建立健全、内部治理优化完善、发展动能持续有力、经营机制规范高效、服务成员和联农带农能力明显提升。聚焦重点群体，促进群体之间的民生共享。建立完善妇女享有全生命周期健康管理、服务和保障体系机制，拓展城乡适龄妇女"两癌"检查覆盖面，促进女大学生、农村留守妇女、残疾妇女等重点群体就业。完善残疾人关爱服务体系，提高残疾人受教育水平，强化残疾人职业技能培训，推进残疾人按比例就业和集中就业，多渠道扶持残疾人自主创业和灵活就业。补齐短板弱项推进区域之间的民生共享。将苏北农房改善作为实施乡村振兴战略、推进城乡融合发展的重要行动，统筹抓好农房改善、人居环境整治和农村基础设施建设等各项重点任务，完成苏北3年30万户农房改善任务，在此基础上继续改善全省50万户以上农村住房，确保同步配套小城镇安置区、新型农村社区基础设施和公共服务设施，促进基本公共服务往村覆盖、往户延伸，积极探索苏北地区新时代民居范式，塑造具有地域特点、乡土特色、时代特征的乡村特色风貌，着力打造一批让"城里人向往"的美好乡村。

三、出台"富民增收33条"

为贯彻落实"聚焦富民"的战略部署，江苏把富民增收作为高水平全面建成小康社会的核心任务之一，系统梳理江苏富民工作的重点领域与实践路径，出台"富民增收33条"。在政策部署上，牢固树立和贯彻落实创新、协调、绿色、开放、共享的新发展理念，坚持以人民为中心的发展思想，坚持聚力创新、聚焦富民，以增加城乡居民收入为重点任务，以鼓励创业扩大就业为主要抓手，以激发重点群体活力为有效途径，以提高基本公共服务水平为有力保障，进一步深化收入分配制度改革，强化收入分配政策激励导向，推动富民增收与经济增长互促共进，让人民群众过上更好生活，建成体现高水平要求、惠及全省人民的小康社会。①

在政策实施过程中，坚持以人为本，富民优先。把聚焦富民作为抓工作谋发展的基本导向，融入公共政策制定实施的全过程和各领域，建立统筹协调工作机制，完善富民增收政策体系，加快健全城乡居民持续增收的长效机制，着力解决好事关群众切身利益的问题，充分调动全体劳动者增收致富的积极性、主动性和创造性，不断提高人民群众的富裕程度和生活质量；坚持改革创新，拓宽渠道，把富民增收与推进大众创业万众创新结合起来、与加快经济转型升级结合起来、与推进新型城镇化和城乡一体化发展结合起来，充分发挥市场配置资源的决定性作用，创造条件拓展居民增收空间，通过收入政策调整激发群众创富增收活力，推动工资性和转移性收入稳步提高、经营性和财产性收入加快提升；坚持突出重点，精准施策，瞄准增收潜力大、带动能力强的重点群体，制定实施差别化的收入分配激励政策，强化服务支撑和能力支撑，在发展中调整收入分配结构，不断培育和扩大中等收入群体，加快形成合理有序的收入分配格局，带动城乡居民实现总体增收。坚持强化保障，托住底线，这既是高水平小康的内在要求，也是增强社会动力活力的必要条件，以更有力的保障支撑更高水平的市场竞争，同时坚持量力而行，切实将福利水平提高建立在经济和财力可持续增长的基础上。

四、实施重大富民专项行动

江苏围绕"百姓富"，出台了一系列重大专项行动，取得积极实践成效。例如，苏北地区部分农房建设质量不高，成为制约群众生活改善的突出短板，江苏实施苏北农房改善行动，以农房改善为抓手、劳动群众生活

---

① 《关于聚焦富民持续提高城乡居民收入水平的若干意见》，《新华日报》2017年1月3日。

水平、生产条件的整体提升。省委、省政府于2018年印发《关于加快改善苏北地区农民群众住房条件推进城乡融合发展的意见》，明确要求以实施乡村振兴战略为引领，以促进城乡融合发展为导向，紧密结合脱贫攻坚工作，在充分尊重农民意愿的基础上，加快改善苏北地区农民群众住房条件，因地制宜改善农村人居环境，提升公共服务水平，让农民过上与时代同步的现代生活。聚焦重点人群，突出"三优先"，即优先完成农村四类重点对象危房改造，优先引导有能力在城镇稳定就业和生活的农业转移人口举家进城入镇落户，优先推进"小散远"、农民意愿强烈的村庄居住条件改善。在改善住房条件的同时，坚持"三同步"，即同步配套基础设施和公共服务设施，同步谋划产业发展，同步加强社会治理。同时，明确将"尊重农民意愿，不得大拆大建、强制农民搬迁和集中上楼"等纳入负面清单管理。到2020年，苏北地区农村四类重点对象存量危空房"清零"，三年改善30万户农房。目标如期完成，建成了一批承载乡愁记忆，体现现代文明的新型社区，农房改善综合效应持续放大。2022年江苏出台《农村住房条件改善专项行动方案》，重点推进1980年及以前建造的农房改造改善，支持鼓励1980年至2000年建造的农房改善，进一步提升乡村宜居宜业水平，加强社会治理和乡风文明建设。

实施中等收入群体壮大行动。扩大中等收入群体规模是推动实现共同富裕的重要途径。深入推进企业工资集体协商机制建设，加快建立适应高校、科研院所特点的多元薪酬分配制度，适时适度调整最低工资标准，促进形成合理有序的工资收入分配格局。围绕"深化收入分配制度改革，鼓励勤劳致富，畅通向上流动通道，推进中等收入群体壮大行动"的要求，精准提低、合理调高、积极扩中，加快形成橄榄型收入分配格局，把做大的"蛋糕"切好分好。

2023年，为深入学习贯彻习近平总书记关于"三农"工作的重要论述和对江苏工作重要讲话重要指示精神，在推进农业现代化上走在前，高水平建设农业强省，江苏出台《高水平建设农业强省行动方案》，明确提出农民收入十年倍增计划专项行动。全方位拓宽农民增收渠道，激发农民增收内生动力,进一步构建促进农民持续稳定增收长效机制。农村居民收入年均增幅7.2%左右,城乡居民收入比持续缩小,努力实现苏南、苏中、苏北集体经营性收入分别达到200万元、100万元、50万元以上的村占比均超过50%。

第三节
重点路径与实践进展

进入新时代,江苏围绕"百姓富"的重点、难点,精准选择主攻方向和突破点,形成了高水平推进"百姓富"的优选路径,取得了积极的实践成效,成为江苏现代化建设的鲜明标志。

一、高水平脱贫筑牢"百姓富"基底

贫困是富裕的反面,但往往共处于同一时代、同一社会之中,相互影响、相互交融,构成以往社会无法超越、无从回避的基本情形。随着中国打赢脱贫攻坚战,绝对贫困现象历史性地被消灭。中国从根本上打赢脱贫攻坚战,彻底告别贫困,将共富置于全新基础之上。放在人类历史进程中,对这一历史性成就的意义怎么评价都不过分。人类脱胎于自然界,从茹毛饮血走向文明社会,既领受大自然的丰富馈赠,也饱尝大自然的凶险无常。只有在较高的社会文明水平和社会生产力水平的基础上,同时在马克思经典作家所论述的人类"善待自然""认识和正确运用自然规律"的基础上,才能彻底告别绝对贫困,在底线层次上实现"人类与自然的和解"。让贫困人口和贫困地区同全国一道进入全面小康社会是中国共产党的庄严承诺,是践行共享发展理念的内在要求。进入新时代,江苏确立高水平全面建成小康社会目标定位,高标准实施脱贫攻坚行动。江苏持续在重点地区开展帮促行动,着力构建低收入农户增收和经济薄弱村发展长效

机制，让脱贫基础更加稳固、成效更可持续，筑牢共享发展的经济基底。

截至 2020 年底，江苏脱贫致富奔小康工程胜利完成，254.9 万建档立卡低收入人口实现年收入 6 000 元目标，全省低收入农户家庭人均纯收入达到 11 467 元；821 个省定经济薄弱村集体经济收入全部超过 18 万元，苏北 6 个重点片区和黄桥、茅山革命老区面貌发生显著变化，基本公共服务接近全省平均水平。12 个重点帮扶县区提前一年全部"摘帽"退出，"两不愁三保障"全面实现。其中，教育部反馈的 12 478 名建档立卡疑似辍学学生实现清零；低收入人口实现大病保险起付线降低 50%，县域内定点医疗机构住院个人自付费用控制在政策范围内住院总费用 10% 以内；建档立卡户等 4 类重点对象、24 958 户危房改造全部完成。

全省经济薄弱地区面貌发生巨变，铁路、高速公路快速推进，一批重要交通干线相继投入运营，行政村双车道四级公路全覆盖，镇村公交全部开通，经济薄弱村综合服务中心、幼儿园、卫生室、健身广场等设施一应俱全；农村产业结构持续优化升级，经济薄弱地区产业扶贫、就业扶贫、电商扶贫、光伏扶贫、旅游扶贫成效明显，新业态、新产品蓬勃发展，形成了泗阳鲜桃、响水西兰花等特色主导产业，淮安芡实、涟水芦笋等新兴特色产业成为当地致富产业，12 个重点县创建省级绿色农产品基地 127 个（面积近 450 万亩）、绿色有机农产品 509 个、农产品地理标志 10 个，培育省级"一村一品一店"示范村 69 个，3 300 余个扶贫产品进入品牌目录，走向千家万户和广阔的市场。

在社会民生领域，全省基本公共服务水平不断攀升，低收入人口"两不愁三保障"问题全面解决，全省城乡居民医保财政补助最低标准、大病保险人均筹资标准、城乡居民基本养老金最低标准等不断提升，低收入人口养老保险三个 100% 政策全面落实，特殊群体关爱体系不断完善，低收入群体普遍得益受惠；基层治理能力和管理水平显著提高，全省派出 3 000 多名干部到经济薄弱村担任"第一书记"，选拔 1 988 名优秀高校毕业生到苏中、苏北从事志愿服务，选聘 1 200 名"苏北发展特聘专家"到帮扶一线建功立业，近 34 万名党员干部参与结对帮扶，农村基层治理能力和管理水平大幅提升,基层党组织创造力、凝聚力、战斗力明显增强。

二、聚力破解"一老一小"民生痛点

"一老一小"关系千万家庭,痛点堵点多、保障难度大,是推进共享发展的重点难点。江苏坚持一体推进"一老一小"服务保障,广泛凝聚建设老年和儿童友好社会环境的共识与合力。一是在老有所养上破解民生痛点。积极构建居家社区机构相协调、医养康养相结合的养老服务体系,打造供给高质量、普惠高水平、享老高品质的"苏适养老"品牌,全面建立老年人福利补贴制度,城乡独居留守老年人关爱巡访制度覆盖全省。加强养老服务设施建设。省级层面出台面向养老机构的建设补贴政策,不同所有制养老机构实行统一补贴标准,各地出台养老机构和居家社区养老服务中心综合运营补贴等政策。推行养老服务监管评估制度,做到"凡服务必评估"。开展防范养老服务领域非法集资宣传,坚决维护广大老年人合法权益。加强养老服务人才队伍建设,全省已有 2 万余人通过护理员职业技能认定。南京在全国率先实践"时间银行"互助养老新模式。

江苏着力在幼有所育上破解民生痛点。坚持把托育服务纳入经济社会高质量发展的全局统筹考虑、系统推进,按照政府引导、普惠优先、多方参与的总体思路,以推进普惠托育民生实事为抓手,加快构建多层次托育服务体系。建立完善促进婴幼儿照护服务发展的政策法规体系、标准规范体系、服务供给体系、监督管理体系和支持保障体系等五大体系。大力发展普惠托育,积极推进"一街道一乡镇一普惠",扩大普惠托育机构覆盖面。坚持普惠优先,全力推进民生实事。采取公办、公办民营、民办公助等方式,建设社区嵌入式普惠托育机构,为周边社区婴幼儿家庭提供价格普惠、管理规范、服务优质的托育服务,提升城乡社区托育服务能力水平。各地通过购买服务、财政补贴、提供场地、减免租金、税费优惠等措施,充分调动社会力量的积极性,鼓励支持各类主体兴办普惠托育机构,培育发展社区服务型、社会服务型、托幼一体型、单位服务型、医育结合型等多种模式的普惠托育服务。苏州市按照便捷、有趣、安全、平等、包容的原则，遵循符合儿童发展需求、满足儿童健康成长、适应城市未来的发展目标，打造"品牌突出、文化鲜明、治理创新、体系完整、质量卓越"的儿童友好城市"苏州范本"。南京、无锡等地通过政府购买服务的方式，支持多家普惠托育机构开展社区亲子活动、免费亲子体验等服务；连云港市以及南京市高淳区、浦口区的妇幼保健院积极发挥行业优势，建成医育结合模式的普惠托育机构。南通市崇川区、海门区探索"1+N"普惠托育新模式，依托1个示范性托育机构带动N个社区普惠托育园共同发展。

三、公共服务加速从"有"到"优"

人民群众对公共服务产品的要求从"有没有"向"好不好"转变，对共享发展成果提出了更新更高要求。江苏持续推进基本公共服务均等化，扩大普惠性非基本公共服务供给，丰富多层次多样化生活服务供给，构建优质均衡的公共服务体系，基本公共服务标准化实现度超过90%，城乡、区域、群体间基本公共服务均等化水平持续提升，人民群众的获得感幸福感安全感进一步增强，为高水平全面建成小康社会提供了有力保障。

制度体系更加健全。按照坚守底线、突出重点、完善制度、引导预期的要求，持续排查解决突出民生问题，以保基本、均等化、普惠化为方向，加强公共服务体系建设。制定基本公共服务清单，明确基本公共服务功能配置标准。建立基本公共服务体系建设监测统计和群众满意度调查制度，定期发布基本公共服务水平指数和发展指数，群众满意度从2016年的74.6分提高到2020年的86.05分。

保障能力全面提升。全省基本公共服务清单项目和保障标准得到有效落实，基层基本公共服务标准化配置实现度超过90%，民生支出占一般公共预算的比重提高到79%。普惠性幼儿园覆盖率达到85%，90%以上的义务教育学校达到省定办学标准，15年免费特殊教育全面实施，新增劳动力平均受教育年限超过15年。城镇登记失业率控制在3%左右，城镇零就业家庭动态为零。每千常住人口医疗卫生机构床位数6.31张、每千常住人口执业（助理）医师3.16人，城乡居民基本公共卫生服务人均最低补助标准提高到80元，人均预期寿命超过79.3岁，比全国平均水平高出1.4岁，居民主要健康指标接近或达到高收入国家发展水平。各类社会保险参保率保持在98%左右，基本形成以居家为基础、社区为依托、机构为补充的医养相结合的养老服务体系，每千名户籍老年人拥有床位近40张。残疾人康复设施覆盖率达到76.9%，居全国首位。实现存量农村四类重点对象危房动态"清零"。

均等化水平持续提高。基本公共服务资源持续向基层、农村和困难群众倾斜，苏南、苏北、苏中地区及市域内基本公共服务差距总体缩小。以居住证为载体的基本公共服务制度体系全面建立，农业转移人口等非户籍人口基本公共服务均等化水平明显提升。义务教育基本均衡发展县比例达到100%，义务教育实现"公民同招"。覆盖城乡的"15分钟健康服务圈"持续完善，城乡居民基本医疗保险制度实现"六统一"，低收入人口参加基本医保实现动态全覆盖，居民健康主要指标接近或达到高收入国家水平。以设区市为单位全面实现低保标准城乡并轨、同城同标，城乡保障标准年均增长率分别达5.8%和8.3%，全省平均保障标准达到每人每月771元。76.3%的乡镇和57.7%的行政村实现公交直通县城，位列全国之首。全省广播电视综合覆盖率达到100%，实现应急广播终端行政村全覆盖。

四、编密织牢民生兜底保障网

做好困难群体的民生兜底保障，是共享发展的题中应有之义，也是衡量共享发展质量水平的"金指标"。在弱有所扶上，江苏着力保障困难群众基本生活，把特困人员、最低生活保障对象、低收入家庭、支出型贫困家庭四大类群体全部纳入救助范围，全面实施"救急难"、重残重病"单人保"、低保缓退渐退等政策，以设区市为单位全面实现低保标准城乡并轨、同城同标，有力保障困难群众基本生活。全省共有89万建档立卡低收入人口通过纳入低保和特困供养脱贫，占比超过三分之一。注重雪中送炭，加大对因疫因灾遇困群众的临时救助力度，兜紧兜牢民生底线。

筑牢民生兜底保障政策体系。在低保边缘家庭、支出型困难家庭、儿童社会福利等领域陆续出台多项政策举措，着力筑牢民生兜底的政策保障，民生与社会福利事业取得显著成效。集中体现在完善民生兜底保障政策体系与加大财政对民生领域资金支持力度两个方面。提升城乡民生兜底标准。全省城乡低保统一标准从每人每月不低于240元提高到803元，年均增速达到14.4%。城乡居民基本养老标准提高至每人每月187元，基本医疗财政补助最低标准提高至每人每年640元。此外，全面施行新的事实无人抚养儿童保障政策。全省机构集中养育孤儿基本生活保障平均标准达到2 322元/（月·人），社会散居孤儿基本生活保障平均标准1 672元/（月·人），保障标准位于全国前列。

逐年增加财政对民生领域的资金投入。财政资金优先保障民生支出投入，切实增强基层财政民生保障能力。江苏坚持既尽力而为又量力而行，建立基本公共服务保障标准动态调整机制，稳步提升教育、卫生、养老、社会救助等保障水平，使基本公共服务与经济发展相协调、与财力状况相匹配、与实施条件相适应，不断增强可持续性和有效性。全省用于基本公共服务支出的公共财政的占比多年保持在75%以上。

探索高质量民生兜底的"江苏模式"。各地在城乡困难群体民生兜底、补齐民生领域短板、高质量社区服务、增进民生福祉等领域，探索形成一批先进典型与可复制经验做法，形成"享发展""惠民生""强保障"的江苏实践。创新防贫救助模式、筑牢防贫保障体系，各地在传统农村低收入人口"三保障"政策基础上，建立部门联席制度，探索出"误工保""集体经济收入保"等防贫新模式，强化"二次报销"与重点帮促村稳定增收的创新政策保障，不断创新巩固脱贫成果的"自选动作"模式，筑牢低收入农户和村集体防贫"底线"。泰州市建立部门联席会议制度，对于当年累计自付医疗费用超过三条"预警线"的参保人员及时纳入监测并给予"二次报销"精准救助。靖江实施健康扶贫补充保险和"126"精准医疗扶贫，为低收入人口及边缘人口统筹办理医疗救助商业保险。宝应县在全省率先开展"误工保"试点，对脱贫劳动力因病灾或意外事故住院治疗导致务工收入减少的，按设定标准给予收入补偿。泰兴市建立低收入农户的救助联盟，探索建成跨部门信息数据共享机制，实现救助部门间信息互通共享，使救助帮扶措施系统化、透明化。淮安市探索"集体经济收入保"与"扶贫资产＋保险"模式，有效提升扶贫资产项目抗风险能力，确保村集体稳定增收。加大民生领域资金投入，构建"县镇分成"的财政体制，将财力向乡镇倾斜，解决"财权事权不匹配"制度"痛点"。无锡市首创"市—镇街直达资金模式"，根据市区镇街财力、债务负担、农业转移人口等情况，对运转压力较大的镇街进行重点补助，并由市级财政直接下达，重点支持基层镇街"三保"、乡村振兴等方面支出，切实加强基层运转保障。泰兴市调整完善市与乡镇财政管理体制，合理划分市与乡镇财政事权与支出责任，优先满足民生发展资金需求。全省提升社区公益服务水平，深入推进"政社互动""减负增效"改革，城乡社区组织统计数据"一套表"、党建民生"两本账"、工作事项"三项清单"政策逐步落地落细。扬州市在全省率先启动、率先完成乡镇（街道）社工站建设，将社工站建设作为专业社工深入参与基层治理、打通为民服务"最后一米"的重要平台。

五、不断彰显"百姓富"文明底蕴

提高人民群众社会文明素养，让人民群众更好享受发达的社会文明成果，是共享发展的内在要求和重要内容。江苏把建设文化强省摆上突出位置，把创新社会治理作为迫切任务，用文化润泽文明，用道德涵养文明，用治理保障文明，推动物质文明和精神文明协调发展，积极打造富有底蕴的文明标识、文化成果，社会文明和文化自信达到新的高度，文化创新创造成为发展新优势，"社会文明程度高"的境界持续攀升。

一是推进社会主义核心价值观深入人心。推动社会主义核心价值观融入人们的日常精神文化生活，丰富"我们的节日""诵读学传"等活动内涵。选树道德模范、时代楷模、最美人物、优秀建设者、身边好人，开展"和美家庭·德润江苏"社会主义核心价值观主题教育实践活动，通过广泛寻找"最美家庭"、举办"最美家庭讲好家训"万场巡讲等活动,春风化雨般传播文明家风。

二是提升社会文明程度。发挥人文底蕴深厚、人力资源富集、社会治理有力有序等优势,大力构筑思想文化引领高地、道德风尚建设高地、文艺精品创作高地,全面提升文化事业和文化产业发展水平,"三强三高"文化强省建设迈上了新台阶、实现了新跨越。"文化苏军"持续壮大并引领时代风尚,广大文艺工作者推出一大批思想精深、艺术精湛、制作精良的文艺精品。"紫金"文化品牌、"扬子江"文学品牌美誉度不断提高。全省国家一级图书馆、文化馆、博物馆的总数位居全国前列,率先建成"省有四馆、市有三馆、县有两馆、乡有一站、村有一室"的五级公共文化设施网络体系,率先实现"三馆一站"无障碍零门槛进入,率先实现农家书屋行政村全覆盖,公共文化资源更多惠及广大群众。"书香江苏"建设蓬勃开展,全省居民综合阅读率超过90%。苏州市、连云港市"社区文化中心标准化建设"以及南通市"环濠河博物馆群建设"创建成为第一批国家级示范区(项目)。

三是树立向上向善社会风尚。凝聚向上向善正能量,全面提升公民素养,凡人善举、大爱奉献蔚然成风。江苏作为全国首批进行试点、最早全域推开的省份,紧紧围绕"推动新思想深入人心、落地生根"这一首要任务和核心主题,深入推进新时代文明实践中心建设。在试点建设中,各地积极创新举措,宜兴市探寻"基本规律做活工作生态"的建设模式;海安市百姓名嘴定期走村入户,把"文件语"变为"家常话";张家港市创新宣讲形式,将"学习强国"平台资源搬到线下阵地打造追梦学堂;盱眙县新时代文明实践中心召集"山爸山妈"团队与当地2 000余名留守儿童结成帮扶对子。江苏深化"文明江苏"志愿服务行动,广泛组织开展理论宣讲、文化服务、体育健身、科技科普、扶贫帮困、疫情防控、文明倡导、大型赛会等各类志愿服务活动,南京、常州、苏州、泰州等地探索志愿服务"时间银行",南通市"江海志愿者"、南京市"陶老师工作站"等志愿品牌形成全国标杆,志愿服务事业焕发出旺盛的生命力和创造力,"奉献、友爱、互助、进步"的志愿精神广为传播。经过积极努力,全省公民文明素养、社会文明程度同步提升,人文江苏的时代底蕴愈加醇厚。

六、积极探索"百姓富"特色化路径

江苏注重加强顶层设计,加强制度创新与政策供给,同时也鼓励各个地区、部门的个性化探索,在实践中形成了富有特色性和示范引领性的共享发展路径。

充分发挥党员致富带头人先锋模范作用。江苏通过健全党建引领机制,推动基层党建与乡村振兴深度融合,使党员在带领群众共同富裕中发挥先锋模范作用。张家港市南丰镇永联村在党委书记吴惠芳的带领下,结合永联区域钢铁文化、江南农耕文化,发展全域旅游,成为旅游热门地,从一个传统的苏南小村庄发展成为一个产业兴旺、乡风文明、生态宜居、村民安居乐业的农村现代化小镇。常熟市支塘镇蒋巷村老书记常德盛带领群众走出了新农村"农业起家、工业发家、旅游旺家"的发展道路,啃下了"脱贫"硬骨头,全国文明村、国家级生态村、全国农村现代化建设示范村、江苏生态百佳村等近百项国家和省级荣誉见证着蒋巷村振兴图强的改革发展之路。安居乐业、和谐文明幸福的蒋巷村已经成为一张幸福名片。连云港市赣榆区柘汪镇西棘荡村从20年前"晴天尘土猛,雨天泥泞深"的贫困村到村集体收入、村民人均纯收入大幅提升,党委书记钟佰均带领村民走出了一条"党建引领、工业强村、产业富民"之路。

以乡村产业发展带动百姓致富。江苏从提升质量、打造品牌、推动优势特色产业集群集聚、发展都市现代农业等方面重点突破,进一步丰富了乡村产业的内涵;从乡土产业发展、全产业链建设、一二三产融合、农民就地就近就业创业等方面着力,特别推动县域内现代富民产业、商业体系建设,繁荣发展乡村经济,更好服务构建"双循环"新发展格局。南京市江宁区东山街道章村社区充分利用区位优势,发展楼宇经济,先后打造了章村总部经济大楼、章村"6+1"国际企业总部园等载体;同时积极实施

"走出去"发展战略，投入1.2亿元在高桥打造科技创新园，共建成4.2万平方米的标准厂房，每年为社区增加800万元的收入，共有企业近300家，其中规模以上企业25家，规上企业总产值10.5亿元。无锡市锡山区东港镇山联村十多年前曾是经济薄弱村，通过重新规划布局，改善村容村貌，山联村发挥独特资源优势，走观光农业、生态旅游发展道路，让村庄美起来、农民富起来，打响了"金色山联"产业发展品牌。

创新共享发展新机制新模式。作为深度老龄化城市，南京市在全国率先实践"时间银行"这种互助养老新模式，鼓励人们年轻时把志愿服务时间"存"进去（老了可以用来兑换别人为自己提供的服务）。为推广"时间银行"，南京市政府专门出台《南京市养老服务时间银行实施方案（试行）》，先后制定各级"时间银行"建设及志愿者管理、服务对象管理等9项标准规范，构成"1+9"政策体系，为全市养老服务"时间银行"科学化、规范化发展提供了有效保障。设立专项基金，市财政注入1 000万元启动资金，并先后收到社会捐赠资金43笔共150.3万元，保障"时间银行"发展。江阴市"福村宝"村级医疗互助聚焦因病致贫的内核，对本村村民的医疗费用，特别是大病产生的医疗费用进行"二次"补助，充分调动了居民参与的积极性，覆盖江阴市212个村（社区）97.7万人，在减轻居民医疗负担和政府财政负担、提升治理能力等方面取得显著成效。

第四节
比较分析与态势研判

西方发达国家在完成现代化之后基本上解决了国家富的问题，为民富创造了基本条件，特别是第二次世界大战后福利国家等政策的推行，让民富水平有了极大的提升。尽管这一过程有着不可克服的内在矛盾，但仍有较强启示性。江苏各地因地制宜探索提高人民生活水平、推进共同富裕的实践路径，取得了不少成效，也具有很强的参考价值。

一、国际经验：成功与挫折并存

西方发达国家在调节收入差距方面有积极探索，具有启发价值。一是完善教育体系促进劳动收入公平。发达的教育是提高人力资本水平、促进人的发展的重要途径。美国教育资源丰富、类型多样、方式灵活，鼓励学生创新思维和实践创新，国际化程度高，拥有全球领先的高等教育体系，但美国早期教育与保育资源有限、价格昂贵、中下层收入家庭子女面临入园困难等问题，起点的机会不均等往往会导致结果不平等。相比美国，德国的学前教育更具普惠性，更好保障了中下层收入家庭子女教育起点公平；同时德国拥有发达的职业培训体系，大学以基础研究和普通教育为主，专科学校则以应用研究和职业教育为主，学生同时具备企业学徒和职校学生双重身份。独特的双轨制教育体系为德国培养了大批高素质技术人员和工程师。在其他发达国家劳动收入份额普遍下降背景下，德国国民收入中的劳动份额反而上升，在相当程度上得益于德国相对完善和公平的教育体系。二是建立多层次社会保障制度提升低收入群体福利。欧洲国家最早建立起福利制度。19世纪80年代，德国首相俾斯麦将全面的社会保险引入社会改革，英国等国逐步跟进，逐步形成以社会保险为特征的早期福利制度。第二次世界大战后，以英国为代表的西方发达国家福利制度迅速发展，许多欧洲国家将自己国家视为福利国家，北欧国家被公认为是高福利国家。然而20世纪70年代后，这种模式逐渐显示出弊端：社会福利开支过大，税收负担沉重，社会惰性上涨，公平与效率双重失衡。其后，英国等国进行了"重新私有化"和减少政府对经济和社会的干预，但欧洲国家基本保持了福利制度。在教育、医疗和社会保障等公共服务方面的财政支出以及多层次社会保障制度，成为保障低收入群体基本权益的重要途径。三是完善慈善制度实现收入第三次分配。美国慈善事业相当发达，其慈善制度以高灵活性、高透明度和高社会参与度而著称，非营利组织的数量、资金以及就业人数规模均比较大。美国制定了税务优惠政策，个人和企业向志愿者组织和慈善机构捐款可以得到税务优惠，针对非营利组织和个人捐赠行为的税务优惠有着明确分类和详细制度设计。同时通过重征遗产税、赠与税，志愿者经历可作为升学晋升加分项，将慈善教育融入大学课程等一系列措施鼓励企业个人捐赠和参与志愿活动。慈善事业的发展，促进第三次分配发挥作用，在一定程度上缓解了社会两极分化带来的社会问题。

日韩等国在经济高速增长过程中在一定程度上实现了收入分配的改善，其中重视教育特别是普惠教育是重要成因。日韩成功突破"中等收入陷阱"，在很大程度上得益于通过构建"发展型政府"，推动形成创新及产业化的创新体系，同时加大教育投入力度，强化创新型经济的人力资本供给。日本在义务制教育阶段大力推行平等教育，均衡各公立学校之间的教育资源，并将一定数量的私立学校作为补充。为保障不同学校的师资力量均衡配置，日本普遍实施教师流动制度并不断完善具体规则，如针对偏远地区教师进行补贴，调动教师积极性。相比较而言，拉美地区整体人力资本发展水平落后于同时期的日本、韩国、新加坡等亚洲国家，这被认为是拉美地区长期经济增长乏力、创新动能不足的重要原因。[①] 近年来，智利推行"低收入群体基础教育质量改善计划""改善基础教育质量和公平计划"，巴西出台"更多教育计划""学校奖学金计划""人人上大学计划"等，人力资本结构有所改善，但由于教育投入具有滞后性，拉美国家人力资本对国家创新力的支撑力仍然有限。

二、国内经验：丰富实践富有启示

在国家现代化建设的大局下，各地围绕如何推进共同富裕进行了积极探索。其中，浙江被中央赋予高质量发展建设共同富裕示范区的使命。例如，浙江积极探索打造标志性成果，形成了一批可复制可推广的经验做法。2023年国家发展改革委印发《浙江高质量发展建设共同富裕示范区第

---

① 刘鹏：《拉美人力资本形成动因：基于工资差距和社会分配公平的视角》，《拉丁美洲研究》2019年第5期。

一批典型经验》，其中包括组织建设、高质量发展、缩小城乡差距、缩小地区差距、缩小收入差距、促进基本公共服务均等化共六个方面十条典型经验做法。例如，坚持党建引领"共富工坊"建设，畅通村企合作渠道，搭建村企合作平台，促进农民家门口就业增收。浙江各地"共富工坊"已吸纳2.7万名低收入农户就业，人均月增收1600元；省妇联牵头打造634家巾帼"共富工坊"，帮助2.3万名农村妇女解决就业，人均月增收1800元；省残联依托残疾人之家等阵地开设工坊，累计吸纳2328名残疾人就业，人均月增收1500元。2007年，绍兴率先开展"亩产论英雄"，探索破解资源环境约束、转变经济发展方式的有效途径。2017年，浙江全面实施"亩均论英雄"改革；2018年浙江出台《关于深化"亩均论英雄"改革的指导意见》；2019年浙江出台《关于深化制造业企业资源要素优化配置改革的若干意见》，促进"亩均论英雄"改革向纵深发展，通过企业亩均效益综合评价和资源要素差别化配置，推动资源要素向优质高效领域和优质企业集聚，努力实现效益最大化和效率最优化。2022年，浙江规上工业亩均税收达34.8万元，亩均增加值达176.9万元，较2017年分别提升36.5%和71.4%，制造业呈现高质量发展态势。浙江牢记习近平总书记关于做强做优做大数字经济的殷切嘱托，大力实施数字经济"一号工程"，开展数字经济五年倍增行动，以产业数字化、数字产业化、数字化改革为主线，走出了数字经济特色发展道路，形成一批具有浙江辨识度的标志性成果，成为浙江高质量发展的"金名片"。2022年浙江数字经济增加值占地区生产总值的比重和数字化综合发展水平均居全国第一。浙江实施"两进两回"行动，实质性加速科技、资金、人才资源要素流向农村。2022年，浙江全省农村居民人均可支配收入达3.76万元，较2017年增长51.56%，年均增长8.8%；城乡居民收入比降至1.90，低于2.45的全国水平，走出一条城乡协调发展的路子。

广东在推动共同富裕进程中，注重规划引领，坚持"拆、治、兴"并举，有力有序推进中心城区城中村改造，推动城市更新盘活存量、做优增量、提高质量；下足"绣花功夫"，开展城市管理大提升行动，提高城市精细化、品质化管理水平；擦亮"绿色"底色，深入推进绿美广州建设，提高绿色惠民富民成效；巩固增强国际综合交通枢纽功能，提升国际航空、国际航运、世界级铁路枢纽能级。坚持"链"上发力，着力构建现代乡村产业体系，完善都市现代农业产业链；做好"土特产"文章，大力发展精品花卉、优稀水果、现代渔业等特色产业和农产品加工业；强化技术引领，拓展乡村旅游、农村电商、数字农业等产业融合新业态。同时，高标准推进乡村建设行动，打造一批精品新乡村示范带，建设宜居宜业和美乡村；推进城乡交通、供水、能源、通信等基础设施共建共享、互联互通；提高公共服务均等化水平，推动教育、医疗、文化等公共资源向外围城区和镇村覆盖。坚持全域协同，着力提高发展协调性平衡性，坚持共下"一盘棋"，从全局谋划区域，以区域服务全局，就能有效促进区域协调发展，更好实现各美其美、美美与共。

上海在推动共同富裕上，坚持率先和高标准，增强前瞻性、针对性和务实性，坚持把最好的资源留给人民，用最优的供给服务人民，让孩子茁壮成长、年轻人成就梦想、老年人乐享生命，人们畅享健康生活，推动全社会迈向共同富裕。一是优化托育服务体系。上海积极推动学前教育公益普惠，促进基础教育优质均衡，为每个孩子提供适合的教育，2023年底，上海公办幼儿园在园幼儿占比达80％，幼儿园教师接受专业教育的比例为98％，开设托班的幼儿园占比达75％。二是拥抱年轻人、成就年轻人，建设青年发展型城市，打造年轻人的希望之城。上海深化就业创业服务，拓展职业发展通道，为更多年轻人在这座城市追梦圆梦提供机遇和舞台；聚焦宜居安居需求，完善保障性租赁住房供给体系，让年轻人住有所居、扎根上海；支持年轻人参与城市治理、社区公益、社会服务，在融入城市发展中增强归属认同。三是积极应对人口老龄化。上海作为我国老年人口最集中、老龄化程度较深的城市，竭诚办好老年人的事。上海积极完善居家、社区、机构相协调，医养、康养相结合的养老服务体系，做强中心城区"嵌入式"和乡村地区"互助式"养老服务，促进养老机构安全规范发展，优化长护险服务；创新养老服务供给，推进智慧养老，发展异地养老，打造充满活力的银发经济；建设老年友好型社会，推进无障碍环境建设和适老化改造，丰富老年人精神文化生活。仅2023年，上海新增养老床位5 510张、社区长者食堂41个，改建认知障碍照护床位2 598张，完成居家环境适老化改造7 715户。

三、进度研判：推进"百姓富"取得阶段性进展

"百姓富"的测度与全体人民共同富裕的测度本质一致，遵循共同的原则，在侧重点上更加注重广大群众特别是相对困难群体的富裕水平以及社会公平正义、公共服务的可及性和获得感。习近平总书记特别强调，在全体人民共同富裕上，不要"各提各的指标"[①]。因此，对江苏推进"百姓富"进展的研判，要放在中国式现代化的大局和我国所处发展阶段中来把握，既对照世界现代化的共性特征，也体现中国及省域的现实特点，客观反映"百姓富"所达至的质量水平。具体而言，评价我国特定省域的"百姓富"，一是既要体现国际标准，也要体现中国特色，我国社会主义公有制在所有制结构中的主导地位、马克思主义新型政党制度以及人民政府强大组织领导力和治理能力、全世界最大社会保障网、覆盖城乡的社会公共服务及基础设施网络等，让我国"百姓富"的内涵和水平上呈现出与西方资本主义国家的根本区别；二是既要看数量，更要看质量，在满足生存阶段的需求之后，人民群众的需求层次随之升级，百姓所追求和认可"富"，将更多体现在更高品质和更好体验上，这在很大程度上取决于国家及特定省域的高质量发展水平；三是既要看有形指标，也要看无形指标，不仅要看经济总量、收入水平等具体指标，还要考察社会公平正义程度、政府治理与服务水平等指标，而归根到底还要是看老百姓的获得感幸福感安全感；四是既要看近期态势，也要看长远趋势，中国式现代化必须超越中等收入陷阱等诸多陷阱，确保现代化进程不被迟滞或中断，将让我国百姓富裕水平有着持续跃升的光明前景。

---

① 习近平：《扎实推进共同富裕》，《求是》2021年第20期。

综合研判，当前江苏"百姓富"已初步具备"富"的形态，在诸多领域形成先发和领先优势。一是省域综合实力攀高，为百姓富创造坚实支撑。2022年，江苏经济总量超12万亿元，人均地区生产总值达144 390元，其中苏南等地人均地区生产总值超2万美元，达到国际公认的发达经济体标准。虽然在前沿创新能力、市场经济基础制度、社会整体福利水平等方面与发达国家仍有较大差距，但江苏在我国大国经济体中的省域领先态势得以确立，加之江苏是国内国际双循环的战略枢纽，攀高向强的综合实力成为江苏推动"百姓富"的基础优势。二是制造业优势显著，成为缩小社会贫富差距的关键优势。发达国家的经验表明，制造业的繁荣发展有利于降低社会基尼系数，其内在机理在于，制造业不仅本身创造巨大的就业创新机会，新产业新业态的不断涌现、产业链供应链的延伸扩张、制造业与其他产业的渗透融合等，都可打开更大的市场空间、财富空间。江苏制造业规模全国领先，2022年制造业增加值占地区生产总值的37.3%，第二产业在地区生产总值中的占比为45.5%，与制造业密切相关的现代农业、生产性服务业联动发展，成为江苏发展的主引擎，也成为创造创富的主渠道。从产业质态看，同期江苏制造业高质量发展指数位居全国首位，表明江苏制造向江苏创造的转型已见成效、前景可期，这将成为推进百姓致富、缩小居民收入差距的深层动能。三是居民增收渠道不断拓展，"百姓富"获得多元支撑。从居民收入构成看，江苏全体居民人均可支配收入中，2005年工资性收入、经营净收入、财产净收入、转移净收入分别为5 311元、1 627元、314元、1 460元，分别占61.0%、18.7%、3.6%、16.7%。2022年工资性收入、经营净收入、财产净收入、转移净收入分别为28 124元、6 421元、5 352元、9 965元，分别占56.4%、12.9%、10.7%、20.0%。其中，工资性收入占比小幅下降，但仍是居民收入主渠道；财产净收入占比提升近2倍，是居民房产、股票、债券、保险、商品期货等财产性收入显著增加的体现；转移净收入占比持续保持高位，表明政府转移在缩小居民收入差距中一直扮演重要角色。比较而言，江苏经营性收入、财产净收入占比相对较低，表明江苏创业质量水平以及居民财富收入仍有很大提升空间。四是居民消费持续升级，生活水平向高品质转化。耐用品消费占比是衡量居民消费水平的重要指标。从食品支出总额占个人消费支出总额的比重看，2012—2022年，城镇居民家庭恩格尔系数从降至35.4%降至26.4%，农村居民家庭恩格尔系数从37.4%降至32.8%，已达到较为富足的阶段；从全体居民家庭平均每百户年末耐用品拥有量看，2012—2022年，家用汽车从28.2辆提升至48.9辆，空调从198.2个提升至218.5个，保持较高增速。居民消费水平的持续提升，不仅直接改善居民生活状态，而且可形成对供给端的有力支撑，促进高水平供需匹配，形成高质量的动力源。

江苏在推进"百姓富"上，仍面临不少突出短板弱项。一是居民收入整体水平不高。与人均地区生产总值在全国各省份中处于领先地位相比，江苏居民人均可支配收入水平特别是经营净收入、财产净收入规模及占比显著低于浙江等省，与发达经济体有很大差距，表明江苏经济的整体竞争力及结构仍需提升优化。二是"扩中"和"提低"的任务艰巨。人均地区生产总值与居民收入水平的差异，表明江苏经济增长的增收效应存在制约因素，有着深层次的产业结构与社会结构问题。虽然江苏以制造业为重点的产业结构持续升级，形成了较强的增长效应和创富效应，但由于产业价值链的升级有一个较长的过程，城乡居民从产业发展中获得的增收效应还不明显，"机器代人"等就业替代效应对低收入劳动者的冲击更加直接，由此增加了"提低"的难度；同时，高水平的创业和就业面临结构性、体制性因素等多重制约，在经济整体承压、外部宏观经济高度复杂的背景下，进一步增加了"扩中"的难度。三是城乡区域不平衡性仍较显著。改革开放后特别是进入新时代以来，江苏城乡区域协调性持续提升，均衡性位居全国前列。但受到发展基础、发展阶段与发展态势等因素影响，城乡区域间的发展差距仍较突出。2022年，江苏城镇居民家庭人均可支配收入、人均生活消费支出分别为60 178元、37 796元，城乡间收入、支出比分别为2.1∶1、1.7∶1；苏南、苏中、苏北间城镇居民家庭人均可支配收入、人均生活消费支出比分别为1∶0.77∶0.58、1∶0.79∶0.57，苏南、苏中、苏北间农村居民家庭人均可支配收入、人均生活消费支出比分别为1∶0.76∶0.63、1∶0.67∶0.63，区域间差距仍较显著。随着我国告别高速增长阶段，一方面，后发区域的跨越追赶难以通过持续的超高增速来实现；另一方面，在经济增长转向创新引领和高质量驱动的条件下，苏南等先发地区在培育新质生产力上具有综合优势，将进一步增加区域协调发展的难度。

第四章
以高质量发展夯实共富物质基础

习近平总书记提出"在高质量发展中促进共同富裕"[①]的重大论断，指明了在新发展阶段推进中国式现代化的根本方向与路径。从纵向的历史比较和横向的国际比较来审视，将高质量发展与共同富裕有机结合，明确高质量发展的共富导向与共同富裕的高质量动能，是一场具有重大意义的社会实践。在新发展阶段推动共同富裕，根本上是要通过高质量发展创造更多满足人民群众美好生活需要的社会财富，在高质量轨道上促进社会生产力的持续发展。习近平总书记要求江苏在高质量发展走在前列，通过不断创造高质量发展的更大成果，筑牢"百姓富"的先进社会生产力支撑。

第一节
以高质量发展推进"百姓富"

在高质量发展进程中创造发达的现代化产业体系，是推进"百姓富"的重要物质条件。江苏坚守实体经济，锚定高质量发展这个"首要任务"，不断创造更多、更富品质的现代化物质成果，成为推进"百姓富"的可靠支撑。

一、在高质量发展中促进共同富裕

在高质量发展中促进共同富裕，是在高质量成为发展主题、共同富裕成为"中心课题"的特定时代语境下提出的时代命题，是社会主义定性和共同富裕定向之下中国社会主要矛盾和社会发展阶段发展演进、相互作用的逻辑结果。将共同富裕当作现代化建设"中心课题"，首先要解决核心动力问题。这个核心动力需满足两个基本条件：一是在供给侧，推动财富的持续生产和充分涌流，解决财富的创造问题；二是在需求侧，有效匹配

---

① 习近平：《扎实推动共同富裕》，《求是》2021年第20期。

人民群众动态升级的旺盛需求，解决财富的质量问题。在财富生产的同时，实施共富导向财富分配，达至人民创造财富与分享财富的良性循环。推进高质量发展，是满足上述两个条件的根本途径。高质量发展的独特动力机制在于，其超越了单纯物资层面的"质量"概念，进而兼容"生产力尺度"与"人民尺度"的复合形态，具有创新驱动、人文底色、生态底蕴等特质，成为满足人民美好生活需求的高质量供给。

在生产力尺度上，高质量发展要求坚持以经济建设为中心，在更高层次上推进社会生产力在高质量轨道上实现量的扩展。高质量发展之所以是一个中国特色社会主义语境下的原创术语，在于其基于新思想、新理念，被赋予了超越质量、品质、效益等一般意义上的丰富内涵。高质量发展通过制度创新、理念创新、生产方式创新等系统创新，改进生产条件，淘汰落后产能，减少无效供给，使供给更有质量、更富效率、更为环保、更具竞争力和可持续性；聚焦发展不平衡不充分不协调的现实挑战，解决地区差距、城乡差距、收入差距问题，使之成为消除隐患、化解风险、增进和谐、凝聚合力的过程；注重发挥大国市场优势，让市场这个经济活动中"最宝贵、最稀缺的资源"成为高质量发展的可靠依托。在"人民尺度"上，高质量发展要求坚持以人民为中心，保护、激发蕴藏在人民群众之中的主动性、创造性，以高质量、高品质供给满足人民群众日益升级的品质化、个性化需求，形成高水平供需动态平衡。

二、率先转型打开江苏产业创富新空间

江苏推进"百姓富"，必然伴随产业结构的升级和现代化产业体系的构建。国际经验表明，经济上"量"的扩张有助于后发经济体跳出"低水平均衡"实现"经济起飞"，但只有转入更具竞争力的高质量发展轨道，才能从更高水平上打开产业创富空间，形成百姓富的产业基础。世界现代化进程中，现代化核心区的率先发达大都以现代产业集群的培育壮大为标志。在第一次工业革命中，棉纺织产业作为工业革命的"龙头"行业，率先走上机器化生产的高效模式，以此引领并推动其他工业领域的持续变

革，成为英国早期工业化的核心产业。在漫长的中世纪，英国棉纺织业有所发展但影响力仅局限于国内和对欧洲大陆的贸易，直到曼彻斯特率先将蒸汽机技术应用于纺织业，并凭借交通优势承接海外源源不断的棉花原料，加工成产品后再通过火车、轮船销往世界各地，一举崛起为世界"棉都"。在第二次工业革命中，以纽约为中心的美国大西洋沿海城市群成为美国乃至全球现代化新的核心区，纽约在商业、文化、科技、教育、研究等领域吸纳全球优质资源，跃升为全球金融中心以及全球性服务、管理控制中心，占据全球产业链制高点。在信息革命中，美国硅谷及周边地区吸纳全球科创人才和新锐创业者，形成强大的风险投资网络，极大地缩短了从科技创新到产业化的距离，蓄积起高度领先的产业现代化势能，作为全球创新枢纽，引领全球产业链现代化的演进方向。

  改革开放后，江苏产业持续转型，在结构调整中不断打开创富空间，成为拉动经济增长、群众致富的核心力量。就工业而言，新中国成立初期，江苏工业以纺织、食品等轻工业为主。经过后续追赶发展，至20世纪70年代后期，纺织、机械、化工、食品成为江苏四大重点行业。至20世纪80年代后期，机械、纺织、化工、食品、建材、冶金六大支柱行业基本形成。其中，纺织、食品是典型的劳动力密集型产业和民生产业，成为容纳就业和满足人民需求的基础性产业。机械、化工则是资金密集型、技术密集型产业，成为江苏构建现代产业体系的重要依托。进入20世纪90年代，随着生产的发展、技术的进步和消费结构的变化，新兴行业大量涌现，资金密集型和技术密集型行业产值占比不断上升。2000年以来，以电子行业为代表的高技术行业迅速崛起，2003年电子行业一跃成为江苏第一大支柱行业，发展势头强劲；而其他高技术行业如医药制造业、航空航天器制造业、医疗仪器设备及仪器仪表制造业也呈现较快的增长势头，江苏高技术产业体系初步形成。进入新时代，江苏工业结构持续优化，工业经济新的支柱产业日益明晰，逐步形成全国领先的先进制造业集群。面向未来，江苏着力打造"1650"产业发展体系，以16个先进制造业集群和50条产业链为制造强省建设总抓手，在强链补链延链上下功夫，持续巩固全省产业优势；积极打造产业转型升级体系，聚焦轻工、纺织、冶金、化工、建材、机械加工等六大传统行业推进传统产业焕新，聚焦大数据、区块链、人工智能等领域培育壮大新兴产业，重点支持氢能、新型储能、第三代半导体、先进通信等未来产业发展，形成更多新质生产力。

江苏制造业的持续升级，形成一批体量大、竞争力强、带动力强的优势产业、致富产业。2022年无锡市人均地区生产总值达19.8万元，连续三年位居全国大中城市首位，坚实的产业基础是关键所在。无锡市是近代民族工商业发源地和乡镇企业发源地，产业基础雄厚，积极打造物联网、集成电路、生物医药、软件与信息技术服务等地标产业，发展高端装备、高端纺织服装、节能环保、新材料、新能源、汽车及零部件等优势产业集群，培育人工智能和元宇宙、量子科技、第三代半导体、氢能和储能、深海装备等未来产业，形成了梯次发展的产业矩阵。无锡多年来深耕物联网产业，2022年全市物联网核心产业营业收入934.5亿元，相关产业规模超4 000亿元。苏州市是全国重要的制造业基地，到2023年底，全市规上工业总产值保持4万亿元以上量级，电子信息、装备制造产业保持万亿元以上规模，纳米新材料、生物医药及高端医疗器械、高端纺织入选国家先进制造业集群，累计获评工信部国家级专精特新"小巨人"企业超400家，常熟市电子氟材料、虎丘区多肽类生物药入选国家级中小企业特色产业集群，恒力、盛虹、沙钢成功入围2023年《财富》世界500强。产业的发展创造了大量的就业创业机会，苏州市成为江苏吸引外来人口最多的城市。

三、迈上十万亿元台阶形成高质量发展领先态势

在高质量发展进程中，量的增长以及由此形成的规模优势具有特别重要的意义。2022年，全省经济总量达12.3万亿元，用五年时间迈过四个万亿级台阶。巨大的经济体量得益于供给能力之强，而完整的产业配套力、庞大的居民消费力，让江苏在供需两端相互激荡，成为吸纳优质要素和吸引各类投资的强磁场。江苏所在的长三角地区是全国经济总量最大、最发达的区域之一，进一步放大了江苏供需协同优势和双向开放优势，产

生迭代进化的强劲外推力与内驱力。江苏成为涵养多元动力的创新创业热土。从城市群、都市圈、中心城市，到产业园区、科创平台，再到城乡融合区、县域经济体、乡村田园，江苏拥有结构多元、差异互补的产业空间，巨大经济体量背后蕴藏着丰富多元、富有弹性的结构效应，能形成可适应不同环境的要素、产业的互动空间，在遭遇外部风险挑战的情况下，这种多元动力格局可产生巨大的风险对冲效应。江苏一方面加速出清低端落后产能，转型升级的包袱逐步缩小；另一方面高新技术产业和战略性新兴产业等新产业、新业态加速涌现，并逐步形成规模优势，成为支撑新增长的重要动能，有力保障了江苏经济实现稳健增长，成为稳住全国宏观经济大盘多作贡献的重要力量。这种伴随质态提升的量的增长，成为江苏推进"百姓富"的独特优势。例如，江苏完整的产业优势，特别是特色农业优势，加之庞大的市场规模优势，有利于富民产业的发展，形成了巨大的创业创富效应，成为"百姓富"的重大且可靠支撑，在宏观经济复杂态势下，这种优势尤显可贵。

四、高新技术产业成为"百姓富"的强力依托

江苏经济受益于转型早，以先进制造业、战略性新兴产业为代表的现代产业进入扩张期，已形成较大规模，且保持较高增速，成为支撑高质量发展、防止经济陷入下行通道的有力支撑。科教资源丰富是江苏的显著优势，其中基础研究"家底厚"是突出表现。2010年，江苏开始设立省级自然科学研究基金，每年投入800万元以上的经费用以支撑基础科学研究。随着科技创新对经济发展的驱动作用逐渐加强，江苏的基础研究投入经费逐年增长。根据江苏省科技厅发布的统计数据，在"十三五"时期，江苏省级自然科学研究基金累计投入更是超过了107.03亿元，经费投入位列全国第一。2022年，江苏基础研究经费投入总额约为166.14亿元，相较2021年增长了0.5%，位列全国第二。此外，科技资金的投入加大带动了江苏省基础研究成果产出增加。2021年，江苏科研人员共发表5.6万多篇SCI论文。2022年年度全球"高被引科学家"名单中，江苏115人次入

选，占全国的十分之一，位居全国省份第一。近年来，江苏基础研究在"从 0 到 1"的原创突破上成绩不俗。企业是科技创新的主阵地，是科技创新活力的重要来源。科学技术的进步需要基于产业企业进行资源集成、科技转化、投入生产才能真正发挥科技第一生产力、第一竞争力的作用。一直以来，江苏就具有数量庞大、梯队完整的企业群，构成了科技创新主力军。2011 年至 2022 年，江苏工业企业数量从 4.34 万个增长至 5.76 万个，全省规模以上民营中小工业企业数量超过 4.7 万个，高新技术企业数量达 4.4 万个，江苏具有丰厚的科技创新企业"沃土"。产业转型升级靠科技，产业高质量发展靠创新，推进产业发展必须实现科技自立自强。综合研判，作为全国的"制造大省"，江苏产业已经在部分领域走到国际前沿，近年来江苏也一直致力于实施高端装备赶超工程、关键核心技术攻关等重要工程。高科技产业的生产效率高、产品附加值高、行业平均工资水平领先，具有很强的创富效应，成为高水平推进"百姓富"的关键性力量。

五、 先进制造业集群成为推进"百姓富"的可靠基础

江苏积极发展壮大生物医药、人工智能、集成电路等战略性新兴产业集群，着力打造物联网、高端装备、智能电网、工程机械、节能环保等世界级先进制造业集群。南京新型电力（智能电网）装备、南京软件和信息服务、无锡物联网、徐州工程机械、苏州纳米新材料、常州新型碳材料等 6 个集群在国际先进制造业集群竞赛中胜出。江苏重点培养的 16 个先进制造业集群规模占全省规模以上工业比重达七成左右。特高压设备及智能电网、晶硅光伏、风电装备等 7 条产业链基本达到中高端水平。从区域布局看，苏南创新集群不断涌现，苏中苏北制造业集群快速成长，全省优势制造业集群分布更趋均衡。苏南整体进入创新驱动发展阶段，将更多创新因子融入制造业发展，推动传统制造业集群向创新集群迈进。苏南自创区研发投入强度接近创新型国家和地区中等水平，纳米科技、生物医药、物联网、太阳能光伏、超级计算、海工装备等领域的关键核心技术和重大产品创新水平位居国际前列。苏中苏北加速补齐创新与产业短板，先进制造业

集群建设从力量积蓄阶段进入能量释放阶段。徐州工程机械集群成为中国工程机械产业千亿俱乐部的两大集群之一。沿海地区经济快速崛起，连云港徐圩新区、盐城黄海新区、南通大通州湾等战略板块进入大规模项目集聚与开发建设阶段；连云港世界一流石化产业基地强势崛起；盐城新能源产业集群形成规模，全市新能源发电量占全社会用电量的60%；南通船舶制造、海工装备产业规模分别收占全国的十分之一和四分之一。江苏产业发展的战略新空间业已打开，成为全省稳增长的可靠支撑，也是涵养"百姓富"产业源泉的重要渠道。江苏县域经济全国领先，苏州、南通等地县域经济发达，县域板块涌现一批"千亿产业集群"，这是江苏县域经济强的重要"密码"。这些优势产业集群在县域板块的集聚，不仅形成显著的产业资源要素的集聚效应，也具有可观的创富带动效应，打开了当地的创业创富空间。

六、科技人才队伍壮大成为推进"百姓富"的重大动能

新中国成立之初，江苏省科技人员仅几千人，其中从事自然科学研究的更少，科研成果无法满足社会建设的需要。改革开放以来，江苏对教育的投入不断增长，科教大省、人文重地的特色更加鲜明。20世纪90年代以来，江苏先后实施了333高层次人才培养工程、双创计划和科技镇长团等人才工程，发布了《江苏省中长期人才发展规划纲要（2010—2020年）》。"十二五"期间，省委、省政府把科教兴省战略拓展为科教与人才强省战略。"十三五"期间，江苏出台了《关于聚力创新深化改革打造具有国际竞争力人才发展环境的意见》（"人才新政26条"）、《关于进一步加快苏南国家自主创新示范区建设的有关人才政策措施》（"人才新政21条"）；针对青年人才，江苏还发布了《关于开展青年人才培养集聚专项行动的意见》等文件。人才激励政策不断完善，人才资源总量稳步增长，人才队伍结构持续优化，人才引领发展的作用进一步增强。截至2020年底，全省研究与试验发展人员达91万人，约占全国的12%。领军科学家实现新突破，在苏两院院士达105人，占全国的6.1%，王泽山院士、钱七虎

院士相继获得国家最高科学技术奖。累计入选国家级重点人才达1300多人，约占全国的10%，创业类入选数占全国的30%以上。累计入选国家中青年科技创新领军人才106人，科技创业领军人才124人，约占全国的15%。青年科技人才不断涌现，"十三五"时期新增入选国家杰出青年基金获得者97名，培养省杰出青年、优秀青年基金获得者550名。高层次人才持续集聚，累计资助引进双创计划科技类团队200个，资助引进外籍人才1610名，2020年底全省持有效工作许可的外国人超过2.4万人。踏上现代化新征程，江苏全面实施新时代人才强省战略，实施"十百千万"人才计划，力争到"十四五"时期末，使全省技能人才总量稳定在1450万人以上，占就业人员的比例达到30%；高技能人才总量稳定在500万人以上，占技能人才的比例达到35%。2023年上半年全省新增专业技术人才30.6万人，新增高技能人才11.48万人，人才总量保持全国领先地位。在较长一段时间内，江苏存在较为严重的人才"东南飞"的现象，其背后的一个重要原因在于适合人才的产业创业空间不足。现在，以优越的研究环境、巨大的发展空间吸引高层次人才汇聚，既是江苏高质量发展的强支撑，又能对"百姓富"产生独特的示范作用和推动作用。

第二节
以高水平消费升级推进"百姓富"

消费是最终需求，是经济发展重要引擎。进入新时代，随着人民生活水平的提升，消费扩张与消费升级同步推进，成为拉动经济增长的关键引擎。江苏既是产业大省，也是消费大省，为以高水平消费升级推动"百姓富"创造了重要条件。

一、消费升级彰显生活品质提升

进入新发展阶段，全面促进消费是江苏深入实施扩大内需战略，加快释放内需潜力的现实要求；是提升人民生活质量，不断满足美好生活需要的主动选择；是增强经济发展韧劲和内生动力，构建现代化经济体系的重大举措；是促进国内国际双循环，服务构建新发展格局的重要任务，对于推动全省高质量发展，为人民创造高品质生活，全面开启现代化新征程，具有重要意义。美国著名经济学家罗斯托提出的经济发展阶段论，反映的就是经济现代化的发展演进过程，同时也是一个国家或地区发展质量不断提升的过程。在"为起飞创造前提"阶段，主要任务是为跳出"低水平均衡陷阱""马尔萨斯陷阱"积蓄力量；在"起飞"阶段，主要是以早期工业化的形式推进经济实现量的扩张；在"起飞进入自我持续增长"的阶段，一个国家或地区的内生创造力显著增强，产业素质和竞争力大幅提升，产品开始多样化并进入以质取胜阶段；在"高额群众消费"阶段，社会消费规模的扩张和品质升级，为形成庞大且非均质化的国内市场创造了条件，供给水平的提升反过来为消费内涵式发展创造条件；在"追求生活质量"阶段，发展的主要目标是提高生活质量，这也是经济现代化的最高阶段。从当前所处的发展阶段来看，中国正处于向"高额群众消费"阶段转化的时期，并将向"追求生活质量"阶段迈进。发达国家经验表明，当人均收入越过某一水平后，人们对医疗保健、教育、旅游、体育锻炼、娱乐休闲等的需求开始逐渐增加。实现"百姓富"的重要标志是要建立以中等收入群体为主体的橄榄型社会结构。中等收入群体消费过去具有模仿型排浪式特征，现在转向个性化、多样化消费，开始从物质需求转向精神需求，包括对商品品质、品味的追求。随着中国消费结构及消费偏好的改变，中等收入群体将成为影响经济发展和现代化建设的重要变量。

二、发挥服务业带动"百姓富"的重要作用

服务业服务民生、促进民富，是经济增长的重要力量、就业富民的重

要渠道、地方税收的重要来源。现代服务业的发达程度是衡量地区综合竞争力和现代化水平的重要标志。改革开放后,江苏重视服务业发展,坚持以工业化提供动力,以制造业的中间环节分离和两端延伸为突破口,推进制造业与服务业发展的互动双赢;坚持以城市化拓展空间,充分借助城市化进程中人口集聚带来的旺盛消费需求和就业需求,有效拓展现代服务业的增长空间,带动形成城市多元就业空间;坚持以市场化注入活力,充分发挥服务企业的市场主体作用,促进多种所有制经济平等竞争和相互融合,服务业快速发展。2010年,江苏服务业增加值占地区生产总值的比重达40.9%。进入新时代,江苏把握产业结构调整趋势和高质量发展要求,大力实施江苏省现代服务业"十百千"行动计划,出台推进生产性服务业、健康服务业、科技服务业等发展的一揽子政策,生产性服务业效率和专业化水平显著提高,生活性服务业满足人民消费需求的能力显著增强,全省服务业进入提质增效的更高阶段,形成科技服务、软件和信息服务、金融服务、现代物流、商务服务、现代商贸、文化旅游等优势型服务产业。2015年,江苏服务业占地区生产总值的比重首次超过第二产业,产业结构实现了由"二三一"向"三二一"的标志性转变。2022年,江苏第三产业增加值为62 027.5亿元,占地区生产总值的50.5%,占比超过一半。

三、消费有力支撑产业转型和民生改善

江苏高度重视发挥消费对经济发展的"压舱石"作用,加快完善促进消费体制机制,积极引导消费需求释放,为经济平稳运行、产业转型升级和民生保障改善,提供了有力支撑。全省消费升级呈现品质化、高端化、智能化趋势。恩格尔系数逐步下降,居民饮食结构更加健康。改革开放前,食品、衣着等生活必需品实行严格的票证供应制度,居民膳食结构单一,以主食消费为主,肉禽蛋等副食品严重短缺。改革开放后,随着收入水平的提高、食品种类的丰富,居民对饮食消费的要求不仅是吃饱、吃好,更要吃出健康来,食品消费结构渐趋合理,饮食理念更加追求健康与营养搭配。

随着收入水平的提高和生活方式的转变,居民外出饮食消费快速增长。2022年,全省餐饮收入额超4000亿元,满足营养、健康、休闲、交往和更丰富体验等多元需求成为餐饮业繁荣的强劲驱动力。新中国成立以来,江苏城乡居民恩格尔系数总体一直呈下降趋势。城镇居民恩格尔系数由1951年的68.4%下降到2018年的26.1%;农村居民恩格尔系数由1954年的71.5%下降到2018年的26.2%;标志着居民生活进入相对富裕阶段。2021年、2022年受新冠肺炎疫情等冲击,城乡居民恩格尔系数有所升高,未来将重回下降区间。

衣着消费快速提升,服饰追求品质时尚。人们对衣着的追求,从"穿暖"向"穿美"、从追求数量向追求品质、从追风赶潮向凸显个性转变。人们的居住条件明显改善,家庭耐用品提档升级。城镇住房从简陋的平房变成了宽敞明亮、配套设施齐全的楼房,农村住房从阴暗潮湿的土坯房变成了砖瓦房、楼房,集中居住、上楼居住也越来越普遍。在住房面积不断增加的同时,室内外居住环境也向着更高质量发展,居住设施日趋完备,小区环境舒适优美、住房质量和物业服务越来越好。耐用消费品经历数次更新换代,从改革开放之初缝纫机、手表、自行车"老三件",到20世纪90年代的电视、空调、洗衣机等家电,再到进入21世纪之后的数码产品、健身器材、音响乐器等高档消费品,城乡居民的家庭耐用消费品在不断普及和快速提档升级。

消费市场规模持续扩张,2017年全省社会消费品零售总额突破3万亿元大关,2022年全省社会消费品零售总额达42 752.1亿元。最终消费占地区生产总值的比重于2016年达到50%以上,成为经济增长的核心驱动力。居民消费持续提档升级。随着居民收入快速增长和社会保障体系继续完善,居民消费意愿和能力逐步提高,消费水平和结构明显改善。居民人均生活消费支出中食品、衣着等支出占比下降,居住、医疗保健支出占比上升。居民消费倾向加快向中高端转移,绿色、智能、健康消费需求快速增长,大众餐饮、文化旅游、休闲娱乐等服务消费持续升温。

面向未来,发挥消费在促进"百姓富"上的关键作用,要继续激发消费潜力。针对社会公共服务供给不均衡及部分领域可及性不强等问题，江苏注重增加教育、医疗、养老、托育等社会民生型公共服务支出，在带动公共消费的同时提升公共服务供给水平。强化就业优先导向，加强就业服务和技能培训，完善退役军人、高校毕业生、进城务工人员、长江退捕渔民等重点群体就业支持体系，帮扶困难人员就业，精准落实纾困惠企、稳岗返还等各项稳就业保就业政策措施，推进更加充分更高质量就业。[1] 顺应消费品质升级趋势，结合江苏市场特点，深入实施国内消费提振计划，扎实开展"品质生活·苏新消费"等系列消费促进活动，注重把江苏制造、江苏品牌、江苏服务与品质化消费和新型消费结合起来，积极营造消费新场景，在促进消费的同时带动供给侧的持续改善，形成供需互动的良性循环。针对经济下行压力下各类市场经营主体和社会群体面临的实际困难，相关地方政府积极探索向困难群体人员，以及向受新冠肺炎疫情影响较大的困难行业发放专项消费券，针对不同领域的特点，发放文化、旅游、养老、托育、家政、健康等领域的服务消费券，为特定群体纾困救急，避免产生进一步的负面效应，成为扩大消费、提振信心、促进经济回升向好的有力举措。

四、服务业结构优化推动消费升级

制造业的升级离不开生产性服务业的赋能。江苏推动产业升级的重点之一是促进生产性服务业的发展。江苏省政府于 2015 年制定出台了《关于加快发展生产性服务业促进产业结构调整升级的实施意见》，提出要促进生产性服务业规模扩张和质态提升并重，着力实施生产性服务业"双百工程"，加大生产性服务业企业培育力度，加快生产性服务业集聚区提档升级，加快全省产业形态向服务型制造转变。江苏省发展改革委于 2016 年出台了《江苏省生产性服务业"双百工程"实施方案》，即在全省培育形成百家具有较强影响力和示范作用的生产性服务业集聚示范区以及百家

---

[1]《江苏省"十四五"消费促进规划》，江苏省人民政府网站，2021 年 8 月 20 日。

处于行业领先地位、具备显著创新能力的生产性服务业领军企业。2020年江苏生产性服务业增加值占服务业的比重达到55%，江苏深入实施生产性服务业"双百工程"，在全国率先启动开展先进制造业和现代服务业深度融合试点，培育形成107家省级生产性服务业集聚示范区、138家生产性服务业领军企业、159家两业深度融合试点单位。全省科技服务业、软件和信息服务业实现收入破万亿元，商务服务、现代金融、现代物流发展水平继续保持全国前列。围绕打造高品质生活大力发展生活性服务业，江苏省政府办公厅于2016年出台《关于加快发展生活性服务业促进消费结构升级的实施意见》，提出围绕旅游、健康、养老、文化、体育、法律等十项贴近民生的生活性服务业，以新业态发展、新技术应用、新模式引领为推进重点，以扩大有效供给、促进消费升级、提升质量效率为路径目标，推动生活性服务业向便利化、精细化和品质化发展，不断提升江苏省生活性服务业整体服务功能和发展水平。推出多层次、多样化健康养老服务，培育认定省级养老服务业综合发展示范基地17家、省级养老服务业创新示范企业21家，养老产品和服务供给能力明显增强。

五、扩大内需推动消费成为主引擎

江苏坚持把扩大内需作为全省发展的重要牵引，发挥市场规模化优势，促进消费持续恢复。一是推动形成"增长的良性循环"。发挥江苏产业体系健全、居民消费力较强、城乡一体化水平较高等优势，重点推动优化投资结构与服务消费需求相统一、改善收入分配结构与"扩中"相统一、促进产业升级与消费升级相统一、完善社会保障体系与促进城乡消费相统一，探索形成由"高效生产—合理分配—畅通交换—稳健消费"所支撑的"增长的良性循环"。二是积极扩大有效投资，坚持前瞻定位，适度超前，构建面向未来的现代化省域基础设施体系。持续优化营商环境，稳定市场预期，激发各类投资主体积极性，增强投资江苏、投资未来的信心。三是把握消费升级、市场下沉趋势，探索全面促进消费与高质量融合发展的体制机制，推动消费服务技术、服务产品、服务业态和市场结构的转型升级，满足消费者多样化需求。随着扩大内需效应的逐步显现，江苏市场规模优势、消费升级优势将更加显著，有利于带动消费和供给双升级，将为江苏当好全国宏观经济大盘重要"压舱石"提供更强需求动能。随着江苏经济的持续快速增长，居民收入水平不断提高，消费市场逐步开放，消费环境不断完善，消费品市场日趋活跃，规模持续扩大。江苏社会消费品零售总额于 1994 年、2005 年、2008 年、2013 年、2017 年、2021 年分别跨过 1 000 亿元、5 000 亿元、10 000 亿元、20 000 亿元、30 000 亿元、40 000 亿元大关。2021 年江苏实现消费品零售总额 42 702.60 亿元，是 1978 年的 504 倍，年均增长 15.6％；消费品零售总额位居全国第二位，在全国中的比重从 2015 年的 8.6％提高到 9.7％。最终消费占地区生产总值的比重 2016 年超过 50％，成为保持经济连续增长的第一驱动力。

六、持续拓展数字富民新空间

江苏抢抓数字化、网络化、智能化融合发展的战略机遇，加快建设网络强省、数字江苏、智慧江苏。坚持把做强做优做大数字经济作为转型发展的关键增量，推进数字化和制造业深度融合，形成了一批具有鲜明标识度的数字产业集群。南京市软件和信息服务、智能电网入选首批国家先进制造业集群。电子信息产业是苏州市首个万亿级地标产业。"物联网看无锡"品牌效应彰显。江苏两化融合水平连续多年位居全国第一，呈现快速发展态势；工业互联网应用发展位列全国第一方阵，苏州着力打造"工业互联网看苏州"品牌，常州以"智能电网＋特高压电网＋清洁能源"为特色打造的能源互联网产业体系已形成优势，南京积极建设全国工业互联网在基础支撑、融合应用、产业生态等方面的创新先导区和产业示范区，徐工信息汉云、苏州紫光工业互联网平台入选国际级双创平台。江苏 2022 年工业互联网标识注册量、解析量、接入企业数等主要指标约占全国的 50％；数字产业能级位居全国前列，全省软件和信息服务业收入超万亿元，物联网、人工智能、云计算等新兴产业规模和增速领跑全国。数字科技与实体经济深度融合，正有力提升江苏在战略前沿的创新能级。围绕先进制造业集群发展需求和丰富应用场景，增强企业技术创新、场景创新和普及推广能力，推动数字经济创新要素加快集聚、创新成果加速转化。以互联网为依托、线上下相融合的消费新业态新模式迅速成长。网络购物、互联网医疗、在线教育、网络视听等"互联网＋消费"形式不断扩围深化。直播电商、无接触配送、夜间经济、首店首发等商业创新层出不穷，引领消费市场潜力持续释放，活力不断提升。随着江苏加快数实融合第一省建设向纵深推进，江苏数字经济优势和实体经济优势将相互促进，为江苏当好全国宏观经济大盘重要"压舱石"提供充沛数字动能，也成为推进"百姓富"的新空间。

第三节
以多种所有制经济推进"百姓富"

社会所有制形式是影响"百姓富"的具有决定性的关键变量。经过改革开放以来的持续深化改革，中国确立了以公有制为主体、多种所有制共同发展的格局。江苏各类所有制形式竞相发展，成为推动"百姓富"的强大动力源。

一、国资国企成为推动"百姓富"的关键力量

国有经济是社会主义全民所有制经济的基本载体，是社会主义公有制经济的主导力量，也是中国式现代化的重要经济基础，在推动"百姓富"进程中发挥着不可替代的关键作用。江苏是国有经济大省，在全省现代化大局中，国资国企聚焦战略安全、产业引领、国计民生、公共服务等领域，发挥战略支撑作用。仅2022年，省属企业全年投资额即达1360亿元。省铁路集团全省在建铁路7条，里程971千米，投资总额2445亿元。苏交控"十四五"时期高速公路投资总额3200亿元，是"十三五"时期

的四倍。省国信集团2022年向省内供电752亿千瓦时,"雁淮直流"入苏送电200亿千瓦时,输送天然气约48亿立方米。省国信集团、徐矿集团和相关贸易企业超额完成省政府下达的300万吨应急煤炭储备任务。省属涉粮企业以占全省2.3%的耕地面积,生产了全省4.4%的粮食和超69%的稻麦良种;省农垦集团夏粮总产连续4年超55万吨,苏粮集团完成储备粮94.1万吨、储备油1.5万吨任务。[①]

国有经济成为创造社会财富和贡献利税的重要力量。国有自然资源方面,全省已发现各类矿产135种,较2021年增加2种,其中查明资源储量的有76种;全省森林面积1.56万平方千米,森林蓄积7 045万立方米,森林覆盖率15.2%;全省自然湿地保护率64.3%,海洋总面积3.75万平方千米,海岛26个;全省有各级各类自然保护地共211处,总面积9 613平方千米。社会资产方面,2022年末,全省三大类国有资产(企业国有资产、金融企业国有资产、行政事业性国有资产)总计突破37万亿元,创历史新高。创造财富方面,2022年,江苏省、设区市国资委监管企业实现营业收入12 259.4亿元,实现利润总额1 088亿元、净利润870.4亿元。其中,省属企业实现营业收入4 402.1亿元,实现利润总额429.6亿元、净利润352.2亿元。上缴税费方面,2022年,江苏省、设区市国资委监管企业上缴税费730.6亿元。其中,省属企业上缴税费215.6亿元,设区市国资委监管企业上缴税费515亿元。

在推动群众致富上,江苏统筹全省国有企业经济、政治和社会"三大责任",推动收入分配体系与激励约束机制有机融合,工资分配重点向创新型人才、一线职工和苦脏险累岗位倾斜;推动综合绩效评价与经营业绩考核有机统一,补短板、强弱项,不断提升价值创造能力、争创世界一流企业;把"稳就业"作为履行社会责任的重要抓手,扩大招聘规模、优化招聘激励、拓宽招聘渠道,积极探索"产学研"一体新模式,与合作高校共建科研、实训、实习基地,开启校企"订单"合作模式,将校园招聘前

---

① 王梦然:《经济"压舱石"更坚 发展"稳定器"更强》,《新华日报》2023年11月3日。

置"一公里",努力在提供就业岗位中推进共同富裕。在推动精神共富上,凤凰出版传媒集团有限公司、江苏省广播电视集团有限公司、江苏省广电有线信息网络股份有限公司等省属文化企业入选"全国文化企业三十强"。其中,凤凰出版传媒集团有限公司连续14届入选,位列2023"全球出版50强"第10位。新化报业传媒集团各项事业全方位昂扬奋进,被业界誉为风景这边独好的"新华现象"。江苏省广播电视集团有限公司3年44件作品获中国新闻奖,新闻奖项数量和分量、产业规模、盈利能力持续走在全国前列。江苏省文化投资管理集团有限公司推进大运河文化带和大运河长江国家文化公园建设等国家战略实施,原创民族舞剧《红楼梦》摘得中国舞剧最高奖项"荷花奖"。

二、民营经济成为名副其实的富民经济

民营经济是推进中国式现代化的生力军,是高质量发展的重要基础,是推动我国全面建成社会主义现代化强国、实现第二个百年奋斗目标的重要力量。江苏是民营经济大省,民营经济从小到大、从弱到强,成为容纳创业就业、推动创造创富的重要渠道,是江苏现代化建设的战略依托。民营经济从20世纪80年代初的"微不足道",到与国资、外资"三足鼎立",再到占据江苏经济的"半壁江山",在推动江苏高质量发展中起到了举足轻重的作用。进入新时代,江苏民营经济按照创新转型和高质量发展的要求,开启了创业再出发的新进程。2022年,江苏省非公有制经济增加值达92402.5亿元,占地区生产总值比重为75.2%,比2012年提高8.5个百分点。其中,全省民营经济增加值达7.1万亿元,占江苏省地区生产总值比重达57.7%;全省私营企业和个体工商户累计1360.8万户,占全省经营主体比重达96.4%。"2022中国民营企业500强"江苏上榜企业为92家,占全国总量的18.4%,位居全国第二位,其中营收超千亿元的企业有13家。

习近平总书记指出:"中国式现代化是全体人民共同富裕的现代化。无论是国有企业还是民营企业,都是促进共同富裕的重要力量,都必须担负促进共同富裕的社会责任。民营企业家要增强家国情怀,自觉践行以人

民为中心的发展思想，增强先富带后富、促进共同富裕的责任感和使命感。"[1] 江苏高度重视发挥民营经济对于推动"百姓富"的重要作用，不断健全民营企业履行社会责任评价指标体系，通过发布民营企业履行社会责任报告等方式推动民营企业承担社会责任，激发民营企业家和从业人员履行社会责任、推进共创共富，越来越多民营企业成为爱国敬业、守法经营、创业创新、回报社会的典范，高质量发展后劲强劲。

苏商作为中国民营企业家的重要群体，在改革开放以来的创业历程中，产生了数量庞大、富有竞争力的民营企业矩阵，形成了爱国敬业、遵纪守法、艰苦奋斗、创新发展、专注品质、追求卓越、履行责任、服务社会的精神。其中，一批龙头民营企业在创造社会财富、带动百姓致富上发挥了重要作用。2022年，全省规模以上民营中小工业企业数量为47 076户，占规模以上中小工业企业总数的83.2%；实现营业收入和利润总额分别为65 414.2亿元和3 238.2亿元，分别占规模以上中小工业的65.8%、60.4%。江苏省工商业联合会发布的"2023江苏民营企业200强"榜单显示，入围门槛达到75.7亿元，营业收入总额达到7.37万亿元。百亿级企业数量达到167家，其中11家进入"千亿营收俱乐部"。在民营龙头企业中，不仅有制造业龙头企业，也有一批农业龙头企业。截至2023年9月，江苏省拥有国家级农业龙头企业99家、省级865家，纳入名录的家庭农场总数达到16.8万家，这些农业龙头企业和家庭农场在乡村振兴和带动村民致富上具有独特作用。

国际经验表明，专精特新企业的产品附加值高、企业利润可观，是创富的尖兵。江苏企业素来以专心专注、讲究品质著称，诞生了一大批拥有"独门绝技"的专精特新"小巨人"企业，在行业上主要聚集在新材料、新一代信息技术、新能源汽车及智能网联汽车等新兴产业领域，成为江苏高质量发展的重大优势所在。民营企业是江苏专精特新企业的主力军。随

---

[1]《习近平在看望参加政协会议的民建工商联界委员时强调　正确引导民营经济健康发展高质量发展》，《人民日报》2023年3月7日。

着产业转型升级进程加快，江苏专精特新企业快速发展，到2023年，全省国家级专精特新"小巨人"企业总量超过1 500家，位居全国前列。专精特新企业的持续发展将成为江苏创富共富的生力军。

广大民营中小微企业和个体工商户量大面广，是市场经济运行的"毛细血管"，是江苏经济"家底中的家底""基本盘中的基本盘"，在改善民生、带动就业、促进共同富裕上地位突出，但由于规模小、竞争力弱，在激烈的市场竞争中面临巨大的生存和发展压力。江苏针对企业和个体工商户在发展中面临的突出问题，持续加大支持力度，出台支持民营中小微企业和个体工商户高质量发展的政策举措，切实解决个体工商户发展面临的"急难愁盼"问题，产生了较好的实践效果。江苏个体工商户蓬勃发展，从2012年底的348.2万户，发展到998.2万户，增长了2.87倍，约占市场主体总量的70%，位居全国第一。2023年3月底突破1 000万户，江苏成为全国首个突破千万户的省份。

三、新型集体经济成为推动"百姓富"的特色力量

农村集体所有制作为社会主义公有制的重要组成部分，在推动农民农村实现共同富裕方面有着其他经济形式不可取代的重要作用。农村集体经济是江苏启动农村工业化的重要推动力，乡镇企业的异军突起，进一步带动了集体经济的发展。进入21世纪，一方面大量乡镇企业经过改制后转型为民营企业，另一方面，集体经济仍然在江苏农村发展中扮演重要角色，同时按照归属清晰、权能完整、流转顺畅、保护严格的现代产权制度要求，逐步转型为产权清晰的新型集体经济。

习近平总书记指出："要把好乡村振兴战略的政治方向，坚持农村土地集体所有制性质，发展新型集体经济，走共同富裕道路。"[①] 江苏要发挥和利用好集体经济发展传统优势，深入做好农村集体产权制度改革"后半篇"文章。作为2018年获批的全国首批农村集体产权制度改革整省试点

[①] 习近平：《把乡村振兴战略作为新时代"三农"工作总抓手》，《求是》2019年第11期。

省份，江苏经过努力基本完成试点任务，基本实现"四个全面"：全面完成清产核资，坚持"精准化、信息化、制度化"标准，抓好农村集体资产清产核资这个基础环节；全面开展成员界定，坚持顶层设计与基层探索相结合原则，指导各地因地制宜、分类施策，抓好集体经济组织成员身份确认这个关键环节；全面推进折股量化，按照"尊重历史、照顾现实"等原则，将集体资产以股份形式量化到本集体成员，切实保障每一位集体成员的集体资产收益权；全面推动组织建立，明确各级农业农村部门为集体经济组织登记赋码的管理部门，统一全省集体经济组织名称为"股份经济合作社"，1.7万个村级股份经济合作社完成登记赋码，1 500亿元经营性资产折股量化到5 200万集体成员。村民作为集体成员，权利和收益得到有效保障，村集体的组织化更强。到2022年底，江苏村组集体资产近4 500亿元，村级集体经营性收入总量超374亿元，村均集体经营性收入超220万元，为全面推进乡村振兴、促进农村农民共同富裕提供了重要支撑。

江苏积极创新农村集体经济发展模式，成为带动村民共富的有效途径。学习运用浙江培育强村公司、实施片区组团、打造共富工坊等新模式，拓展生产托管、物业租赁等新领域，探索融合经济、"飞地"经济、服务经济等新路径。"全面加强农村集体资产监督管理，完善新型集体经济运营管理机制，推进资源变资产、资金变股金、农民变股东。"[①] 在机制创新上，鼓励村村"抱团"机制，鼓励支持多个综合实力强的集体经济组织"强强联合"，或者带动综合实力较弱的农村集体经济组织成立经济联合体；深化村企合作机制，引导企业、集体经济组织和农户完善利益联结机制，形成"土地流转＋优先雇用""股份合作＋保底分红""订单种植＋保底收购"等多种利益联结方式，实现利益共享；探索村社融合机制，鼓励农村集体经济组织领办创办各类合作社，有条件的集体经济组织探索成立公司，推广"农村集体经济组织＋合作社＋农户"的经营模式，带动新

[①]《中共江苏省委 江苏省人民政府关于学习运用"千万工程"经验 加快建设新时代鱼米之乡的意见》，《新华日报》2023年11月29日。

型经营主体、小农户共同发展；规范法人治理机制，加强农村集体经济组织内部管理和民主监督，鼓励支持有需要有条件的地区，稳步推进"政经分开"改革。审慎探索农村集体经济组织企业转制、有条件退出等机制。

江苏各地积极探索创新集体经济路径。泰州市强化资本经营促增收，组织村委会（居委会）发展"飞地"经济，打破地域界限购置厂房、商业用房等优质资产，推动资产保值增值、村居长期受益。常州市武进区大力推进党建引领村级集体经济发展"双百"行动，制定"一村一策"增收计划，选派博士助农团开展项目攻坚，针对"农村资源资产活力不足"等问题，实施产业链党建，组织稻米全产业链、农机装备产业链等链上企业深化供需对接、协同攻关，通过建设供销综合为农服务中心、培育金牌农产品经纪人等举措，带动农民增收致富。苏州张家港市杨舍镇农联村股份经济合作社探索"资本撬动、强村富民"的发展路径，2022年实现村级集体经营性收入1.13亿元，坚持每年将五分之二的村级经营性收入用于民生福祉，构建起了"生、幼、学、医、老、故"的福利全覆盖体系。无锡宜兴市芳桥街道金兰村在全市率先成立村办合作农场，构建"党总支＋合作社＋农户"管理架构，400余民农民自愿以2800余亩土地入股，合全村之力走出一条以粮为主、因农而兴的强村富民道路，农民通过资金入股、土地入股、农房入股等方式，实现多元增收，村级可分配收入从不足3 000元增加到1 000余万元。扬州仪征市陈集镇由全镇14个行政村集体经济组织联合成立"强村公司"，出资500万元作为共同富裕基金，为各村优质增收项目提供强有力的启动资金保障，确保相关项目顺利推进实施。盐城市亭湖区五星村跨镇抱团，创建三处飞地工业园区、一家飞地农业园，总资产达8.23亿元，年租金收益近2 000万元。

江苏发挥全省农村产权交易市场作用，推动集体资产保值增值。在全省范围内部署开展农村承包地确权登记颁证和农村集体产权制度改革两项全省试点，建立和完善了农村产权流转交易市场，基本建成省市县乡村五级联动的农村产权流转交易市场体系，覆盖全省1.7万余家集体经济组织。通过夯实产权市场交易基础、丰富产权市场交易功能、加快农村产权流转交易规范化、推动产权市场交易活跃，有效发挥了市场在农村资源配置中的决定性作用，推动了农村生产要素有序流动和优化配置，促进了农村集体资产保值增值和农民增收致富。江苏在2014年开始建设统一联网、信息互联、资源共享的农村产权交易市场体系，在全国率先发布土地经营权综合价格指数，率先利用区块链技术实现农村产权交易网签，率先启动价格熔断限价机制，截至2023年底，全省农村产权交易市场交易额突破2 200亿元。

第四节
以培育新质生产力推进"百姓富"

习近平总书记在黑龙江考察时首次提出"新质生产力"，2023年中央经济工作会议进一步提出，要以科技创新推动产业创新，发展新质生产力，并要求经济大省要真正挑起大梁，为稳定全国经济作出更大贡献。新质生产力是以科技创新为核心驱动力的新兴生产力和高阶生产力。提出发展新质生产力，有其深刻的时代背景，是在科技创新成为国际战略博弈的主要战场，以及加快实现高水平科技自立自强时不我待的情况下，实现"以新促质"的战略必选。江苏一直是全国宏观经济大盘的重要压舱石，肩负着"走在前、挑大梁、多作贡献"的重责，有条件也有责任在培育新质生产力上率先探索，打开更多前沿性、颠覆性的高质量发展新空间。

一、推进科技创新突破

科技创新是培育新质生产力的最大变量和最大动力源。江苏被习近平总书记寄望要"为实现高水平科技自立自强立下功勋"，在竞逐科技前沿的竞争中，必须迎难而上，以硬招实招破壁攀高。基础研究的厚度决定科技自立自强的高度，进而影响新质生产力的涌现力度。针对基础研究投入相对不足的短板，江苏加大基础研究财政投入强度，激励企业加大基础研究投入，大力推进国家实验室、大科学装置等战略科技力量功能、布局拓展。创新型企业是涵养新质生产力的重要微观主体。江苏企业数量庞大、梯队完整，但企业创新缺位和边缘化现象突出，为此积极增强企业创新的稳定预期，健全创新融资机制和风险分摊机制，让企业减少后顾之忧，舍得投入、敢于创新。江苏注重强化金融服务产业强链补链延链作用，引导金融机构围绕创新链、产业链打造资金链，积极探索知识产权质押、应收账款质押、股权质押等新型融资产品，创设"苏创融"政银产品，着力推动各类信贷资源向科技型中小企业倾斜。针对科技创新薄弱环节，江苏主动对接、深度嵌入国家科技创新布局，面向经济主战场，面向重大需求，推进变"卡脖子"清单为科研攻关清单，核心技术的持续突破逐步催生一批批新锐企业，打开一个个富有想象力的新质生产力生成空间。金融作为现代经济的核心、实体经济的血脉，能够带动人流、物流、信息流及其他生产要素集聚，促进经济结构转型升级，提升经济循环效率，是构建新发展格局的重要驱动力量。江苏重视发展科技金融、绿色金融、供应链金融等金融业态，为新质生产力的培育和扩展提供有力的金融支持。

二、引导产业向高创新

形成产业优势和产业动能，不断开辟社会生产力的新质新域，是发展新质生产力的内在要求。改革开放后，江苏产业现代化从农村工业化起步，在自我超越中发展开放型经济、园区经济和创新型经济，从发展轻工业到重化工业，从传统产业到战略性新兴产业，从引进和跟随到前瞻布局未来产业，从产业中低端到向产业中高端攀升，形成了一个持续生成新质生产力的跃升过程。发展新质生产力不在于产业的新与旧，而在于质态的优与劣。传统农业与传统制造业进行改造升级、传统服务业进行现代化转换后，都可以成为更优的产业质态。新兴产业、未来产业是涵养新质生产力的重要产业载体，量大面广的传统产业经过升级焕新，同样可以成为新质生产力的源泉。在发展新质生产力的进程中，由颠覆性技术所形成的新产业、新业态，具有极强的爆发力，是高质量发展的重要推动力。苏州深耕生物医药产业十余年，创新药物产业国内领先，生物药五项指标全国第一，信达生物 12 年时间 10 款新药获批；常州围绕产业创新打造"工业明星城市"，在新能源赛道实现产业焕新，成为"新三样"爆发式增长的重大受益者。江苏发展新质生产力，着力围绕重点产业，搭建创新平台，集聚创新要素，引育创新主体，积极开拓产业新赛道，打造全国重要的产业科技创新高地，使高质量发展更多依靠创新驱动的内涵型增长。

三、持续发力专精特新

拥有大量掌握独门绝技的专精特新企业，是江苏经济的突出优势，也是培育新质生产力的可靠依托。江苏 795 家企业入选 2023 年第五批国家专精特新"小巨人"企业公示名单，高居榜首。江苏科创板上市企业数量同样领跑全国。这些都是江苏企业创新动能潮涌的集中体现。江苏发展新质生产力，要更加注重长期主义导向，着力在增强政策的稳定性、连续性上下功夫，引导企业沉下心来，钻研进去，让专精特新成为更多企业的内生素质；推动更多企业深耕制造业核心基础零部件、先进基础工艺、关键基础材料和产业技术基础，锻造核心技术支撑的基础创新力和"独门绝技"，同时积极拓展工业"四基"内涵，让芯片、工业软件、操作系统、数据库、人工智能算法等产品或技术成为更多专精特新企业的优势所在；大力发展直接面向市场的专精特新企业，有条件的专精特新企业可生产直接面向市场的终端产品，或者加强 C2M（从消费者到生产者）等模式应用，生产符合用户自身需要的定制化产品，打开发展更大空间。

四、深度嵌入城乡融合

江苏广阔的城乡空间，是培育新质生产力的沃土。就城乡融合而言，城乡融合的过程也是生产要素在城乡间流动配置、形成新质生产力的过程。由于城乡间的发展落差，城乡融合互进必然带来城市高级要素的"入乡转化"，由此打开新质生产力的增长空间。推动城乡融合发展的过程，完全可以成为培育创新平台、吸引创新要素、推动新质生产力发展的过程。特别是各类创新平台、要素所具有的创新性、引领性及赋能性、渗透性，会成为产业扩展的触发点、引爆点。在城乡融合中培育新质生产力，江苏注重强化场景思维，因地制宜打造培育新兴产业、未来产业的应用场景，形成数字经济、创新经济、智能经济、生态经济、平台经济等新产业新业态的成长空间。城乡融合中的新质生产力具有相对性、动态性，一些业已成熟的技术应用于乡村，带动既有产业质态的跃升，同样具有体现生产力高阶形态的新质生产力特征，可开拓的场景更加多元。

第五章
以高水平创业就业拓展创富空间

就业是民生之本，是实现"百姓富"的重要途径。创业是积极的就业，是扩大就业容量、发挥就业倍增效应的有效途径，是拓宽"百姓富"的重要方式。江苏把高水平创业就业作为推进"百姓富"的重要手段，营造良好创新创业生态，加快传统产业升级、新兴产业壮大与高端生产服务协同并进，大力发展新技术、新产业、新业态、新模式"四新"经济，催生更多市场主体，拓展创业就业空间，形成了高水平创业就业推动"百姓富"的积极态势。

第一节
在大规模创业中促进增收致富

江苏在历史上特别是改革开放进程中形成了深厚的创业文化，全民创业蔚然成风，成为江苏现代化建设的重大优势。进入新时代，江苏把鼓励创业与推动高质量发展结合起来，创业创富为现代化建设注入了强大动能。

一、推进重点群体创业

支持大学生毕业创业。江苏高校资源丰富，大学在校生和应届生人数总量均位居全国前列。江苏落实立德树人根本任务，把创新创业教育融入人才培养体系、贯穿人才培养全过程，使创新创业教育覆盖全体学生。以提高人才培养质量为核心，以创新人才培养机制为重点，持续开展创新创业训练计划，推动高校深化创新创业教育教学改革、强化大学生创新创业实践，培养大学生的创新精神、创业意识和创新创业能力。进一步健全国家级、省级、校级、院（系）级四级创新创业训练计划实施体系，构建"教育教学—训练实践—项目孵化—初步创业"全链条创新创业教育模式，将创新创业训练计划延展到创业项目选育、孵化和初创环节。江苏通过开展创业训练营、创业实训等活动，提供项目指导、风险评估、商业实战模拟等"沉浸式"体验，促进高校毕业生等青年的创意设计成果落地转化，引导其在战略性新兴产业、先进制造业、数字经济、现代服务业等领域创业。深化高校创新创业教育改革，健全教育体系和培养机制，对高校毕业生开展针对性培训，按规定给予职业培训补贴。[①] 遴选一批省级大学生创业园和江苏省大学生优秀创业项目，组织开展"苏创大讲堂"公益云课堂、"创响江苏"创业就业服务高校行等系列主题活动，选树高校毕业生创业典型，每年扶持大学生创业不少于3万人。大批高校学子在科技创新、新型消费、现代农业、现代物流等领域大显身手，成为新时代的创业新生力量。土壤学硕士魏巧返乡创业，以农田为纸、科技为笔，成为国内最早一批数字化农田种植的"新农人"，展现了大学生创业者的情怀担当。

支持退役军人创业。加快推进建设退役军人就业创业信息服务平台，提高常态化创业服务保障能力。江苏出台《关于加强和改进退役军人补贴性教育培训工作意见》《江苏省退役军人补贴性教育培训工作暂行规定》《江苏省退役军人补贴性教育培训补助资金管理暂行办法》三个核心文件，将退役军人教育培训调整为适应性培训、创业培训、职业技能培训、学历教育和个性化培训。补贴性教育培训政策的知晓度不断提高，吸引力也在不断增强。省级财政每年拿出1.5亿元专项补贴，每年有2万多名退役军人享受政策红利。鼓励经营性服务机构和社会组织为退役军人创业提供服务。主动对接经济社会发展规划和目标任务，引导退役军人在乡村旅游、电子商务、安保及社会服务等领域创业，培育一批具有潜力、产品质量好、诚信度高、有一定品牌影响力的知名退役军人市场主体。苏州依托国家级创业园搭建就业创业中心，在创业孵化基地、创业园区、众创空间开辟退役军人专区，聘请企业家、专家教授等担任导师，定期开展培训，举办创业沙龙。宿迁探索实施"电商＋产业＋园区"的退役军人就业创业模式，累计举办"自媒体电商""助力乡村振兴"等系列培训班，建成一批

---

① 《江苏省"十四五"高质量就业促进规划》，江苏省人民政府网站，2022年1月21日。

创业示范（孵化）基地，取得积极的创业效应。①

支持农民创业。培育一批农业产业化龙头企业和现代农业产业园区，推动做大做强做优，以农村一二三产业融合发展培育更多市场主体。加强劳务品牌建设，鼓励劳务品牌从业人员发挥专业所长和从业经历等优势开展创新创业，持续推进乡土人才"三带"行动计划，推广"技能人才＋特色产业＋特色区域"模式，形成劳务品牌创业集聚效应。"引导有志投身现代农业建设的农村青年、返乡农民领办创办家庭农场、农民合作社等新型农业经营主体和农业社会化服务主体，支持农民开展电商创业。完善富民创业担保贷款政策，延续落实创业补贴、阶段性降低企业社保缴费费率、稳岗返还、税费减免等政策。"②江苏积极举办各类农村创业大赛，从育种育苗到生态种养，从精深加工、高附加值农业到休闲农业以及"农业＋"融合发展，涌现出一大批富有时代气息的农民创业成功案例。农村创业大赛不仅带动农民创业者自身致富，而且产生了积极的示范带动效果。

支持科研人员创新创业。"鼓励高校、科研院所等事业单位专业技术人员携带科技成果，以兼职、挂职、参与项目合作、离岗创业等形式开展创新创业活动，创造更多优质市场主体，增加就业岗位。事业单位专业技术人员离岗创业三年内保留人事关系，在此期间可依法继续在原单位参加社会保险和职业年金，正常晋升薪级工资，按规定连续计算工龄，同等参加专业技术职务评聘和岗位等级晋升。专业技术人员以技术项目开发、科技成果推广和转化、科研社会服务成果同等作为职称评审、项目申报、岗位竞聘、考核奖励的主要依据，充分激发人才评价的就业拉动效能。"③

支持留学回国人员创新创业。"强化留学回国人员创新创业激励机制，发挥部省共建留创园和省留创园作为海外人才集聚主阵地作用，优先支持在先进制造业集群所在园区配套建设留创园，加强项目申报、投融资、创

---

① 《助力退役军人"转身立业" 交出率先发展"江苏答卷"》，《新华日报》2021年11月8日。
② 《关于促进高校毕业生等青年就业创业的若干政策举措》，江苏省人民政府网站，2022年6月16日。
③ 《省人力资源社会保障厅等十四部门关于实施重点群体创业推进行动的通知》，江苏省人力资源和社会保障厅网站，2023年9月26日。

业培训、涉外联络、市场推广与产业对接服务能力建设。加快构建具有国际竞争力的引才用才机制，强化以才引才，用好港澳引才桥梁。"①

支持就业困难人员创业和灵活就业。鼓励根据实际发展夜经济、后备箱经济等特色经营，引导就业困难人员在家政服务、养老托育、摆摊设点等投资少、风险小的项目上创业。允许以个人经营、非全日制、新就业形态等灵活方式就业的劳动者在常住地公共就业服务机构办理就业登记。加强灵活就业人员权益维护，提供维权"绿色通道"和法律援助服务。

拓展创业服务内容。制定江苏省公共创业服务指引，梳理公共创业服务事项，向社会公布服务目录和服务流程。集聚各方优质创业服务资源，健全创业信息发布、业务咨询、能力培养、指导帮扶、孵化服务、融资支持、活动组织等一体化服务机制。构建智慧服务体系，推进"互联网＋"公共创业服务，依托江苏省人社一体化信息平台，推动更多创业服务事项"打包办""畅通办"，全面推行创业登记实名制管理，精准服务重点群体创业。实施精准创业指导。组织开展"创响江苏"创业指导专家基层行、苏创大讲堂、青年创业导师结对问诊、女企业家创业导师进校园、民营企业进高校"三个一"（一场创业创新分享会、一场企业人才招聘会、一场校企产学研对接会）、残疾人创业指导等活动，通过主动对接、定期走访、上门服务等方式，对重点群体创业进行分类指导。提供人力资源支持。通过唱响做实"创响江苏"四季歌，建好用好"苏心聘"应用程序、高校毕业生就业掌上宝、"就在江苏"智慧就业服务平台、江苏24365大学生就业服务平台，组织"百校千企万岗"大学生就业帮扶行动、退役军人人力资源交流活动、大中城市联合招聘、专精特新中小企业云聘大会、"职为她来"云聘会等活动，面向各类创业项目人才引进和招聘用工需求，开展形式多样的对接洽谈活动，为重点群体创业实体提供人力资源支撑。

建设一批特色载体。积极建设创业示范基地、留学回国人员创新创业

---

① 《省人力资源社会保障厅等十四部门关于实施重点群体创业推进行动的通知》，江苏省人力资源和社会保障厅网站，2023年9月26日。

园、双创示范基地、小型微型企业创业创新示范基地、返乡创业园、农村青年创新创业基地、退役军人高水平就业创业示范园地、残疾人创业孵化基地等各类品牌创业载体，向孵化实体和项目提供专家辅导、技术支持、融资对接、政策解读、业务代办、人事招聘等综合创业服务，为创新创业项目落地成长搭建平台。符合条件的基地可申领创业基地运营、创业孵化补贴。发挥创业示范基地效能。分层次培育全国和省级创业基地，发挥全国、省级创业基地典型带动作用，引导各级创业载体改造升级，强化服务质量管理，提升孵化服务水平。

二、营造适宜创业的综合生态

加强组织领导。江苏各地各有关部门要充分认识促进创业带动就业的重要意义，将之摆上重要位置，周密组织实施，确保取得实效。切实加强组织领导，健全协作机制，明确任务分工，推进各项创业政策措施落地落实。要充分发挥职能作用，加强协同配合，人力资源社会保障部门要积极做好统筹协调，共同实施重点群体创业推进行动。各地要加强对创业者的跟踪指导，高质量开展创业服务实名制登记工作，主动对接、交流共享信息，做准做实创业数据，实现创业服务工作精准到人、直达到户，打通政策落实"最后一米"。

推动自主创业，释放财富创造潜力。江苏推动创业政策、创业服务协同发力，完善富民创业担保贷款政策，集中力量打造影响力大、带动性强的创业平台载体，为创业者提供全方位创业支持。全省 254 家省级双创示范基地，吸纳 3 万多家中小微企业入驻，解决就业近 80 万人，14 个县（市、区）入选国家"结合新型城镇化开展支持农民工等人员返乡创业试点地区"。例如，人口大县沭阳依托主导产业和特色产业优势，以国家级新型城镇化为契机，开展支持进城务工人员等人员返乡创业试点工作，打造国家新型城镇化示范县，深入实施"归雁工程"，全力打造"花漾沭阳·创业天堂"品牌。沭阳获评"全国返乡创业试点电商合作示范县"，农村电子商务工作获得国务院大督查激励表彰，连续两年在全国返乡入乡创业会议上作典型发言。全县返乡就业创业总人数超过 28.2 万人，在外务工人员从最高峰的 45 万人降为 18 万人，实现了从

"打工经济"到"创业经济"的良性转型。成功打造"沭阳电商""沭派盆景工匠"等省级劳务品牌，数量居全省县级第一。

江苏组织开展"创客中国"暨江苏省中小企业创新创业大赛、"中国创翼"创业创新大赛江苏省选拔赛暨"创响江苏"创业创新大赛、"i创杯"互联网创新创业大赛、农村创业创新项目创意大赛、退役军人创业创新大赛、"创青春"江苏青年创新创业大赛、残疾人创业创新大赛等创业创新赛事，推进申报遴选江苏省大学生创新创业"金种子"孵育项目等活动，发掘一批优秀创业项目，选树一批创业典型，实现以赛促教、以赛促学、以赛促创。组织特色活动。通过组织实施"创响江苏"系列活动、"苏青合伙人"青年创新创业计划、创业创新巾帼行动等活动计划，常态化举办创业论坛、行业沙龙、项目路演等活动，为创业者搭建经验分享、交流合作、展示项目的公共平台。强化示范引领。开展全省就业创业工作先进地区、大学生就业创业年度人物、江苏省留学回国先进个人评选及残疾人创新创业人才选拔等活动，选树一批就业创业先进典型，发挥示范引领作用。加强宣传引导。用通俗易懂的语言、生动形象的图片、简洁明了的文字等多种形式，通过广播电视、报纸、网络和新媒体等平台，广泛宣传创业的重大意义、政策措施、先进经验、典型案例及制度性成果等，大力营造"鼓励创业、宽容失败"的良好氛围。精心组织各类创业主题活动，丰富成果展示、品牌打造、项目路演、创业沙龙等活动内容，积极引导社会各界关心、支持和参与创业活动。强化监督落实。抓好重点群体创业推进行动的具体实施，加强资源对接和信息共享，定期调度汇总实施进展情况，共同研究、协调解决工作中的难点堵点问题。依法维护重点群体创业者权益，加强相关法律法规宣传，严格执法监督，畅通监督举报投诉通道，不断完善有利于创业创新的市场环境。

三、创业创富进展成效

近年来，随着经济结构调整的深化，一方面，传统就业岗位面临结构性冲击；另一方面，新产业新业态的发展，形成了众多新的就业创业机会。在江苏大地，产生了一批创业富民的典型。例如，区域性特色农业品牌产生巨大的就业创业带动效应。阳澄湖大闸蟹、东台西瓜、如皋黑塌菜、高邮鸭蛋、如东条斑紫菜、射阳大米、阳山水蜜桃、宜兴红、盱眙龙虾、兴化大闸蟹等品牌入选全国农业品牌精品培育计划，江苏的入选总数在全国各省（自治区、直辖市）中排名第二。依托这些区域品牌，江苏大力发展"土特产"，形成显著的创富效应。

2001年，盱眙举办第一届"中国龙虾节"；2008年，盱眙被正式命名为"中国龙虾之乡"，"盱眙龙虾"被评为"中国名菜"。盱眙持续举办23届中国·盱眙国际龙虾节，"盱眙龙虾"先后获评中国百强农产品区域公用品牌、中国地理标志农产品。2022年"盱眙龙虾"品牌价值高达353.12亿元，连续八年居中国水产类区域公用品牌第一名，带动当地超21万人就业创业。

东海县是新亚欧大陆桥东桥头堡西行第一县，有"中国水晶之都"之称，发现各类矿产37种，其中水晶储量30万吨、石英储量3亿吨。东海县拥有各类水晶加工企业3 400多家，年产3 000万件水晶首饰、500万件水晶工艺品，从事水晶加工、营销及配套服务的产业大军多达30余万人，东海县已成为全球最大的水晶集散地。自2019年起，越来越多的水晶商户、大学生回乡创业人员、归国务工回乡人员当起了主播。这些年来，东海县培育水晶电商人才6 000余人，并建成东海直播电商产业园、跨境电商交易中心、水晶电商双创基地等平台。仅2022年，东海县水晶销售额就突破340亿元，其中跨境电商交易额达到35亿元。

无锡市惠山区阳山镇是驰名中外的"水蜜桃之乡"，聚焦资源禀赋，在提品质、亮品牌、拓渠道、促融合上出实招，逐步把小桃子做成大产业。阳山依托国家现代农业产业园建设，以智慧农业、科技农业为抓手，成立阳山水蜜桃产业研究所、教授工作站，全方位全链条全流程推动桃产业向高标准、高品质发展；用好市场化手段，将水蜜桃种植、销售与高效农业、观光农业、体验农业紧密结合，挖掘蜜桃酒、桃木根雕等高附加值产品，开发教育实践、非遗传承、田园美食等乡村新业态，举办桃花节、蜜桃节、马拉松比赛等系列活动，桃经济内涵不断丰富，全产业链产值超20亿元。

第二节
在高质量就业中实现增收

就业是民生之基,是推进"百姓富"的战略抓手。从发达国家的经验看,就业收入是居民收入的主渠道。江苏推进"百姓富",重中之重是大力发展高质量就业,为劳动者创造可靠的增收渠道。

一、强化就业优先导向

江苏坚持把更加充分、更高质量的就业作为经济社会发展的优先目标,将稳定和扩大就业作为宏观调控的下限,实现经济发展、就业充分与收入增长良性互动。强化就业优先政策,加强就业政策与财税、产业、贸易、社保等政策相互衔接,发挥产业投资带动就业的关键性作用,建立重大政策、重大项目带动就业影响评估机制;构建常态化援企稳岗帮扶机制,扩大稳岗返还政策受益面;统筹城乡就业政策体系,营造公平就业制度环境,消除户籍、地域、身份、性别等影响平等就业的制度障碍,推动城乡劳动者在就业地、常住地平等享受就业政策服务;推动健全县以上政府就业工作组织领导机制,完善跨层级、跨部门、跨区域的重大风险协同应对机制。加强就业资金绩效管理,提高就业资金使用精准度和使用效益;建立就业优先政策评估指标体系,夯实就业工作目标责任制、工作督查考核机制,加大对就业工作成效明显地区的激励支持力度。

江苏积极推动建立覆盖全民、贯穿全程、辐射全域、便捷高效的全方位公共就业服务体系,支持各类劳动力市场、人才市场、零工市场建设。加强重点企业跟踪服务和登记失业人员分级分类服务,强化人力资源市场供求数据挖掘和信息利用,合理引导用人单位招聘用工和劳动者求职择业。推进就业服务实名制,构建精准识别、精细分类、专业指导的公共就业服务模式，为服务对象提供个性化服务；加大购买基本公共就业服务力度，提升市场化社会化就业服务水平；健全就业需求调查预测、企业用工实时监测和失业监测预警机制，完善就业失业统计调查体系，强化就业领域重大突发事件应急处置能力，防范化解规模性、结构性、行业性、区域性失业风险；健全统一规范的人力资源市场体系，引导人才和劳动力要素合理畅通有序流动；完善人才管理服务体系，优化流动人员人事档案管理服务，健全人事考试服务体系；统筹基本公共服务设施布局和共建共享，推进不同层级公共服务资源配置均等化；全面实施基本公共服务标准化建设，健全公共服务标准体系，完善服务流程、设施设备、人员配备等软硬件标准。

强化法治保障。2022年江苏出台《江苏省就业促进条例》，明确把就业放在经济社会发展的优先位置，实施就业优先战略和积极就业政策，坚持劳动者自主就业、市场调节就业、政府促进就业和鼓励创业的方针，多渠道稳定和扩大就业，提高就业质量；树立劳动最光荣的观念，大力弘扬劳模精神、劳动精神、工匠精神，营造崇尚劳动的社会风尚和精益求精的敬业风气；倡导劳动者树立正确的择业观念，提高就业能力和创业能力；鼓励劳动者自主创业、自谋职业、灵活就业；劳动者依法享有平等就业和自主择业的权利，劳动者就业不因民族、种族、性别、宗教信仰、户籍、身份等不同以及因残疾而受歧视或者不合理限制；县级以上地方人民政府应当通过发展经济和调整产业结构、强化政策扶持、加强就业调控、培育人力资源市场、完善职业教育和培训、优化就业服务、提供就业援助、改善就业环境等措施，创造就业条件，扩大就业容量，提升就业质量；县级以上地方人民政府应当落实就业优先政策，强化产业、财税、外贸、金融、教育、社会保障等政策对就业的支持，实现与就业政策协同联动，促进更加充分、更高质量就业。

二、促进多渠道就业

加快传统产业升级、新兴产业壮大与高端生产服务协同并进，积极拓展就业创业空间，不断提高就业质量。支持发展吸纳就业能力强的行业产业。落实包容审慎监管要求，营造公平竞争的市场环境，催生更多新产业、新业态、新商业模式。推动平台经济持续规范发展，引导平台企业放宽入驻条件、降低管理服务费，与平台就业人员就劳动报酬、工作时间、劳动保护等建立制度化、常态化沟通协调机制。加快发展数字经济，推动数字产业化和产业数字化转型，促进数字经济与实体经济深度融合，创造更多数字经济领域就业创业机会。推动共享经济发展，培育多元化多层次就业创业需求。加强新兴职业开发，及时做好新职业发布和应用。

健全促进多渠道灵活就业机制，鼓励传统行业以跨界融合、业态创新等方式增加灵活用工和新就业形态就业机会。建立完善适应灵活就业和新就业形态的劳动权益保障制度，放开灵活就业人员在就业地参加社会保险的户籍限制，促进有意愿、有缴费能力的灵活就业人员和新就业形态从业人员参加企业职工基本养老保险、城镇职工基本医疗保险。"完善落实用人单位为其非全日制从业人员缴纳工伤保险费政策，推进平台灵活就业人员职业伤害保障工作。开展灵活就业人员参加住房公积金制度试点。建立灵活就业人员统计监测制度，把灵活就业岗位供求信息纳入公共就业服务范围，推进新就业形态技能提升和就业促进项目，开展向新就业形态从业人员送服务活动。"①

灵活就业群体就业具有独特优势，也有特殊困难。江苏目前灵活就业人员超过1900万人，就业服务需求量大。为更好地推进全省零工市场建设，江苏在全国率先出台了《江苏省规范化零工市场基础设施和服务功能建设标准（试行）》，启动实施"一县（区）一零工市场"建设行动。② 江苏零工市场建设定位于为辖区内灵活就业人员和用工主体提供有针对性的免费公共就业服务，主要包括职业介绍、职业指导、政策咨询、就业登记、失业帮扶、困难援助、技能培训、创业服务、权益维护等。在实践

---

①《江苏省"十四五"高质量就业促进规则》，江苏省人民政府网站，2022年1月21日。
②《小市场激活就业大民生——大力推进零工市场建设　促进多渠道就业增收》，《新华日报》2023年9月7日。

中,各地既坚持全省规范统一,又结合本地实际积极探索创新。南京人社部门联合雨花台区古雄街道,将闲置的"核酸小屋"打造成"雨小灵"零工驿站,集成政策咨询、求职登记、信息推介等多种服务功能,同时融合法律援助、争议调解、技能培训等功能,为零工提供一站式服务。常州打造线下线上互动式零工市场平台,线下市场设置信息发布、政策推介、抖音直播、等候休息等七个功能区,提供饮水、充电、急救药箱等服务配套设施;线上平台通过人力资源招聘网、门户网站、微信公众号、抖音等发布招聘信息,打造"零工地图"。淮安通过建设辐射城市全域的零工大市场、服务家门口就业的零工站点、线上零工市场等,因地制宜打造符合淮安产业特点的多元化零工市场,为灵活就业人员提供优质高效服务。太仓在零工市场成立"太仓市人力资源服务党员先锋队"行动支部,设立党员先锋岗,为新就业群体提供社保缴费、工伤预防、法律咨询、劳动维权等一站式服务,帮助解决参保难、工伤风险大、待遇保障难等问题,为新就业群体撑起"保障伞"。

支持民营经济发展吸纳就业。培育壮大民营经济,激发市场主体活动,发挥民营经济和中小微企业吸纳就业主渠道作用。通过政策引领、机制创新、项目实施、平台建设、人才培育等提升民营企业竞争能力,培育一批核心技术能力突出、集成创新能力强、引领产业发展的创新型民营企业。支持中小微企业走专精特新发展之路,培育专精特新"小巨人"企业,扩大高质量岗位供给。支持吸纳就业能力强的劳动密集型行业企业发展。优化市场主体服务保障,持续减轻企业负担。弘扬企业家精神,增强企业家爱国情怀,自觉担负社会责任,为推动发展、促进创新、改善民生、吸纳就业作出更大贡献。

截至2022年底,全省新增市场主体169万户,总量达1 411.9万户。2023年3月30日,江苏发出第1 000万户个体工商户营业执照,标志着江苏成为全国首个登记在册个体工商户总量突破千万户的省份。1978年,江苏仅有个体工商户23 907户。1979年,国家恢复登记管理后,个体工商户逐渐迈入发展快车道,江苏1982年个体工商户在册总量突破10万户,

1993年突破100万户。党的十八大以来，发展更是日新月异，江苏个体工商户在册总量从2012年底的348.2万户到如今突破千万户，仅用了十年时间。江苏个体工商户约占市场主体总量的70%，已经成为江苏经济"家底中的家底""基本盘中的基本盘"。个体工商户还是群众生活最直接的服务者、重要的就业创业源头和"蓄水池"，具有显著的便民利民和共富共享效应。统计显示，江苏个体工商户中，约九成从事的是第三产业，主要集中在与百姓生活密切相关的服务行业，就业和致富效应显著。

支持和规范发展新就业形态，推进新就业形态技能提升和就业促进项目，营造鼓励新职业发展的良好环境。完善支持灵活就业的政策服务，明确灵活就业劳动用工、就业服务、权益保障办法。鼓励个人经营。积极开发老龄人力资源，提供更多非全职就业、灵活就业和社区工作等岗位。建立健全创业带动就业扶持长效机制，完善落实富民创业担保贷款贴息、税收优惠、创业补贴政策，加大对初创实体的支持力度，降低创业门槛和成本。支持建设一批高质量创业孵化载体和创业园区，提升线上线下创业服务能力，健全培训学习、创业实践、咨询指导、跟踪帮扶等一体化创业服务体系。开展创业推进和指导活动，健全优秀创业项目遴选制度，鼓励更多社会主体投身创业，推动创业向大众化、发展型、全领域转变。建立创业风险预警和防范机制。

实施现代服务业发展五年行动计划，大力发展生产性服务业，扶持消费性服务业，就业容量不断扩大，就业结构同步优化。到2020年末，全省一二三产业就业人口比例为13.8∶39.7∶46.5，城乡就业人口比为71.1∶28.9，与2015年末相比，第三产业就业人口比例提高了7.9个百分点，城镇就业人口比例提高了6.5个百分点。"十三五"时期，全省地区生产总值年均增长6.3%，为稳定扩大就业奠定了坚实基础；城镇累计新增就业725.87万人，年均新增超过145万人，城镇登记失业率、调查失业率分别控制在4%和4.5%以内；"十三五"时期末城乡就业人口总量近4900万人。2022年，全年城镇新增就业131.62万人，年末城镇登记失业62.91万人，城镇调查失业率控制在预期目标以内。帮助城镇失业人员就业 80.07 万人，城乡就业困难人员就业 26.68 万人，新增公益性岗位安置就业困难人员 2.36 万人，零就业家庭动态为零。

三、推进重点群体就业

坚持把高校毕业生就业摆在就业工作首位，持续推进就业创业促进、"三支一扶"、就业见习等计划，完善引导鼓励高校毕业生到基层工作的政策措施，精准实施离校未就业高校毕业生实名登记和跟踪服务，拓宽市场化社会化就业渠道。高校毕业生年末总体就业率保持在 93% 以上。统筹推进农村劳动力转移就业和就地就近创业就业，推进农村劳动力转移就业，2020 年末农村劳动力转移率达 77.7%。畅通失业人员求助渠道，健全失业登记、职业介绍、职业培训、职业指导、生活保障联动机制，促进失业人员尽快实现就业。加大困难群体就业援助力度，扩大公益性岗位安置，确保零就业家庭动态为零。高标准完成国家对口扶贫和省扶贫工作任务。深化省际劳务协作，加强劳动力跨区域精准对接，吸引更多青壮年劳动力在江苏就业。实施长江流域重点水域退捕渔民安置保障工作推进行动，提高退捕渔民就业稳定性。统筹做好妇女、退役军人、残疾人等群体就业工作。

四、有力保障劳有所得

聚焦"劳有稳得"，提高劳动者的获得感。强化就业优先导向，全面实施《江苏省就业促进条例》，调整优化创业带动就业政策，着力加大对中小企业用工纾困帮扶力度，支持各类市场主体稳定就业存量、扩大就业增量、提升就业质量。兜牢就业民生底线，实施提升就业服务质量工程，加强离校未就业高校毕业生帮扶，开展劳动力资源省内南北对接和省际劳务协作，强化就业困难人员援助，保持就业局势总体稳定。完善就业政策体系，推动新就业形态就业人员、灵活就业人员、农民工等重点群体依法参保，把更多人纳入社保体系；推进失业保险基金省级统筹，完善失业保险金与物价上涨挂钩联动机制；实施工伤预防能力提升培训工程，推进新就业形态就业人员职业伤害保障试点。

聚焦"劳有应得",守住劳动者的安全感。在社会协同层面,推动出台《江苏省集体协商条例》,完善政府、工会、企业共同参与的劳动关系协商协调机制,建立健全快递等新业态行业性劳资协商机制,实施劳动关系"和谐同行"能力提升计划,广泛构建和谐稳定的劳动关系。在政府治理层面,加大对劳动关系矛盾的综合施治和标本兼治,提升劳动保障监察执法和劳动人事争议调处效能,健全工资支付保障长效机制,强化劳务派遣单位信用管理,深化平台企业电子劳动合同信息运用,严厉打击侵犯劳动者合法权益的违法行为,确保农民工等各类劳动者工资足额按时发放。

聚焦"劳有多得",增强劳动者的幸福感。一方面,坚持多劳多得,以推进共同富裕为导向,完善企业薪酬调查和信息发布制度,促进企业建立健全工资决定机制和正常增长机制,加强技能人才、科技创新人才等重点群体薪酬分配指引,增加劳动者特别是一线劳动者劳动报酬。另一方面,鼓励技高多得,锚定数字经济发展需要,实施数字技能提升行动,在补贴性职业培训、融合式技工教育、开放式技能练兵、社会化人才评价等方面,优化制度设计,强化制度落实,助力劳动者实现高质量就业,形成"有技能,好就业;长技能,就好业;高技能,就业好"的局面。

提升就业创业服务水平。加强就业政策与财税、产业、社会保障等政策相互衔接,统筹城乡就业政策体系,营造公平就业制度环境。加强重点企业跟踪服务和登记失业人员分级分类服务,提供用工指导、政策咨询、劳动关系协调等服务指导。推进就业服务实名制,构建精准识别、精细分类、专业指导的公共就业服务模式。完善支持灵活就业的政策服务,鼓励个人经营,增加非全日制就业机会。统筹做好高校毕业生、进城务工人员、退役军人、残疾人等重点群体就业工作。"畅通失业人员求助渠道,促进失业人员尽快实现就业。健全困难人员就业援助制度,发挥公益性岗位托底安置作用,确保城镇零就业家庭和农村零转移家庭动态为零。健全创业带动就业扶持长效机制,完善落实富民创业担保贷款贴息、税收优惠、创业补贴政策,加大初创实体支持力度,降低创业门槛和成本。开展创业推进和指导活动，推动创业向大众化、发展型、全领域转变。"①

构建和谐劳动关系。健全完善政府、工会、企业共同参与的劳动关系协商协调机制。"积极探索省级行业集体协商制度，推动建立多层级劳资协商机制。完善劳动用工制度，推广应用全省电子劳动合同信息平台。持续扩大各类企业参与和谐劳动关系建设覆盖面，推动区域性创建活动向企业比较集中的街道（乡镇）、社区（村）拓展。健全劳动人事争议多元处理机制，发挥协商、调解在争议处理中的基础性作用，提高仲裁办案质效。规范企业守法诚信等级评价，重大劳动保障违法行为向社会公布，加强对拖欠进城务工人员工资失信联合惩戒对象的管理。加强劳动保障监察执法能力建设，提升执法维权效能。"②2022 年，全省获评全国和谐劳动关系创建示范企业 17 家、示范工业园区 2 家，省优秀劳动关系和谐企业 200 家。

健全失业和工伤保险制度。建立更加积极稳健的失业保险制度，扩大失业保险保障范围，完善失业保险支持企业稳岗、参保职工提升技能的政策体系。完善失业保险调剂金制度，推进失业保险基金省级统筹，推进平台灵活就业人员职业伤害保障工作。完善失业保险金与物价上涨挂钩联动机制，更好地保障失业人员的基本生活。巩固提升工伤保险省级统筹水平，探索建立多层次工伤保险制度体系，完善"预防、康复、补偿"三位一体工伤保险制度体系。2022 年末全省失业保险参保人数为 2 031.85 万人，比上年末增加 42.44 万人。

五、就业增收富有成效

精准对接国家重大发展战略和中长期发展规划，加强就业政策与财税、产业、投资、金融、外贸、消费、区域等政策的相互衔接，在制定各项经济政策、发展规划中强化就业优先导向，带动多样化高质量就业，实现经济稳定发展与就业质量提升互促共进、良性循环。就业规模持续扩大。江苏全省就业总量的增长变化大体经历了四个阶段。第一个阶段是新

---

①②《江苏省"十四五"公共服务规划》，江苏省人民政府网站，2022 年 1 月 21 日。

中国成立后至1958年,就业总量在经历快速增长后,在1957年至1959年三年中持续减少。1959年的就业总量、就业比重(就业人口总量占总人口的比重)是新中国成立后的最低点。第二阶段是1958年至1989年,全省就业总量总体上呈持续快速增长趋势,从1960年的1 507.88万人增加到1989年的3 519.83万人,年均增加69.38万人。就业比重也从1960年的35.52%上升到1989年的53.85%,提升了18.33个百分点。第三阶段是1990年至2011年,这个时期就业总量增长缓慢。就业总量年均增加25.39万人。第四阶段是2012年至今,就业总量稳中有降。就业比重自1990年起持续下降,其重要因素是人口老龄化程度逐步加深。2018年全省60岁及以上老年人口比重达到20.90%,老年人口规模超过1 000万人,比1990年提高了10.66个百分点;65岁及以上老年人口比重则从1990年的6.79%提高到2018年的14.03%,上升了7.24个百分点。

"十三五"时期末城乡就业人口总量近4 900万人。2020年至2022年,江苏在面临特殊压力的情况下,就业形势仍保持总体稳定态势。2020年,全省城镇新增就业132.77万人,帮助城镇失业人员再就业89.54万人,城乡就业困难人员就业再就业30.29万人,城镇零就业家庭动态为零,帮扶低收入农户劳动力就业创业4.72万人。2021年,全省城镇新增就业140.21万人,帮助城镇失业人员就业88.33万人,城乡就业困难人员就业29.88万人,新开发公益性岗位安置就业困难人员5.4万人,城镇零就业家庭动态为零。新增转移农村劳动力13.54万人,转移率为78.77%。持续深化东西部劳务协作,累计吸纳97.5万名中西部脱贫人口在江苏稳定就业。2022年,全省城镇新增就业131.62万人,帮助城镇失业人员就业80.07万人,城乡就业困难人员就业26.68万人,新增公益性岗位安置就业困难人员2.36万人,城镇零就业家庭动态为零。新增转移农村劳动力14.43万人,累计转移2 021.34万人,转移率为80.1%。持续深化东西部劳务协作,吸纳99.6万名中西部脱贫人口在苏稳定就业。

工资收入是居民收入结构中的最主要部分,约占居民总收入的三分之二,工资收入水平在一定程度上客观反映了居民的生活质量,充分体现了就业的高质量发展。随着江苏经济不断迈上新台阶，全省城镇单位职工工资收入快速增长，实现跨越性发展。进入新时代以来，江苏职工工资水平稳步提升，全省职工平均工资从 2012 年的 51 279 元上升到 2022 年 121 724 元，增长 1.37 倍，高于同期全省地区生产总值增速，这显示出职工从经济增长中获得更多实实在在的收益。

第三节
多措并举提高居民收入水平

收入渠道多来源广，是居民增收致富的内在要求。江苏在着力增强就业创业收入效应的同时，积极创新举措，拓宽增收渠道，提升居民财产性收入、转移性收入等的水平，更有力支撑"百姓富"。

一、居民收入保持持续增长态势

改革开放后，江苏不断深化和完善社会主义市场经济体制，城乡居民收入成倍增长，收入水平连续跨上几个台阶。城镇居民人均可支配收入 1987 年突破千元大关，2004 年突破万元大关，2010 年突破 2 万元，2016 年突破 4 万元。农村居民人均可支配收入 1992 年突破千元，2005 年达到 5 000 元，2011 年破万元大关。进入新时代，除特殊年份外，江苏城乡居民收入保持较为稳健的增长态势。2022 年，江苏全省居民人均可支配收入为 49 862 元，比全国平均水平高 12 979 元，位居全国第四位，较 2020 年的 43 390 元增长 14.9%，在新冠肺炎疫情冲击等复杂情况下仍保持较高增速。全省城镇居民人均可支配收入从 2012 年的 28 808 元上升到 2022 年的 60 178 元，农村居民人均可支配收入从 2012 年的 12 100 元上升到 2022 年的 28 486 元，城乡居民收入比从 2012 年的 1∶282 下降到 2022 年的 1∶2.11，保持持续缩小态势，居全国前列。

二、持续壮大中等收入群体

扩大中等收入群体规模是推动实现共同富裕的重要途径。近年来，江苏坚持让利于民、让利于企，实施中等收入群体壮大行动，以技能人才、新型职业农民、科研人员、小微创业者、企业经营管理人员等群体为主体，鼓励勤劳守法致富，使更多普通劳动者通过自身努力进入中等收入群体。坚持按劳分配为主体、多种分配方式并存，研究制定提高劳动报酬在初次分配中的比重的政策措施，切实增加劳动者特别是一线劳动者的报酬，提高职工工资占地区生产总值和企业收益的比重。完善企业薪酬调查和信息发布机制，健全最低工资标准调整机制和企业工资集体协商制度。推进高校、科研院所薪酬制度改革，扩大绩效工资内部分配自主权。完善二次分配制度，发挥税收等调节收入差距的作用，调节过高收入，提高低收入群体和经济薄弱地区居民生活水平。深入推进企业工资集体协商机制建设，加快建立适应高校、科研院所特点的多元薪酬分配制度，适时适度调整最低工资标准，促进形成合理有序的工资收入分配格局。

江苏深化收入分配制度改革，鼓励勤劳致富，畅通向上流动通道，推进中等收入群体壮大行动，精准提低、合理调高、积极扩中，加快形成橄榄型收入分配格局，把做大的"蛋糕"切好分好。健全企业工资收入分配制度，促进企业建立健全工资正常增长机制，增加劳动者特别是一线劳动者的劳动报酬。健全最低工资标准正常调整机制。完善企业薪酬调查和信息发布机制，推进发布重点行业、新兴行业以及技能人才等重点群体薪酬调查信息。深化国有企业工资收入分配制度改革，健全国有企业市场化薪酬分配机制。完善事业单位工资制度，贯彻以增加知识价值为导向的收入分配政策，健全创新激励和保障机制，落实科研人员职务科技成果转化现金奖励政策。深化高校、科研院所、公立医院薪酬制度改革。完善高层次人才工资分配激励机制，提高成果转化收益奖励比例。健全工资支付保障长效机制，贯彻落实保障进城务工人员工资支付条例，建立完善根治欠薪工作体系，持续推进根治拖欠进城务工人员工资工作，严厉打击欠薪违法行为，确保进城务工人员工资足额按时发放。

三、千方百计促进农民增收

江苏积极开展农村产业融合发展示范园创建工作，全省 16 个国家农村产业融合发展示范园以农业为基本依托，探索推进一二三产业深入融合，增强新型经营主体活力，持续完善利益联结机制，带动农民就业。2022 年，江苏 16 家示范园区实现的一二三产业产值分别为 249.05 亿元、342.15 亿元、463.34 亿元，带动农民就业约 60 万人。做好富民强村重点地区帮促工作，深入实施 2023—2024 年渠北片区整体帮促项目实施计划，促进脱贫成果巩固，提升帮扶工作质量。进入新时代以来，江苏农民收入水平逐步提升。2022 年 5 月，江苏印发《农民收入十年倍增计划实施方案》，明确 2021 年至 2030 年全省农村居民人均可支配收入年均增长 7.2%以上，2025 年达到 3.5 万元左右，2030 年达到 4.8 万元。围绕就业富民、创业富民、产业富民、改革富民等九大方面，该方案包含 28 条重点举措，力争多要素激发农民增收活力。对于面广量大的农村闲散劳动力，江苏强化就业优先，依托乡村资源和特色产业，建立有利于农民灵活就业和适应新就业形态特点的用工制度，拓宽转移就业渠道；对于返乡入乡创业人员，建设各类双创园区和孵化实训基地，对双创主体开展一体化、全链条孵化服务，并进一步完善创业补贴、税收优惠政策，优化乡村创业创新环境。继续开展"五方挂钩"和片区整体帮促，深入推进农村一二三产业融合发展，建设一批与地方优势特色产业关联度高、辐射能力强、参与主体多的发展载体，有效挖掘产业内部增收潜力，让更多农民能够分享产业增值的收益。在做好增收加法的同时，积极构建教育、医疗、养老等多层次社会保障体系，兜住农村民生底线。

围绕"怎么富"，培育主体、完善机制。江苏以激发市场活力为目标，大力发展新型农业经营主体，建立多形式的主体利益联结机制，促进组织增强、产业增值、农民增收、企业增效。一是建立农业经营组织联盟。推进由龙头企业牵头、专业合作社和家庭农场等新型农业经营主体分工协作的农业产业化联合体建设，通过联合体内部经营主体之间的互助合作、信息互通，推动特色农产品开发，拓宽市场销售渠道。二是探索形式多样的利益联结机制。各地探索建立了"园区＋投资公司＋龙头企业＋合作社＋农户""园区＋大户＋物流""产业联盟一体运营""订单收购＋分红""土地入股＋保底收益＋按股分红"等多种互惠共赢、风险共担的利益联结机制，保障农民和经营组织能够公平分享产业融合"红利"，推动价值分配向上游农户倾斜。三是培育新型职业农民和乡村人才。实施《省政府关于落实就业优先政策 进一步做好稳就业工作的实施意见》，加快培育更多适应现代农业发展需求的新型职业农民，高素质农民培育程度接近30%。实施《江苏省省级乡土人才建设发展专项管理暂行办法》，激励和支持乡土人才发展。

农村集体经济成为影响"农民富"的重要因素。进入新时代以来，江苏各地结合自身实际，多措并举发展壮大新型农村集体经济，取得了明显成效，但同时集体经济发展不平衡不充分、集体增收路径相对单一、持续增收后劲不足等问题也依然存在。"2022年，全省村均经营性收入约为220万元，但苏中、苏北村均经营性收入分别为158万元、78万元，还有相当一部分村实际的经营性收入不到30万元，存在较大增长空间。"[①] 为此，江苏围绕产业发展，打造一批具有地域特色、乡土气息和市场竞争优势的特色产业，推动"小特产"升级为"大集群"，把更多农产品增值收益留在农村、留给农民。坚持联农带农，推动集体经济组织成为带动共富的重要载体。发挥和扩大股份合作这一组织形式的作用，推动村村、村企、村社联合合作，服务带动各类主体共同发展，走向共同富裕。通过强村带动农民增收，以股份合作为纽带，建立健全集体经济发展与农民增收之间的长效联动机制，将农户联结到村集体产业链上，让农户通过土地流转、务工、分红等多种途径分别获得租金、薪金、股金，实现集体与农

---

① 颜颖、吴琼：《推进富民强村，赋能农业强省》，《新华日报》2023年9月18日。

户双增收。

四、拓展困难群体增收渠道

聚焦就业困难人员，加快布局建设300个"家门口"就业服务站，安排就业服务专员上门入户为低收入人口、残疾人、零就业家庭等困难人员量身定做岗位信息、政策信息、培训信息三张清单，精准匹配居住地周边的全日制、零工或公益性岗位，全年兜底帮扶不少于3万名困难人员实现就业，并做到"收入有增长、上岗有补贴、权益有保障"。聚焦进城务工人员，新增培育不少于50个省级劳务品牌，形成吸纳进城务工人员就业的集聚效应；推进"一县（区）一零工市场"建设，提供随时入场、随时应聘的即时快招服务，大力开展跨省东西劳务协作和省内南北劳务交流，畅通就业渠道，稳定进城务工人员特别是脱贫人口在苏务工规模，在实现自身稳、质量高的同时，为全国稳就业大局多作江苏贡献。

五、提升人力资本水平

提升全社会人力资本和专业技能，增强致富本领，是推进"百姓富"的关键所在。个人和家庭的物质富裕是共同富裕的基础，而人力资本则是创造财富、实现富裕的核心能力。其中，教育是个体获取收入的关键人力资本和国家持续发展的根本动力源泉。江苏注重发挥教育在提升人力资本水平中的基础性作用。到"十三五"时期末，全省累计培养本科及以上毕业生154.9万人，在省内就业创业比例超过77%。整合行业领军企业、地方政府及产业园区的优质资源，共建15个省级重点产业学院，面向行业产业培养应用型人才。实施服务外包类专业嵌入式人才培养项目192项，培养国际化、创新型、复合型服务外包人才近4万人。聘用1800余名产业教授，开设近千门（场）企业课程和科技讲座，直接受益研究生超5万人。

江苏积极推动职业教育改革发展，瞄准新一轮技术变革和产业优化升级，加大制度创新、政策供给、投入力度，弘扬工匠精神，提高技术技能人才待遇，畅通职业发展通道，吸引更多青年接受职业技能教育。围绕产业发展对技术技能人才的需要,深入实施中职"领航计划"和高职"卓越计划",打造一批优质特色品牌和高水平高职院校,推动职业教育高质量发展。统筹建立企业和院校"双元"培养技能人才体制机制,更好地发挥企业技能人才培养主体作用。深入实施企业新型学徒培训,按照"一企一策、一岗一策"的要求制定培养方案,加快培养高素质产业人才队伍。建立并推行覆盖城乡全体劳动者、贯穿劳动者学习工作终身、适应就业创业和人才成长需要以及经济社会发展需求的终身职业技能培训制度,建设知识型、技能型、创新型劳动者大军。强化重点群体就业技能培训和创业培训。支持职业培训机构与行业协会、人力资源服务机构等建立联合体,面向未就业高校毕业生、退役军人、农村转移就业劳动者、下岗失业人员和就业困难人员等群体,精准开展菜单式培训和定岗定向培训。

第六章
在区域城乡协调均衡上先行示范

区域城乡协调发展是区域高质量发展的关键标志和重要动力源，是区域现代化建设的本质特征与内在要求。缩小区域差距、城乡差距是推进"百姓富"的内在要求和重点任务。党的二十大报告明确提出，深入实施区域协调发展战略、区域重大战略、主体功能区战略、新型城镇化战略，优化重大生产力布局，构建优势互补、高质量发展的区域经济布局和国土空间体系。近年来，江苏紧紧围绕"做好区域互补、跨江融合、南北联动大文章"，持续完善区域协调发展政策举措，并取得积极成效。江苏是全国区域差距最小的省份之一，2022年，苏南与苏北人均地区生产总值比值为1.93，居民人均收入比值为1.85，这为江苏推进区域城乡协调发展迈上更高水平，在缩小区域差距、城乡差距、提高发展均衡协调性上走在前列奠定了坚实基础。①

第一节
在一体协调中缩小区域差距

缩小区域差距，是推进"百姓富"的重要任务。受历史和现实因素影响，江苏曾经区域发展差距较大，这是影响"百姓富"的重大制约因素。同时，江苏也是全国较早深入推进区域协调发展的省份，以苏北集群式崛起为标志，南北等差距显著缩小，区域协调发展成为新时代江苏的显著优势。

一、在实施功能区战略中缩小区域差距

20世纪90年代以来，江苏一直持续推进区域协调发展战略。2017年，江苏与时俱进提出实施"1+3"重点功能区战略，旨在打破苏南、苏

---

① 陈澄：《区域协调发展成势　全域共同发展势成》，《新华日报》2023年8月17日。

中、苏北三大板块的传统地理分界，根据各地资源禀赋、发展阶段和功能定位，重塑全省区域发展新格局，增创江苏发展新优势。在全省"1＋3"重点功能区战略中，"1"是扬子江城市群，是全省经济发展的"发动机"、高端产业发展的"金色名片"；"3"分别是沿海经济带（旨在打造江苏向海洋发展的"蓝色板块"）、江淮生态经济区（旨在打造江苏永续发展的"绿心地带"）、徐州建设成为淮海经济区中心城市（旨在打造淮海经济区具有高度辐射力的中心城市）。

扬子江城市群由苏南五市和苏中三市共同构成，位于国家"一带一路"建设和长江经济带发展融合交汇地带，地理区位优势独特，综合经济实力雄厚，文化底蕴深厚，是我国经济集聚程度高、开放程度高、城镇化程度高、社会文明程度高的地区之一。扬子江城市群面向未来，加快发展新一代信息技术、新材料、新能源、生物医药、智能装备制造等具有比较优势的战略性新兴产业。同时，还要促进产业分工协作，引导产业跨江融合、江海联动，重点打造沿沪宁高端服务业和高技术产业集聚带、沿江智能制造绿色制造产业集聚带、里下河和宁杭沿线地区绿色生态产业带等，从而建设一批具有世界影响力、竞争力的地标性产业，打造成为全球产业创新高地、国际先进制造业基地。

淮海经济区以徐州为中心城市，聚焦提升中心城市能级，统筹城市规划建设管理，提高城市治理水平，深入推进新型城镇化战略，持续优化城市功能布局和发展空间，以主体功能为导向优化中心城市空间格局，形成统筹协调、功能鲜明、互动融合的现代化城市核心区，全面增强跨省域集聚承载力和辐射带动力，打造服务支撑国家重大战略的区域支点，全力建设长三角北翼副中心城市和淮海经济区中心城市；加快徐州都市圈规划建设，坚持同城化理念，在交通、产业、生态环境、公共服务、科技创新、统一市场、数据资源等重点领域和关键环节率先探路、实现突破，打造成为策应国家区域重大战略的新兴增长极；夯实淮海经济区协同发展基础，坚持主核带动、同城先行，积极构建"一日生活圈""1小时通勤圈"；聚焦交通互联互通、产业协同发展、生态环境联防联控和社会事业融合发展等重点领域，打造城市利益共同体，加快形成统筹有力、竞争有序、绿色协调、共享共赢的区域协调发展格局，在深入推进淮海经济区协同发展中拓展高质量发展空间。

江淮生态经济区范围包括洪泽湖流域的淮安和宿迁全域，以及里下河地区的高邮、宝应、兴化、建湖、阜宁5个县（市）域，区域总面积为2.69万平方千米，占全省陆域国土面积的25%。江淮生态经济区具有较高的生态价值，河湖水系和田园生态是其最大的特色，水域面积达21.4%，占全省水域总面积的32.7%，湿地面积占全省的20%，林木覆盖面积占全省的37%；拥有10个自然保护区，面积占全省的33.7%，是全省生态资源富集、水乡生态特色明显的区域。江苏在江淮生态经济区建设中，坚持生态优先、绿色发展，坚持创新驱动、转型发展，坚持聚焦富民、共享发展，以生态经济化和产业绿色化为方向，大力推进空间布局调整、产业结构调整、城乡建设调整、富民方式调整，促进自然资源资产和经济物质财富的双丰收，建设生态产品供给重要区域、绿色产业集聚区、绿色城镇特色区、现代农业示范区、生态田园风光旅游目的地，打造具有平原地区特色的全国生态经济创新发展先行区。

江苏沿海地区包括连云港、盐城、南通三市所辖全部行政区域，陆域面积为3.59万平方千米，海域面积为3.75万平方千米。2020年，江苏沿海地区生产总值达1.93万亿元，占全省比重从2009年的16.6%提高到18.4%；中心城市能级逐步提升，港产城联动发展格局加快形成。连云港国家东中西区域合作示范区等一批重大功能平台加快建设；新型城镇化加快推进，2020年常住人口城镇化率达到66.1%，较2009年提高17.6个百分点；城乡发展更趋协调，城乡收入比降至1.9:1，明显低于全国平均水平；初步形成以石化和精细化工、船舶和海洋工程装备、医药、新能源、新材料等为主的特色产业体系，成为长三角地区先进制造业布局的重要板块。

在现代化新征程上，沿江八市承担着全省经济发展主引擎功能，正在打造世界级扬子江城市群，形成江苏现代化建设的产业创新核心区。南通、盐城、连云港是全省最大的潜在增长极，正在打造沿海经济带，构筑江苏向海发展的"蓝色板块"。淮安、宿迁和里下河地区承担着展现全省生态价值、生态优势和生态竞争力的功能，正在打造江淮生态经济区，构建江苏永续发展的"绿心地带"。徐州淮海经济区中心城市承担着推动全省纵深发展的功能，正在打造江苏高质量发展的强劲支点。四大功能区各美其美、美美与共，将共同支撑起江苏高质量发展和现代化建设的美好未来。[①]

二、在南北共建中缩小区域差距

改革开放以来，江苏经济社会持续快速发展，综合经济实力不断增强，但区域之间发展不平衡现象比较突出。省委、省政府高度重视加快苏北振兴、促进区域共同发展，采取了一系列重大举措，取得了积极进展。苏北地区资源优势日益凸现，发展潜力很大；苏南地区经过多年的发展，土地资源、环境承载力、劳动力成本与经济发展的矛盾越来越尖锐，产业优化升级已经到了关键时期。通过实施苏南苏北挂钩合作和开展共建，带动苏北地区振兴发展，成为苏北地区摆脱贫困、实现小康的重要途径。园区共建是南北共建的重要形式，已基本实现苏北地区及苏中苏北接合部经济薄弱地区省级以上开发区全覆盖，南北共建园区主要经济指标增速均超过当地平均水平，成为当地经济发展的强力引擎。

为促进共建园区提档升级，2016年以来，江苏先后出台政策加快苏北振兴，推进全面建成小康社会，明确提出进一步提升南北挂钩合作水平，加强南北共建园区建设，鼓励共建园区特色发展；出台政策提升苏北共建园区建设发展水平，推动南北共建园区高质量发展，明确重点突破、优势互补、共建共享、特色发展等共建原则，全力推动南北共建园区进入高质量发展新阶段；南北共建已成为江苏协调发展的重要抓手。2016年以来，南京、无锡、南通、常州地区生产总值相继突破万亿元，全省综合实力百强市县数量居全国第一，苏南拥有总量优势，苏中、苏北已具备较强综合

---

① 信长星：《以高质量发展共创江苏美好未来》，《新华日报》2023年5月21日。

发展能力，13个设区市均进入全国经济百强城市行列，具备在高质量发展轨道上全面发展的基础条件。

三、在一体化中缩小区域差距

在省域和区域一体化布局中，都市圈承载力显著增强，成为区域城乡一体化发展的核心驱动力。进入新时代以来，江苏省内重要都市圈能级显著提升，基本形成了都市圈、城市群、城市组团等多种类型的空间一体化形态，促进了资源要素的自由流动和优化配置。南京都市圈一体化程度持续提高，已具备培育形成现代化都市圈的基础条件，以南京为中心的通勤圈、产业圈、生活圈正在形成，产业人口梯度分布、优势互补、协同发展的空间结构更加清晰，城乡发展协调性稳步提高。依托"顶山—汊河"跨界一体化基地，南京和滁州在轨道交通、生物医药、电子信息等领域开展全方位合作。"浦口—南谯""江宁—博望"等苏皖毗邻区，已成为集聚项目和要素的发展热土。苏锡常都市圈加速成型，区域科技创新力快速提升，产业转型升级深度推进，正携手打造具有国家功能和重要影响的大都市区。江苏都市圈建设快速推进，已成为长三角共建世界级城市群的重要推动力和全省区域城乡协调发展的引导力量，通过集聚效应的发挥与经济韧性的强化，成为带动区域城乡协调发展的战略性空间载体。

江苏积极参与长三角一体化发展，主动服务和支持上海发挥龙头带动作用，加强与浙皖协同联动，合力推动长三角一体化向更广范围、更深层次、更高水平拓展。2020年4月，江苏省政府发布《〈长江三角洲区域一体化发展规划纲要〉江苏实施方案》，将"提高政治站位"作为紧抓长三角区域一体化发展国家战略重大机遇的首要要求，明确"在服务一体化中担当重大使命"。在战略谋划上，江苏紧扣"高质量"和"一体化"定位，深刻把握"高质量发展"与"区域一体化"的辩证关系，为高质量发展注入基于区域协同互进的创新提升、产业培强、市场扩展、资源配置优化等新动能，同时以塑造高质量发展之势带动更深层次一体化，实现"在融入一体化中拓展发展空间，在推动一体化中实现高质量发展"的双重目标，协同打造全国高质量一体化发展样本区。在战略研判上，江苏强调进一步发展战略叠加优势，在落实重大国家战略上多作贡献，发挥江苏"一带一路"交汇点、江海联动以及产业、创新、开放等优势，激发蕴藏在国家战略中的大市场、大产业、大空间、大机遇，在勇担国家使命中打开新空间、塑造新动能，在推动促进长三角一体化高质量发展的同时，"更好引领长江经济带发展，更好服务国家发展大局"。在战略目标上，江苏强调突出对标对表，不折不扣、保质保量把中央要求具体化为可衡量、可落地的目标任务，如锚定"成为全国重要创新策源地"目标，在基础创新、原始创新、前沿创新上展现更强江苏作为；对标"形成若干世界级产业集群"目标，推动新型电力和新能源装备、生物医药、海工装备等优势集群问鼎世界级先进制造业集群。在战略路径上，江苏强调重在深化转化，结合自身实际探索融入长三角一体化高质量发展的有效路径，如落实"发挥苏浙皖比较优势"要求，着力把制造业优势转化为实体经济胜势，增强产业链供应链韧性，为打造"链上的长三角"贡献江苏力量。在公共服务便利共享方面，江苏省人大常委会通过《江苏省推进长三角区域社会保障卡居民服务一卡通规定》，明确长三角区域社会保障卡持卡人可以按照规定凭社会保障卡办理就业创业、劳动关系、人才人事等人力资源业务和养老保险、医疗保险、工伤保险、失业保险、生育保险等社会保障业务。江苏注重加强制度化法治化建设，及时将创新成果上升为法制、规则和政策，增强区域一体化的制度水平，以规则上的硬约束、硬支撑来形成保障和促进区域高质量一体化的制度环境。

四、在完善综合基础设施网络中缩小区域差距

经过多年发展，一幅综合交通运输体系蓝图正徐徐展开。截至2022年底，在江苏400千米长江岸线上，有9座世界级桥梁和隧道同时在建；北沿江高铁、宁淮高铁全线开工，轨道上的江苏正在加速形成。此外，高速公路、航道、港口、机场等多个重大项目都在加快推进。一个个交通建设项目的布局、建设和完工，助推现代综合交通运输体系加快建设，江苏交通强省建设跑出"加速度"。2022年，江苏11个县（市、区）被确定为

"四好农村路"全国示范县创建单位,全省农村公路总里程约14万千米,在全国率先实现具有通达条件的行政村双车道四级公路全覆盖。江苏围绕建设"宜居、韧性、智慧"城市的目标要求,紧扣长三角一体化发展的战略部署,统筹城市市政基础设施建设和运行管理,坚持建管并重、持续发力,努力推动区域协调发展。全省城乡统筹区域供水实现全覆盖,太湖流域实现连续15年安全供水;所有市、县均发展了管道天然气,城市管道天然气普及率达90%左右;建成城镇污水处理厂898座,城镇污水处理能力达2165.71万立方米/日,江苏污水处理量位居全国第二。

加强强基础、增功能、利长远的重大项目建设。不断健全完善江苏现代水网体系。淮河流域,入江水道、洪泽湖大堤、分淮入沂等工程全面建成;长江流域,新济洲河段等一批河势整治工程与干流崩岸应急治理工程全面完成;列入国家专项规划项目的江河支流治理、中小河流治理、大型泵站改造、大中型病险水闸加固按计划完成;黄河故道等一批区域性骨干河道完成治理,17个片区水利治理逐步展开,区域引排能力持续提升。不断夯实互联网基础设施建设。2022年,全省加大光纤入户建设改造,实现IPv6规模化部署应用,建成省IPv6发展监测平台,全省IPv6活跃用户数超4500万,移动网络IPv6流量占比达到46%。截至2023年3月,物联网终端用户达2.4亿户,全国排名第二,万物互联基础不断夯实;推动数字技术全链条创新,全省累计获国家科学技术奖通用项目190项。加快培育以高新技术企业为主的数字经济创新型企业集群,开展创新型领军企业遴选,支持领军企业牵头组建创新联合体,引领带动数字经济创新发展。推动教育数字化转型,完善数字医疗健康服务,积极发展数字乡村新业态,扎实推进数字乡村建设发展工程,大力提升乡村数字服务效能。

第二节
在深度融合中缩小城乡差距

缩小城乡差距是推进"百姓富"的重要任务。缩小城乡差距不仅要靠加快城市化进程,实现人口的由乡入城,而且要加大乡村振兴力度,积极推动城乡融合发展,在深度融合中逐步缩小城乡差距。

一、在新型城镇化中缩小城乡差距

江苏城镇化进程显著提升,江苏省第七次全国人口普查数据显示,全省常住人口城镇化率达73.44%,比2010年第六次人口普查时提升13.22个百分点。全省十个县(市)纳入国家县城新型城镇化建设示范名单,瞄准市场不能有效配置资源、需要政府支持引导的公共领域,聚力推进公共服务设施提标扩面等建设任务,取得积极成效,带动城乡协调发展纵深推进。江苏全省人口城镇化率由2015年的66.5%上升到2021年的73.9%,苏北城镇化率由2015年的59.1%上升到2021年的64.8%。苏北五市虽然人口城镇化率均低于全省人口城镇化率,但其年均增速均快于全省年均增速,正以快速增长的态势追赶全省平均水平。

江苏是全国城乡居民收入差距比较小的省份之一,城乡居民收入比缩小到2020年的2.19∶1,农业转移人口市民化成效明显。户籍制度改革持续深化,南京、苏州调整完善积分落户政策,其他设区市落户限制全面取消,2014年至2020年,累计实现883.7万农业转移人口在城镇落户。积极调整放宽户口迁移政策,设区市范围内户口通迁制度全面实施,苏北五市范围内率先实现城镇户口通迁。常住人口居住证制度实现全覆盖,累计发放居住证3240万余张,居全国前列。全面建立以居住证为载体的基本公共服务制度体系,农业转移人口享有更多更好的义务教育、医疗卫生和技能培训等服务，农村劳动力转移就业率达 77.7%。"人地钱"挂钩政策优化完善，要素保障基础更加扎实。①农村人居环境整治有力有效。苏北农房改善联动乡村振兴与新型城镇化，推动"农房改善＋特色产业＋农旅＋康养"等深度融合，积极拓展就业创业空间；优先推进新型城镇化，重点做好户籍迁转、社保衔接、子女上学、医疗保险、就业创业等服务保障，让进城入镇农民与城镇居民享有同等权益，无缝衔接融入城市生活，建成了一批品质高的新型农村社区，成为重构城乡关系的新型战略平台。

同时，江苏城镇化发展仍面临不少突出短板，城镇化发展质量区域间差距较大。比如，苏北等地城镇化率偏低且增势趋缓，大量城市人口集聚在城镇，由于中小城镇发展水平不高、城市功能有限，极大限制了城市化水平的提升；城镇空间格局仍需优化，城镇基础设施和公共服务供给滞后，城镇化带动支撑作用发挥不够。江苏拥有发达的城市群、都市圈和完整的城镇体系，但与国际一流城市群和都市圈相比，江苏中心城市综合承载力偏弱，基础创新、高端制造、新型消费、先进服务、枢纽联动等城市高端功能仍处于"补课"与提质阶段。为此，江苏综合考虑区位特征、资源环境和发展潜力，突出都市圈城市群主体形态，进一步发挥中心城市带动作用，联合中小城镇和乡村等功能节点，强化现代基础设施引导支撑，完善优化功能互补、形态各异、集约紧凑的城镇化格局，全面提升融入国家重大战略的能力，加快建设让人民生活更美好的现代化城市，积极培育世界城市和国家中心城市，区域性中心城市和中小城市活力持续迸发。全龄友好城市建设全面推进，就业创业空间持续拓展，独特人文魅力着力彰显，风险防控能力进一步提高，创新、宜居、绿色、智慧、文明、韧性的城市特征更加鲜明。

二、在新时代鱼米之乡建设中缩小城乡差距

江苏大力推进新时代鱼米之乡建设，分区域、分类型、有重点地加以

---

① 《江苏省"十四五"新型城镇化规划》，江苏省人民政府网站，2021年11月1日。

推进。环太湖地区山清水秀、人文底蕴厚重，彰显江南农耕文化底蕴，努力建设乡土中国、诗意江南的乡村典范；宁镇扬丘陵山区环境优美、有江有河，农业科教资源丰富，努力把乡村建设成都市休闲、农业科技富集区；里下河地区水网密布、生态良好，充分彰显灵动秀美的水乡风韵；沿海地区区位独特、资源丰富，努力彰显滨海风貌和田园风光；黄淮平原辽阔平整、林田河湖交错，充分展现平原大地景观，努力把乡村建设成林茂粮丰的美好家园。江苏持续开展特色田园乡村、宜居宜业和美乡村建设，带动农村人居环境整体提升。规划到2030年，在全国率先基本实现农业现代化，农村人居环境生态宜居，生产生活设施完备便利，基本公共服务城乡均等可及，村庄风貌各具特色，农村基本具备现代生活条件，农业强省基本建成。有条件地区梯次率先基本实现农业农村现代化。计划到2035年，农业农村现代化建设成果进一步巩固提升，农业现代化与新型工业化、信息化、城镇化基本同步，城乡深度融合发展体制机制基本健全，农民农村共同富裕迈出坚实步伐，农民群众生活品质显著提升，农业农村现代化水平更高，基本建成农业强、农村美、农民富的新时代鱼米之乡。①

三、在城乡融合发展中缩小城乡差距

江苏按照"以人为本、公平共享，四化同步、统筹城乡，优化布局、集约高效，生态文明、绿色低碳，文化传承、彰显特色，市场主导、政府引导，统筹规划、分类指导"的基本原则，积极推进城乡一体化发展。农业转移人口市民化成效明显。江苏在推进城乡融合发展上，高度注重改革赋能。苏州城乡融合发展水平全国领先，近年来持续深化城乡一体化综合改革试点，先后推出"三集中"（推动工业企业向园区集中、农业用地向规模经营集中、农民居住向新型社区集中）、"三置换"（把集体资产所有权、土地承包经营权、宅基地及住房置换成股份合作社股权、城镇社会保

---

① 《关于学习运用"千万工程"经验　加快建设新时代鱼米之乡的意见》，《新华日报》2023年11月29日。

障和城镇住房）、"三大合作"（土地股份合作社、社区股份合作社、农民专业合作社）、"三大并轨"（城乡低保并轨、城乡养老并轨、城乡居民医疗保险并轨）和"强镇扩权"等一系列改革举措，创造了多项全省乃至全国第一。全市范围内建立了城乡统一的户口登记制度和与居住证挂钩的基本公共服务提供机制，义务教育、医疗卫生、技能培训、社会保障等基本公共服务依规覆盖全市常住人口，城乡一体化走向高质量发展轨道，城乡居民收入比控制在2：1之内。国家城乡融合发展试验区（江苏宁锡常接合片区）以建立集体经营性建设用地入市机制、科技成果入乡转化机制、城乡产业协同平台、生态价值实现机制和农民持续增收机制为试验重点，加快构建城乡生产要素双向自由流动新机制，率先建立起城乡融合发展体制机制和政策体系，进展态势积极。作为苏南地区农村面积最广、农业规模最大、农民人数最多的县级板块，宜兴市紧扣"建立农村集体经营性建设用地入市制度"这一改革试点任务，瞄准产业所需，探索通过多种入市用途方式促进农村产业融合发展实践路径，初步形成"农土入市—赋权赋能—盘活资源—产业振兴—联动示范"的合作共赢格局。推进农村集体经营性建设用地入市改革，涉及农村土地集体所有制、农村集体产权制度、土地用途管制、土地市场化配置机制、土地增值收益分配机制等领域，可谓牵一发而动全身，对于盘活土地资源意义重大。宜兴市在探索农村集体经营性建设用地入市改革中，树立鲜明的产业导向，对产业准入要求进行审核，通过挂牌出让集体经营性建设用地，有效保障了重大项目和产业发展所需，产生了积极的经济效果，有效解决了因用地指标紧缺导致一些项目难以落地而农村却有大量低效闲置用地的矛盾。

四、在增强县域经济功能中缩小城乡差距

县域经济发达，综合发展水平走在前列，是江苏推进"百姓富"的重要优势。县域经济作为国民经济的基本单元，是支撑经济社会发展的重要基石。县域强则国家强，县域富则国家富，县域现代化则国家现代化。改革开放以来，从"春到上塘"到"昆山之路"，从"张家港精神"到"园

区经验"，县域始终是江苏经济社会发展的重要基石，也是新征程上全面推进中国式现代化江苏新实践的"主战场"。江苏县域经济活跃，是中国县域经济最发达的地区之一。多年来，江苏县域经济综合实力、社会治理能力一直稳居全国头部方阵，"百强县"总量和位次居全国前列，"千亿县"数量占全国总数的40%。强有强的担当，大有大的责任，在中国式现代化征程上，无论是"县域示范"还是争当"县域先行区"，江苏强县展现出勇挑大梁、多作贡献的更高追求。

以江苏社会主义现代化建设试点地区的溧阳为例。2022年溧阳动力电池产业质效居全国县域第一，全国文明城市考评居全省县市第二，"中国县级市基本现代化指数"百强榜列第17位。民生财政保障有力。在支出结构上，2022年溧阳民生支出占一般公共预算支出达78%，其中教育支出增长8.4%，社会保障支出增长10.1%，卫生健康支出增长34.1%，均实现高速增长，为持续增强居民获得感奠定了坚实基础。"微民生"可及可感。创造性开展新时代文明实践，百姓议事堂、如意小食堂等"五堂一站"群体参与性、获得感强的文明实践；坚持"普惠化、均衡化、精准化"导向实施"微民生"工程，老小区改造、停车场建设、学校食堂"明厨亮灶"工程、城市公厕提档升级等获得群众点赞。"溧即助"兜底暖心。通过一事一议、先行救助、权限下放、医疗预警、党员代办等机制，集成"溧即助"品牌，提高临时救助时效性，开辟困难群众"救急难"快速办理的绿色通道，确保对困难群众"应保尽保、应救尽救"，成为困难群众解忧帮困的暖心工程。

第三节

统筹推进区域城乡"百姓富"

江苏坚持从战略层面统筹推进全省区域城乡协调发展，形成了一系列富有成效的政策举措与实践路径,产生了积极的实践效果,丰富了中国式现代化在省域实践中统筹区域城乡发展的现实路径。

一、凝练区域城乡"百姓富"的主攻方向

优化提升沿江城市群。坚持优势互补、深度融合,持续优化沿江空间和功能布局,深入推进南北畅通、跨江联动,强化宁镇扬、苏锡常和(沪)苏通一体化发展,率先实现城市群与产业集群、创新集群耦合交融,构筑江苏高质量发展的引领典范和服务全国构建新发展格局的战略支撑。培强壮大沿海城镇轴。把沿海作为实施向海发展战略的核心板块,深化陆海统筹、江海联动和南北贯通,集聚发展海洋经济、生态经济和枢纽经济,强化临港产业集群配套、智能高效和绿色安全发展,打造令人向往的生态风光带、人海和谐的蓝色经济带,构建特色鲜明的区域现代化发展形态,努力建设江苏乃至中国东部地区新的增长极。做特做美沿运河城镇轴。充分彰显运河文化底蕴、绿色价值和景观特色,一体建设高品位的文化长廊、高颜值的生态长廊、高水平的旅游长廊,巩固提升全国大运河文化传承利用保护先导段、示范段和样板段优势,着力打造江苏美丽中轴,成为"水韵江苏"动人图景的集中展现。[①] 强化都市圈建设集聚辐射力与引领力。以建设南京、苏锡常、徐州三大现代化都市圈为引领,增强中心城市功能和都市圈综合竞争力,提升城市功能品质。健全都市圈同城化发展机制。创新跨行政区经济管理模式,支持联合出台区域性地方性法规、规章以及规划和政策文件,探索建立税收分享和经济统计分成机制。引导不同城市科学确定功能定位,共建特色鲜明的区域经济循环,增强跨行政区产业链抗风险能力。打破地域分割、行政垄断和市场壁垒,构建城市间重大战略、重大事项和重大项目会商衔接机制,营造统一开放、标准互认、要素集聚的发展环境。鼓励市场主体组建产业创新联盟,开展跨区兼并重组,构建业务协同平台,在优质公共服务供给、生态环境保护修复、

---

① 《江苏省"十四五"新型城镇化规划》,江苏省人民政府网站,2021年11月1日。

基础设施投入建设等方面积极作为。

更好地发挥小城市、城镇的连城带乡、服务农村作用，通过全域整治、全域建设补齐功能短板，打造承载优质项目、吸纳农民就近城镇化的平台载体；既要注重高铁等基础设施、设备的硬件建设，也要注重对服务功能拓展、供应链延伸的系统谋划，提升区域枢纽专业性、增值性。推进区域重大战略与主体功能区战略协同。围绕江海河湖联动发展、打造沿海高质量发展增长极、推动苏北地区振兴发展、深化区域一体化引领性实践等重大区域战略，加强对主体功能区战略的全面对接、有效衔接，持续优化主体功能分区，形成推进"百姓富"的合力。在尊重现代化和共富的规律的基础上，挖掘城乡区域不同板块的特色优势，提炼共同富裕的品质内涵，在共富的目标定位和主攻方向上，突出缩小城乡差距的城乡融合特色，让缩小城乡差距、城乡高位均衡成为共同富裕的突出亮点；一些生态基底的地域，可突出人与自然和谐共生的绿色低碳特色，探索把生态优势转化为发展优势和居民共享共富优势的现实路径，让"环境美"与"百姓富"相互赋能、优势彰显；突出激发主体活力的创新创业特色，以产业科技创新提升各板块产业综合竞争力，以提升全民创业水平为发力点，厚植全域创新、全员创业的浓厚氛围，以新"创业史"激发创富新动能。增强就业吸纳能力。建立城市功能完善、产业优化升级与就业质量提高的联动机制，多措并举提供不同门类就业岗位，满足居民差异化就业需求。健全困难人员就业援助制度，扩大公益性岗位安置，拓展社区超市、便利店和社区服务等岗位，兜牢就业底线。加快集聚数字经济、高新技术和高端服务产业，创造更多高质量就业创业机会。鼓励发展创业服务机构，健全创业成果利益分配机制，支持更多创新人才、高校毕业生、退役军人等自主创业，提高创业参与率和创业成功率。推动生活性服务业做专做精做优，扩大技能性就业容量。实施新业态成长计划，有序引导发展适应社会需求的灵活就业、"副业创新"、多点执业等新就业模式，加强非传统就业群体权益保障和柔性监管，营造新职业发展的良好环境。加强重点企业跟踪服务和重点群体分级分类就业服务，提升精准服务效能。

二、优化区域城乡共富导向的产业布局

构建区域协同的产业发展格局。以深度融入长三角高质量一体化发展为引领，推进经济能量的空间传导，形成渐进、高效的区域开发模式。坚持省域统筹、区域协同，协同发展科技创新发展带，建设全国制造业高质量发展示范区。构建城乡融合的产业发展格局。以产业融合推动城乡一体化发展，构建"以点串线、以线带面"的城乡产业融合发展格局。加强乡村一二三产业融合集成改革，探索构建融合主体、融合平台的利益联结机制，加强农业与现代产业要素跨界配置，推进多主体参与、多要素聚集、多业态发展、多模式打造。构建区域城乡协调发展的最优产业空间。依托重点园区、新型园区，高标准打造一批融入长三角科创体系的科技创新共同体、促进优势集群成长的产业生态圈、宜创宜业宜居的生活共同体，构建区域城乡协调发展的最优承载区。不同板块围绕自身重点产业集群方向，坚持扩增量与优存量并举，深入探索产业成长与促进共富有机协同的现实路径。持续增强产业创新力，在政策供给上，围绕产业创新发展需求，推动政产学研深度融合，降低企业创新成本与风险；强化产业数字转型力，着力解决中小企业从研发到应用链条不畅的难题，弥补中小企业应用数字技术能力不足的短板；积极引导企业开辟新领域新赛道，持续拓宽产业谱系；健全涵养产业创新生态，完善创新创业的体制、政策和市场环境，加快构建全程化、专业化、个性化的成果转化服务体系，促进创新链、产业链、资金链、人才链融合发展，优化产业发展环境，厚植"百姓富"的产业支撑。

三、促进农业转移人口全面融入城市

提升农业转移人口的职业技能。江苏发挥企业、职业学校、技工院校等的作用，持续实施农业转移人口市民化培训行动，促进新生代进城务工人员等农业转移人口在城市稳定就业生活。聚焦先进制造业、现代服务业

等社会急需紧缺职业（工种），大力开展就业技能培训、岗前培训、岗位技能提升培训、企业新型学徒制培训和以工代训，支持建设农业转移人口教育培训基地。强化企业在进城务工人员岗位技能培训中的主体作用，建立健全职业技能等级与薪资待遇、岗位晋升挂钩机制，支持进城务工人员按规定参加江苏技能大奖等评选表彰项目。构建与城市需求、自身技能相匹配的农业转移人口创业培训体系，优化政府职业技能培训补贴机制。保障农业转移人口享有均等的基本公共服务。以子女教育、住房保障、社会保险、医疗卫生等为重点，持续推进基本公共服务常住人口均等化全覆盖，切实提高农业转移人口各类服务保障实际享有水平。推动农业转移人口随迁子女入学待遇和升学考试同城化，着力提升随迁子女与本地学生教育融合度。完善以公租房、保障性租赁住房和共有产权房为主体的住房保障体系，加大农业转移人口住房保障力度，优先满足举家迁徙农业转移人口的住房需求。强化用人单位的社会责任，依法为农业转移人口缴纳社会保险，稳步提高城镇职工基本养老保险参保缴费率和基本医疗保险参保率。依托用工单位和居住社区，发挥工会、妇联、共青团及社会组织的作用，加强对农业转移人口的帮扶关怀，鼓励其积极参加社区活动，使之尽快融入城市生活。维护进城落户农民的合法权益。杜绝对农业转移人口等外来人口的各类歧视行为，推动农业转移人口与城镇户籍劳动者享有平等的就业机会和发展机会，保障同工同酬。依法保障进城落户农民的土地承包权、宅基地使用权、集体收益分配权，不得以退出上述权益作为进城落户条件。稳步完善进城落户农民农村承包地经营权流转和承包权退出机制、农村集体资产收益分配权流转和集体资产股权退出机制、农村宅基地使用权流转和资格权退出机制，支持进城落户农民依法自愿有偿转让、退出农村权益。

四、增强区域城乡协调的技术赋能共富水平

强化科技和装备支撑，协同推动工业化升级和农村产业现代化。江苏瞄准农业现代化的主攻方向，推动信息技术嵌入、渗透、覆盖工业生产经

营全过程，形成以智能、柔性和服务型制造为特征的新型生产方式，引领新型工业化智能升级。实施"互联网＋"公共服务，推动区域城乡公共资源的普惠共享。加强"数字乡村"建设，缩小城乡之间的"数字鸿沟"。推进教育信息化和"智慧课堂"建设，推动优质教育资源城乡共享。实施"互联网＋医疗""互联网＋文化"等，促进城乡间基本公共服务均等化。实施"互联网＋农产品"，扩大农村电子商务覆盖面，推动"农产品进城、工业品下乡"双向流通。强化信息化赋能，发挥技术变革在推动城乡综合治理一体化中的作用。加快推进"互联网＋政务服务"向乡村延伸，让政务服务覆盖乡村基层群众"最后一公里"。以数据集中和共享为途径，建设城乡一体化的大数据中心，推进城乡技术融合、业务融合、数据融合，更快更好地推动城乡综合治理一体化。

五、增强区域城乡公共资源配置均衡性

江苏积极推进新型城镇化改革，促进区域城乡公共服务均等化。充分考虑增强城乡发展协调性的要求，更好地推进以人为核心的新型城镇化，使城市更健康、更安全、更宜居，成为人民群众的高品质生活空间。推进乡村振兴体制机制创新。加快培育农民合作社、家庭农场等新型农业经营主体，健全农业专业化社会化服务体系。深化农村集体产权制度改革，健全农村金融服务体系。促进城乡要素双向流动。建立健全各类人才入乡的激励政策，促进城市人力资本向农村流动。引导工商资本、社会力量通过新建、重组、入股农业企业等方式进入"三农"领域，促进城市金融资本入乡。推进城乡公共服务普惠均等。构建与常住人口变化、城镇化进程相适应的中小学布局调整与优化机制，探索组建城乡教育共同体，高水平深化推进医联体和县域医共体建设，统筹推进城乡公共文化体育普惠共享，推动城市优质教育医疗文体资源向县域和镇村下沉。建立健全城乡统一社保体系。推进城乡居民基本医疗保险制度纵向统一，加快城乡统一的大病保险制度建设，加快提升城乡居民养老保险保障水平。推进城乡基本公共服务提质提档。聚焦人的全生命周期需求普遍得到更高水平的满足，围绕

幼有善育、学有优教、病有良医、老有颐养、行有体验、劳有所得、残有所助、娱有所乐等核心功能，建立健全与人口规模、村庄分布等相适应的公共服务核心功能标准化体系，实现项目化建设向标准化建设转变。

第七章
以高水平公共服务提升生活品质

公共服务是政府为满足城乡居民生存和发展需要，运用法定权力和公共资源，面向全体居民或特定群体，组织协调或直接提供的产品和服务。公共服务具有收入分配功能，也具有经济增长功能，不仅是"做大蛋糕"和"分好蛋糕"的机制，更是保障美好生活的重要机制。持续推进基本公共服务均等化，扩大普惠性非基本公共服务供给，丰富多层次多样化生活服务供给，构建优质均衡的公共服务体系，是落实以人民为中心的发展思想、创造高品质生活的重大举措，是促进社会公平正义、扎实推动共同富裕的重要任务，是促进形成强大国内市场、构建新发展格局的重要支撑，对增强人民群众获得感、幸福感、安全感，促进人的全面发展和社会全面进步，具有十分重要的意义。

第一节
用情守护"一老一小"

"一老一小"关系千万家庭，是决定老百姓幸福指数的重点领域，同时痛点堵点多、保障难度大，考验着公共服务供给的质量和水平。江苏坚持一体推进"一老一小"服务保障，广泛凝聚建设老年和儿童友好型社会环境的共识和合力，实现各项服务"从有到优"，成为"百姓富"底色的直接反映。

一、一体构建服务"一老一小"顶层设计

江苏是人口大省，"一老一小"人口体量大，对服务保障需求大、诉求多。随着社会对科学育儿、托育服务的认同度不断上升和对养老服务提出更高要求，发展养老托育服务、解决"一老一小"问题，日益成为满足人民群众美好生活需要的重要内容，是最现实、最紧迫、最突出的民生问题。根据江苏省第七次全国人口普查数据，截至2020年11月1日零时，

江苏全省常住人口中，0—14岁人口为12 891 948人，占15.21%；15—59岁人口为53 350 723人，占62.95%；60岁及以上人口为18 505 345人，占21.84%，其中65岁及以上人口为13 726 531人，占16.20%。全省60岁及以上老年人和0—3岁婴幼儿总数接近常住人口的四分之一，常住人口老龄化率比全国平均水平高3.14个百分点，呈现高基数、高增速、高龄化、高需求等特点，养老服务压力不断增大。

江苏高度重视"一老一小"民生保障，坚持把握规律，前瞻布局，持续推动排查解决养老、育幼等领域突出民生问题，跳出由问题倒逼推一步走一步的被动思路，既紧扣问题寻求破解之策，更注重把握人口发展新常态的内涵之新、趋势之变，前瞻性引导养老托育服务，适度超前谋划布局老年友好型、儿童友好型和全龄友好型公共服务设施，形成"一老一小"的顶层设计。2021年9月，江苏省政府出台《江苏省人民政府办公厅关于促进养老托育服务高质量发展的实施意见》，提出：到2025年，全面构建居家社区机构相协调、医养康养相结合的养老服务体系和健康支撑体系，基本建立主体多元、依托社区、优质普惠的托育服务体系；各地要充分考虑养老托育服务设施数量、结构需求，依据国土空间总体规划、卫生专项规划等相关规划，构建与本地区人口结构、老年人口和婴幼儿数量相适应的服务设施规模和布局，并将所需用地落实到控制性详细规划；全面落实养老托育服务设施分区分级规划建设要求，新建居住小区按照每百户20平方米以上的标准配套建设社区养老服务用房，各设区市要结合实际提出新建居住小区规划建设托育服务设施的标准。已建成居住区养老托育服务设施未达到规划要求或建设标准的，所在地县级人民政府应当通过新建、改建、购置、置换、租赁等方式予以补充完善。2021年11月，中国共产党江苏省第十四次代表大会提出"加快实施积极应对人口老龄化国家战略，下大力气解决好'一老一小'问题，完善基本养老服务制度和多层次养老服务体系，健全普惠安全的托育服务体系，完善三孩生育政策配套措施，促进人口长期均衡发展"。顶层设计的健全和逐步实施，形成了高质量做好"一老一小"服务的浓厚社会氛围。

二、全面优化儿童发展环境

江苏着眼全生命周期保障,坚持和完善保障儿童优先发展、促进儿童全面发展的制度机制,保障儿童生存权、发展权、受保护权和参与权,满足儿童及家庭发展新期待,全面提升儿童综合素质,形成保障儿童发展的良好环境。

健全生育养育支持体系。江苏对全面两孩政策调整前的独生子女家庭,继续实行现行各项奖励扶助制度和优惠政策。完善全面三孩生育政策及配套支持措施,加强基层服务管理体系和能力建设,合理配置妇幼保健、幼儿照料、学前和中小学教育、社会保障等资源,满足新增公共服务需求。在全国率先建立母婴安全约谈、出生缺陷防治等工作机制。优化医疗机构妇产科、儿科资源配置,建设高品质、普惠性产科床位,改善产科服务条件。全面推进孕产妇和新生儿危急重症救治中心建设,到2023年累计建成238家,实现省、市、县三级全覆盖。落实母婴安全保障制度,加强危重新生儿分类分级管理,完善危急重症孕产妇和新生儿救治经费保障机制,提升危急重症救治能力,确保孕产妇死亡率、婴儿死亡率稳定在低水平。

全面加强婴幼儿健康管理。推进孕产保健、新生儿访视和婴幼儿定期健康检查,扎实做好婴幼儿标准化发育监测筛查评估,为家长及婴幼儿照护者提供婴幼儿早期发展指导服务。倡导关注生命早期1 000天理念,推动产科、儿科(含新生儿科)、妇女保健科和儿童保健科等形成多学科协调工作模式,开展涵盖良好健康、充足营养、回应性照护、早期学习、安全保障等多维度的儿童早期发展综合服务。加强儿童早期发展基地建设,开展儿童生长发育监测和评估,规范儿童疫苗接种,加强儿童近视、营养不均衡、龋齿、心理行为异常等常见疾病和白血病、恶性肿瘤等重大疾病防治。做好儿童基本医疗保障工作,将新生儿及时纳入城乡居民基本医疗保险,做好出生缺陷患儿康复救助工作,促进儿童体格、生理、心理、社会适应能力全面发展。2020年,产前筛查、新生儿疾病筛查已经实现目标人群全覆盖。

积极促进儿童早期发展。2020年1月，江苏出台《省政府办公厅关于促进3岁以下婴幼儿照护服务发展的实施意见》，提出：以需求和问题为导向，按照政府引导、部门协同、家庭为主、多方参与的总体思路，坚持普惠优先，注重安全规范，落实属地管理，坚持保育为主、保教结合，建立完善促进婴幼儿照护服务发展的政策法规体系、标准规范体系、服务供给体系、监督管理体系和支持保障体系，切实解决婴幼儿照护难题，促进婴幼儿健康成长，增进家庭和谐幸福。江苏注重发挥卫生专业优势，大力倡导儿童早期发展服务理念，南京市妇幼保健院、连云港市妇幼保健院等成功创建成国家级儿童早期发展示范基地；同时，建立一批省市级儿童早期发展示范基地，探索儿童早期发展模式，对儿童的营养、卫生、教育、环境和保护等方面开展科学综合干预，促进儿童体格、生理、心理、社会适应能力全面发展。

扩大普惠托育服务供给。江苏人口基数大，外来人口中年轻人占比相对较高，特别是伴随现代产业的发展，城市、县城及园区吸引了大批年轻人聚集，年轻父母的婴幼儿托育需求旺盛。江苏积极推进制度创新，支持公建民营、民办公助等方式形成政府与市场的合力，大力发展普惠托育机构，到2023年底，全省各类托育机构可供托位数超26万个，较好满足了社会现实需求。全省多地把建设社区普惠托育点、幼儿园普惠托班等作为年度民实事内容。苏州等市积极建设"15分钟托育服务圈"。为确保托育品质，南京等地探索"专业＋安全"的托育模式，加快托育行业专业人才培育，积极打造健康、安全、品质化的托育环境。江苏鼓励各地探索创新，加强生育友好型社会建设，积极创建全国婴幼儿照护服务示范城市。南京、无锡、苏州入选首批全国婴幼儿照护服务示范城市。苏州出台《市政府办公室关于促进托育服务高质量发展的若干意见》，从优化土地规划政策、拓宽普惠供给渠道、加大财税扶持力度、强化人才培养、开展示范建设、加强服务监管等六个方面，全力推进政策制度联动，推进建设以普惠为导向的多元化、多样化、覆盖城乡的托育服务体系。无锡探索发展社区托育服务,鼓励建设标准化、嵌入式托育场所,提供普惠托育服务。南通作为省第一批国家支持社会力量发展普惠托育服务专项行动试点城市之一,在全省率先开发"0—3岁婴幼儿照护服务监管平台"。截至2022年底,全市共有托育机构733家,可提供托位40319个,每千常住人口拥有托位数3.14个,为幼有所托、幼有善育创造了良好条件。

着力构建适度普惠型儿童福利服务体系。儿童福利体现一个社会的文明程度和发达水平,是现代化国家社会进步的重要衡量指标。为广大儿童特别是处于困境中的儿童提供可享可及的福利保障是江苏推进"百姓富"的必然要求。江苏在实践探索的进程中总结经验,积极创新,率先实施孤儿保障制度和养育补助标准自然增长机制,率先建立困境儿童分类保障制度和"三步排查、四色管理、N重关爱"的主动发现机制,确保让真正有困难、有需要的儿童能够及时被发现并获得帮助。加强政策创制,推动修订《江苏省未成年人保护条例》,建立健全困境儿童分类保障、农村留守儿童关爱服务和未成年人保护制度机制。发动和引导社会力量开展"爱润青苗""爱心护蕾"等专项行动,通过政府购买服务的方式,引入专业力量运营儿童"关爱之家",为农村留守儿童和城乡困境儿童提供学业指导、心理健康、法治教育等关爱服务。南通市未成年保护中心精心组织实施"童伴家长"关爱帮扶项目,帮助处于困境中的儿童弥补父母缺位、监护缺失带来的遗憾乃至治愈创伤,为困境儿童送去慰藉与温暖。江苏在全国率先实现公共文化设施免费开放,少儿数字图书馆、文化馆建设成效明显,现代公共阅读设施群和服务体系不断健全,乡镇(街道)和村(社区)综合文化服务中心设立儿童阅览室或专用书架比例达到100%,公共场所普遍建设爱心母婴室。在南京市江北新区、无锡市梁溪区、徐州市贾汪区等地区开展"苏童成长"协同关爱机制建设试点,试点构建"苏童成长"协同关爱机制,以设区市、县(市、区)未成年人保护中心和乡镇未成年人保护工作站(关爱之家)为"一中心",链接周边若干企事业单位和公共服务机构"N基地",为中小学生等儿童提供下午三点半后的实践活动服务,通过思想教育、技能培养、角色体验、健康运动等,促进未成年人德、智、体、美、劳全面发展。

建设儿童友好型城市。儿童友好是指为儿童成长发展提供适宜的条件、环境和服务,保障儿童的生存权、发展权、受保护权和参与权。江苏在城市治理中引入儿童视角,完善城市公共政策体系,构建适应儿童身心健康成长的城市环境,积极开展全国儿童友好型城市创建,南京、无锡、苏州、扬州四个设区市入选国家儿童友好城市。南京是全国首个将儿童优先发展纳入政府工作的城市,连续多年执行联合国儿童基金会和中国政府合作举办的"社区儿童保护体系与网络建设"项目,在全国较早建立了以社区为基础的儿童保护工作运行机制;在空间规划制定修订中引入"1米高度看城市"的儿童视角,修订《南京市公共设施配套规划标准》,积极推动城市公共设施和公共空间适儿化改造,加强儿童劳动教育、社会实践、科技体验、素质拓展等校外场所设施建设,打造一批儿童友好社区(街区)、学校、医院、公园、图书馆等示范单元;出台《南京市儿童友好社区建设指引》及指标体系,建成一批儿童友好空间和儿童友好社区。无锡市从儿童视角推动儿童全方位融入城市社会生活,参与社会和社区治理;组建小小规划师工作室,联手专业城市规划设计师为城市建设与发展出谋划策,在大成巷历史文化商业街区改造项目中收到近万份儿童参与的成果,为城市更新项目贡献儿童智慧,逐步探索出了儿童参与城市治理的新路径。

三、构建"苏适养老"服务体系

江苏是全国最早进入老龄化社会、老龄化程度较高的省份之一。截至2022年底,全省60岁及以上人口1 974万人,其中65岁及以上人口1 522万人,分别占常住人口的23.18%和17.87%,预计到2029年全省60岁以上老年人口占比超过30%。提高老年人的生活水平和幸福指数,是推进"百姓富"的重要方面。江苏坚持把养老服务体系建设作为积极应对人口老龄化、保障和提升人民生活水平、推动经济结构转型升级的重要内容,"着力强化制度设计、优化政策环境、健全体制机制、深化改革创新,全省养老服务体系不断健全、服务质量持续提升、服务能力显著增强，广大老年人享有更多的获得感和幸福感。"①

强化政策保障支持。为了积极应对人口老龄化，促进养老服务高质量发展，规范养老服务行为，增进老年人福祉，满足老年人养老服务需求，实现老有所养、老有颐养，江苏于2015年12月出台全国首部综合性养老服务地方性法规《江苏省养老服务条例》，并于2022年9月进行修订。该条例认真贯彻落实习近平总书记关于做好养老服务工作的重要论述，在基本养老服务供给、医养康养结合服务、长期护理保险和个人养老保险、扶持保障措施等方面，作出配套衔接、适度前瞻的规定；围绕积极建设更加优质、更加充分、更加均衡的养老服务体系，对如何完善养老服务体系、保障基本养老服务、推进养老服务设施建设、促进居家社区养老服务等作出了系统的制度设计；规定优先将经济困难的高龄、空巢、独居、残疾、失能、计划生育特殊家庭等老年人纳入基本养老服务范围予以重点保障；提出将农村基本养老服务设施和能力建设纳入乡村振兴战略规划，推动城乡基本养老服务供给的均衡化、协调化发展。江苏省政府在全国率先建立养老服务联席会议制度，出台《省政府关于全面放开养老服务市场 提升养老服务质量的实施意见》《省政府办公厅关于制定和实施老年人照顾服务项目的实施意见》《省政府关于进一步推进养老服务高质量发展的实施意见》等制度性文件。相关部门密切配合，先后就建立基本养老服务制度、推进居家社区养老服务改革、提升养老机构服务质量、统筹城乡养老服务发展、养老服务标准化建设、促进养老产业发展等方面出台具体举措，基本涵盖养老服务各领域各环节，形成了具有江苏特色的养老服务政策体系。

完善基本养老服务体系。加快建立涵盖全体老年人，包含设施建设、服务内容、需求评估、人才培养、资金保障、行业监管、标准体系在内的基本养老服务体系。综合考虑老年人的经济状况、生理心理情况、家庭照

---

① 《江苏省"十四五"养老服务发展规划》，江苏省人民政府网站，2021年9月15日。

顾能力等因素，根据经济发展水平和财政承受能力，优先保障经济困难的高龄、空巢独居、失能（失智）、计划生育特殊家庭等重点老年人群，并逐步扩展至全体老年人。聚焦老年人生存安全、生活需要、照护需求、社会参与等内容，建立省、市、县三级基本养老服务指导性目录，实现动态发布管理，逐步丰富发展基本养老服务项目。将失能（失智）老年人家庭成员照护培训纳入基本养老服务指导性目录，探索设立独生子女护理假。通过政府购买服务等方式，在全省范围统一开展老年人能力与需求综合评估，评估结果实现全省共享和动态更新，并作为老年人享受福利待遇的重要依据。全面建立并落实老年人福利补贴制度，发放80周岁以上老年人尊老金、经济困难老年人养老服务护理补贴，有力保障了困难老年人的基本养老服务。在全省范围建立城乡独居留守老年人关爱巡访制度，启动特殊困难老年人居家适老化改造工程。探索解决重度失能人员基本护理保障需求，7个设区市建立了长期护理保险制度。南京、苏州、南通入选国家医养结合试点城市，全省80%的养老机构与医疗机构建立了预约就诊、双向转诊等合作机制。①

在"十四五"时期，江苏实施养老服务"兜底""强基""提质"行动，完善兜底性养老服务制度，确保特困供养对象应养尽养，经济困难的高龄、独居、空巢、计划生育特殊家庭等老年人服务覆盖率达到100%。省、市、县均建立基本养老服务指导性目录并定期发布，全面开展老年人综合能力评估。巩固居家社区养老服务的基础性地位，新增居家适老化改造10万户；优化社区养老服务设施布局，城市街道综合性养老服务中心覆盖率达到100%。补齐农村养老服务短板，提升农村养老服务硬件水平和管理服务能力，每个县（市、涉农区）至少建成1所以失能（失智）、半失能特困人员专业照护为主的县级供养服务机构。改善养老机构床位结构，全省护理型床位占养老机构床位比例达到70%以上，建设一批标准化养老服务机构。全面推行养老护理员职业技能等级认定制度改革，全省新

---

① 《江苏省"十四五"养老服务发展规划》，江苏省人民政府网站，2021年9月15日。

增通过职业技能等级认定的养老护理员不少于 10 万名，累计培训养老护理员不少于 20 万人次。推动养老事业和养老产业协同发展，全省培育 65 家以上省级养老服务高质量发展示范企业。

推动基本养老服务均等化。以"人人享有、人人可及、重点扶助、适度普惠"为基本原则，建立完善基本养老服务制度体系。强化养老服务兜底保障，对符合特困供养条件的老年人实现"应养尽养、应助尽助"，确保有意愿入住机构的特困人员全部实现集中供养。加强对经济困难的老年群体的养老服务政策支持，通过直接供养、政府购买服务、老年人福利补贴等方式予以支持。鼓励社会力量参与基本养老服务供给。大力发展成本可负担、方便可及的普惠性养老服务，扩大服务供给，综合运用规划、土地、住房、财政、金融、人才等支持政策，引导各类主体提供普惠性服务。推动多层次长期照护服务体系建设，建立健全老年人社会救助、社会保险和社会福利相衔接的长期照护保障制度。探索建立低收入家庭特殊人员入住养老机构补贴制度。增加护理型养老床位供给，满足失能（失智）老年人长期照护服务需求。

扩大普惠养老服务供给。综合运用规划、土地、住房、财政、投资、融资、人才等政策，支持社会力量建设普惠养老服务设施，为中低收入家庭提供价格适中、方便可及、质量可靠的普惠性服务。使用财政性资金建设、公建民营或公助民营以及非营利性的养老服务机构，要以提供普惠服务为主。积极发挥家庭养老服务支撑作用，推动各地普遍制定家庭养老服务支持政策。鼓励专业化养老服务机构为长期失能老年人提供短期照护服务，减轻家庭照护压力。完善以社区为平台、社会组织为载体、社会工作者为支撑的居家社区养老服务"三社联动"机制，拓展居家上门服务覆盖面，为有需求的居家老年人提供日常探访、生活照料、助餐助洁、紧急救援等服务。发展"机构＋社区＋居家"模式，支持专业养老机构进社区、进家庭，提升社区养老服务品质。大力推进城市街道综合性养老服务中心建设，提升社区嵌入式护理型机构和日间照料机构覆盖面。加强社区医养结合，支持社区养老服务设施通过设置护理站、医务室或与周边医疗卫生机构签订合作协议等方式提供医养结合服务，支持社区卫生服务中心和乡镇卫生院建设康复、护理、安宁疗护床位和精神关爱服务点。推进老年友好型社区建设，支持老旧小区增设电梯、扶手、坡道等适老化公共设施。推广康复辅具进社区服务试点，支持社区养老设施配备康复辅助器具并为老年人提供专业指导。提高机构养老服务质量。重点发展护理型养老机构，持续增加护理型养老床位供给。推动养老机构与周边医疗卫生机构按照服务规范签订合作协议，进一步提高养老机构长期照护服务能力，满足失能失智老年人长期照护服务的刚性需求。提高老年医疗服务保障能力，加快老年医疗机构建设，建立并完善以基层医疗卫生机构为基础、以老年医院和综合性医院老年医学科为核心、以相关教学科研机构为支撑的老年医疗服务网络。加强老年医学研究和临床适宜技术应用，完善医疗、康复、护理、安宁疗护接续性服务机制，促进医养深度融合。构建多层次养老保障体系。构建基本养老保险、补充养老保险、商业养老保险等多层次保险体系，提高企业年金覆盖率，完善职业年金制度。

健全"苏适养老"服务体系。用心用情让"夕阳更红""花朵更艳"，让老人的生活更美好。江苏积极应对人口老龄化，系统构建供给高质量、普惠高水平、享老高品质的"苏适养老"服务体系，全面建立基本养老服务制度，努力推进从"老有所养"转向"老有颐养"。截至2023年底，全省建成家庭养老床位近2万张，累计实施家庭适老化改造11万户，为近330万老年人提供政府购买的居家上门服务。全力做实"社区安老"，共建成居家社区养老服务中心1.8万个，建成并运营各类老年人助餐点7 700余家，城市街道综合性养老服务中心实现街道全覆盖，为老年人提供"家门口"专业化、多样化的养老服务。引导促进"机构颐老"。全省共有在业养老机构2 200多家，设置机构床位40万张，护理型床位占比达到68%。积极打造农村养老服务阵地，建成县级失能失智特困人员集中供养中心129家、标准化区域性养老服务中心236家。在全国率先建立养老护理专业技术职称体系，开展首批养老护理专业技术职称评审工作，打通养老服务职业上升通道，破解养老服务人才发展瓶颈；开展技能等级认定，考评认定一级、二级养老护理员，填补了养老护理高技能人才空白。

第二节
建设人民满意的教育

教育是民族振兴、社会进步的重要基石，是功在当代、利在千秋的德政工程，对提高人民综合素质、促进人的全面发展、增强中华民族创新创造活力、实现中华民族伟大复兴具有决定性意义。崇文重教是江苏自古以来的优良传统，大力发展教育事业，建设人民满意的教育，是发挥教育支撑现代化重要作用的要求，也是增强百姓获得感、幸福感的重要保障，是推进"百姓富"的重大任务。

一、率先推进教育现代化

新中国成立后，江苏教育事业打开新篇章，人民受教育机会迅速增多。党的十一届三中全会后，教育改革不断深化，教育发展水平稳步提升。20世纪90年代初，江苏以乡镇为重点率先推进教育现代化建设，大力改善办学条件，1996年全省实现"两基"（基本普及九年义务教育和基本扫除青壮年文盲）；世纪之交，以县域为单位推进教育现代化建设，着力扩大办学规模、提高办学水平。2005年，省委、省政府制定出台《关于加快建设教育强省 率先基本实现教育现代化的决定》，指出江苏要率先全面建成小康社会、率先基本实现现代化，最大的优势是教育优势，最重要的资源是人力资源，加快"两个率先"步伐，最关键的是推进教育事业优先发展、率先发展、加快发展、科学发展，并对形成"体系完整、布局合理、发展健康、水平一流、人民满意"的新局面作出部署。江苏把握教育现代化规律，大力发展"适合的教育"并办好人民满意的教育，教育成为江苏小康建设兼具基础性与引领性的战略支撑。2019年，省委、省政府制定出台《江苏教育现代化2035》，勾勒江苏教育现代化蓝图：未来的江苏教育将更加公平、更加优质、更加美好，充满仁爱、充满温暖、充满乐趣，建成引人入胜的课堂、给人智慧的学校、让人幸福的教育，形成学生学习快乐、教师从教幸福、家长放心信任、社会普遍认同的良好教育生态；江苏教育国际影响力显著提高，成为国家教育现代化建设的排头兵、各方面优秀人才的聚集区、人人向往就学创业的理想地，在全国率先高水平实现教育现代化。2022年，全省有50名教师入选"苏教名家"培养工程、150名教师入选江苏特聘教授、300名教师入选"江苏省教学名师支持计划"；1名教师获评2022年"全国教书育人楷模"。

进入新时代，江苏高水平推进教育现代化建设，形成一系列教育品牌。苏州市于1998年率先成为全国首个普及高中段教育的地级市，于2013年率先成为全国首个义务教育发展基本均衡地级市，出台全国首部关于终身学习的地方性法规《苏州市终身学习促进条例》。常州市全面创成义务教育发展基本均衡地级市、全国职业教育高地建设城市、全国首批国家产教融合试点城市、全国中小学劳动教育实验区、教育部基础教育综合改革实验区等，"常有优学"形成品牌效应。南京市率先在全国推行免费义务教育，率先实行"助学券"制度和励志奖学金，构建起从幼儿园到高中阶段15年政府扶困助学体系，率先在全国探索小学"弹性离校"，切实解决"三点半难题"，实施"中小学食堂提升工程""中小学教室健康照明工程""中小学课桌椅标准化提升工程"，多次成为"中国最具教育幸福感城市"。江苏整体推进苏锡常都市圈职业教育改革创新，以职业教育体制机制改革为重点，制定完善职业教育基本制度和重要政策，营造职业教育发展的良好环境，建立纵向贯通、横向融通的现代职业教育和培训体系，探索建立中国特色的职业教育发展模式，提升服务先进制造业的能力，提升人民群众对职业教育的满意度和获得感，取得积极进展。

二、推进基础教育公平优质发展

江苏持续加大教育投入，推出一批标志性、引领性改革举措，在解决教育深层次、根本性问题上取得重要突破，教育现代化取得积极进展。针对教育资源不均衡问题，江苏坚持教育公益性原则，把促进教育公平作为基本教育政策，促进义务教育优质均衡发展。

促进义务教育优质均衡发展。截至2022年底，江苏义务教育阶段在校生规模为856万人。江苏于1996年在全国率先基本普及九年义务教育，2015年成为第一个所有县（市、区）全部通过国家义务教育发展基本均衡县督导评估认定的省。省委、省政府适时谋划优质均衡发展，于2012年制定优质均衡发展意见和督导评估指标。[①] 全省各地扎实推进义务教育优质均衡发展县（市、区）创建，到2023年，共有32个县（市、区）通过省级评估认定，12个县（市、区）接受国家评估认定实地核查，为全面推进优质均衡发展打下坚实基础。江苏持续实施义务教育学校标准化建设工程，建成1600个义务教育集团和城乡学校共同体，90%以上的学校达到省定办学标准。江苏根据教育部"到2035年力争全面实现义务教育优质均衡"的整体部署，提出"到2025年全省60%左右的县（市、区）达到国家义务教育优质均衡发展督导评估标准，到2030年所有县（市、区）达到国家督导评估标准"的规划目标，力争早于全国规划五年实现达标。

统筹推进城乡义务教育一体化。江苏义务教育改革发展取得显著成绩，但与人民群众的期盼相比仍有差距，特别是随着新型城镇化和城乡发展一体化推进、人口及学生流动、计划生育政策调整等，义务教育发展面临不少新情况新问题。江苏坚持问题导向，以推进城乡教育一体化为重点，以城带乡，整体推进城乡义务教育发展，切实解决城镇挤、乡村弱问题；建立与常住人口变化相协调的基本公共教育服务供给机制，按实际服务人口规模配置教育资源；科学制定城乡学校布局规划，加强寄宿制学校建设，办好必要的乡村小规模学校；全面推进城乡学校共同体建设，健全城乡学校帮扶激励机制。

---

① 江涌：《义务教育优质均衡发展从怎么看到怎么干》，《群众》2023年第17期。

三、推动高等教育内涵式发展

　　加强高校分类指导、分类支持，引导高校科学定位、特色发展、争创一流。实施高水平大学建设工程，启动江苏高水平大学建设高峰计划，重点建设一批基础厚实、优势突出、特色鲜明的省属高校，大力发展本科教育品牌专业和一流课程，打造一批新工科、新医科、新农科、新文科专业。推动研究生教育高质量、内涵式发展，建立基础学科、应用学科、交叉学科分类发展和动态调整机制，实施急需紧缺高层次创新人才培养计划，支持高校集聚一批具有国际影响力和较高威望的学术大师。① 高等教育更有内涵特色。2022年，江苏16所高校48个学科入选国家"双一流"建设名单，分别位居全国第二和第三；34所高校、227个学科进入ESI（基本科学指标数据库）前1%，分别位居全国第一和第二；15所高校、32个学科进入ESI前1‰，均居全国第二；253个专业通过国家工程教育专业认证，连续五年居全国第一。在全国第五轮学科评估中，江苏高校获得A＋和A类等级的学科大幅增加。在第八届中国国际"互联网＋"大学生创新创业大赛中，江苏高校学生获得60个金奖，位居全国第一。新增中外合作办学机构和项目13个，累计达194个，本科以上中外合作办学机构20个，位居全国第一。科技创新更具竞争优势。2022年，江苏高校获批首批全国重点实验室8个，获批教育部工程研究中心9个，获批国家自然科学基金项目4 327项；全省现有国家技术转移示范机构25个、教育部高校科技成果转化和技术转移基地10个，均居全国第一。22所高校进入中国高校专利转让百强榜、15所高校入选中国高校科技成果转化百强榜，均位居全国第一。

　　深化职业教育产教融合。推动建立以城市为节点、行业为支点、企业为重点的产教融合发展路径与模式，促进教育和产业联动发展，实现教育链、人才链与产业链、创新链有机衔接。积极发挥地方政府、重点产业协

---

① 《江苏省"十四五"公共服务规划》，江苏省人民政府网站，2022年1月21日。

会牵头作用，带动行业骨干企业联合职业院校等组建产教融合联盟。推动职业院校与重点产业、骨干企业深度合作，建设一批高水平产教融合实训基地。促进职业学校与地方产业园区深度融合，率先探索中国特色学徒制的新路径新机制。2022年，全省有17所高职院校在国家"双高计划"中期绩效评价中获评"优"等级；162门课程入选职业教育国家在线精品课程，数量位居全国第一。扎实推进苏锡常都市圈职业教育改革创新，打造高质量发展样板，58个重点任务成效显著。在2022年全国职业院校技能大赛中，江苏获135项一等奖，数量位居全国第一。

推进特殊教育全纳融合发展。促进基础教育、职业教育、高等教育各学段特殊教育有效衔接，努力满足各类特殊学生的教育需求，让每个残疾儿童少年感受到教育的温暖和力量。构建布局合理、学段衔接、普职融通、医教结合的特殊教育体系，形成以普通学校随班就读为主体、特殊教育学校为骨干、送教上门等形式为补充的特殊教育发展格局，保障具备条件的残疾儿童在普通学校就学。健全特殊教育师资、经费、设备保障机制，全面落实特殊教育教师准入上岗制度，全面实施15年免费特殊教育。学生资助政策实现所有学段、公办民办学校、家庭经济困难学生全覆盖。

四、构建开放融通的终身教育体系

江苏已基本形成了以社区教育为着力点，校内与校外、学历与非学历、职前与职后、线上与线下纵横交错、贯通衔接的终身教育体系。新时代十年，江苏共建成各级开放大学73所、县（市、区）社区学院超100所、乡镇（街道）社区教育中心超1200所、村（社区）居民学校（老年学校）1万余所，形成了"以江苏开放大学为龙头，各级开放大学（社区大学）和社区学院为骨干，社区教育中心和居民学校为主体"的五级社区教育办学体系，打通了终身教育"最后一公里"，为社区居民提供了"家门口的学习圈"。全省95％的乡镇（街道）已建成标准化社区教育中心。积极主动服务经济社会发展，是江苏社区教育的特色之一。江苏大力整合区域的优质教育资源，"建成一批国家级农村职业教育和成人教育示范县，积极推进高水平农科教结合富民示范基地、教育服务'三农'高水平基地建设，通过'做给农民看，带着农民干，帮着农民赚'的直观培训方式，帮助农民致富"①。江苏大力推进老年大学建设，全省已实现每个设区市至少建有3所、90%以上的县（市）建有1所老年大学。同时，依托各类社区教育机构拓展老年教育资源供给，特别是重视推进基层老年学校的覆盖面，努力让老年人能够在"家门口"参加学习活动。大力发展线上老年教育，建成了"江苏老年教育"学习平台，并向社会开放共享老年学习视频资源近6 000个。"积极实施'智慧助老、赋能银龄'社区教育专项行动，大规模开展老年智能技术专项培训，努力做到应培尽培，帮助老年人更好地融入现代社会生活。"② 面向社区困难居民就业创业，江苏通过"菜单定制式"培训方式，为社区就业困难居民提供就业创业培训，社区教育培训年参与率大幅提升。完善社区教育网络，发挥各级开放大学在社区教育体系中的骨干作用。通过政府购买服务等方式在城乡社区建设居民家门口的学习点，探索开放、可持续发展的资源共享模式。

第三节

全周期保障群众健康

健康是促进人的全面发展的必然要求，是经济社会发展的基础条件，是民族昌盛和国家富强的重要标志，也是广大人民群众的共同追求，更是衡量"百姓富"的关键指标。江苏全面推进健康江苏建设，提出把人民健康放在优先发展的战略地位，树立"大健康、大卫生"理念，坚持"以基层为重点，以改革创新为动力，预防为主，中西医并重，把健康融入所有

---

① 郑焱：《江苏：五级体系覆盖着城乡 社区教育叫响全国》，《新华日报》2022年9月23日。
② 陶韬：《江苏打通终身教育"最后一公里"》，《江苏科技报》2022年9月28日。

政策，人民共建共享"的新时期卫生与健康工作方针，全方位、全周期保障人民健康。

一、统筹推进健康江苏建设

新中国成立以来，特别是改革开放以来，江苏高度重视保障和增进人民健康，卫生与健康领域改革发展取得显著成就，人民群众健康水平和身体素质不断提升。20世纪90年代，在全省多数城市建成国家卫生城市后，江苏主动探索开展健康城市建设。苏州张家港市、苏州全市先后于1994年、1999年启动健康城市建设；2005年"健康城市联盟中国分部"落户苏州；2008年之后，全省各市陆续开启了健康城市的探索实践。苏州、无锡、镇江三市入选全国首批健康城市建设试点，江苏入选全国健康城市建设样板市数量连续多年位居全国各省（自治区、直辖市）第一位。2017年6月，江苏制定出台《"健康江苏2030"规划纲要》，提出以提高人民健康水平为核心，以"共建共享、全民健康"为主题，推进卫生与健康领域理论创新、制度创新、管理创新、技术创新，转变健康领域发展方式，全方位、全周期保障群众健康，加快提高全省人民健康水平，显著改善健康公平；将健康城市建设作为健康江苏建设的重要抓手，明确目标要求，推动各地将其纳入党政领导班子和领导干部任期目标和绩效考核内容，强化组织领导，健全考核机制。2020年1月，江苏出台《落实健康中国行动推进健康江苏建设实施方案》，提出推动从以治病为中心转变为以人民健康为中心，形成有利于健康的生活方式、生态环境和社会环境，全方位、全周期保障人民健康。"到2030年，全民健康素养水平全面提升，健康生活方式全面普及，居民主要健康影响因素得到全面控制，重大慢性病过早死亡率全面下降，人人享有高质量的健康服务和高水平的健康保障，健康预期寿命显著提高，居民主要健康指标达到国际先进水平。"[1] 省爱卫会先后印发《关于推进健康城市健康村镇建设的实施意见》《推进健康城市健康村

---

[1]《落实健康中国行动推进健康江苏建设实施方案》，江苏省人民政府网站，2020年2月17日。

镇建设行动方案》，细化目标任务，明确责任分工，提供政策保障。《江苏省中医药条例》《江苏省基层卫生条例》等颁布实施。

二、优化提升医疗卫生服务

不断完善基层医疗机构服务。加大政府投入，全面推进基层机构的房屋设备、科室床位设置、服务流程、信息化便民服务、就诊环境设施改造等提档升级。全省已建成省社区医院343个、农村区域性医疗卫生中心200个、甲级村卫生室529个。已建成的省社区医院，院均面积1万平方米、开设床位92张、建有2个以上基层特色科室，诊疗病种达150种以上。例如扬州市，在全省率先规划建设了宝应县射阳湖、仪征市大仪等18个农村区域性医疗卫生中心，这些中心的医疗服务能力已经达到二级医院基本标准水平。

持续提升基层常见病多发病诊疗能力。聚焦群众常见病诊疗需求，建立基层特色科室省级孵化中心，采取三级医院科室对接基层机构科室的办法，精准技术帮扶基层诊疗能力提升。2022年底，全省建成1 100个基层特色科室，乡镇卫生院和社区卫生服务中心建有特色科室的比例达到53%。其中，建成省级特色科室375个，涵盖30多个基层常见病专业领域；达到国家推荐标准的基层机构共有588个，占总数的37.81%，达到国家基本及以上标准的占到80%。南京市栖霞区迈皋桥社区卫生服务中心建成内分泌特色科室，常州市金坛区直溪镇卫生院建成疼痛特色科室，苏州市吴中区越溪卫生院建成儿科特色科室，等等。南京市江宁区禄口社区卫生服务中心等基层机构还建立了血液透析中心，为血透患者就近透析提供了极大的便利。

扩大优质医疗服务供给。立足服务长三角一体化国家战略，以及南京、苏锡常、徐州等都市圈城市群发展，统筹推进区域医疗资源协同布局。"依托中心城市积极创建重症、血液等国家医学中心和综合、癌症等国家区域医疗中心。推进综合、儿童、妇产、老年等省级区域医疗中心建设，支持各设区市以三级综合医院为龙头重点打造市级医疗中心。优先发展儿童、老年、精神、妇产、肿瘤、康复、护理、安宁疗护等专科医疗机构。"① 大力开展互联网医院建设,开展远程医疗服务,支持高水平医疗机构与基层医疗机构开展在线医疗服务合作,打造"互联网＋医疗健康"示范省。统筹建设全民健康信息平台,促进区域内医疗卫生信息互联互通。完善医院电子病历和居民电子健康档案,促进健康档案向居民本人开放。推进5G网络、大数据、人工智能等新技术在医疗卫生领域应用。鼓励发展在线医疗健康服务专业平台,推进互联网医院建设,探索建立适应互联网医疗服务的价格政策和医保支付方式。

推动大医院优质资源下沉。全面建立大医院分片包干基层机构技术帮扶机制,推动大医院专家、技术、服务和管理下沉。依托大医院建立基层机构远程会诊、心电、影像、检验、转诊等远程医疗中心,这些远程医疗中心已覆盖全省所有乡镇卫生院和社区卫生服务中心,并向村卫生室(服务站)延伸,让老百姓在家门口就能获得大医院专家的诊疗。例如东台市,在市人民医院建设了"十大信息化中心",涵盖远程会诊、区域检验、影像云诊、集中审方、智慧急救等,有效提升了乡镇卫生院同质化诊疗水平。

壮大基层卫生人才队伍。全面实施卫生人才强基工程,采取培养、培训、遴选、下沉、共享等"七个一批"组合举措,努力壮大基层卫生人才队伍。江苏积极面向社会公开招聘3.42万名基层急需紧缺医学人才,面向高校招录9 182名农村免费订单定向培养医学生,面向基层遴选8 500人次省优秀基层卫生骨干人才,建成一批基层卫生人员实训基地,每年培训基层全科医生、护理、乡村医生三类人员3万人次以上,近60%的乡村医生取得执业助理医师以上证书。开展"千医巡诊万村行"惠民实事。结合学习贯彻习近平新时代中国特色社会主义思想主题教育,我们在全省农村地区组织开展"千医巡诊万村行",进一步完善"15分钟健康服务圈",提高农村居民获得基本医疗卫生服务的可及性、便捷性。全省组建7 000多

---

① 《江苏省"十四五"公共服务规划》,江苏省人民政府网站,2022年1月21日。

个巡诊服务团队，按照每月至少2次的标准为村民提供常见病诊疗、健康宣教、重点人群健康指导等服务，巡诊服务覆盖到所有行政村。

为顺应高质量发展要求，适当提高医生配置标准，提升护士配置水平，建立一支规模适宜、素质优秀、结构合理的卫生人才队伍。全省每万人拥有医师数从2012年19.9人提升至2022年的32.8人。全面建设优质便捷、运行高效、管理有序的"15分钟医保服务圈"，覆盖全省95%以上乡镇。构建"15分钟健康服务圈"。围绕让群众就近获得公平可及、系统连续的医疗卫生服务，合理规划基层医疗卫生机构设置布局。截至2022年底，全省医院2 087个，基层医疗卫生机构33 947个，专业公共卫生机构510个，全省卫生人员总数875 278人，全省医疗机构床位562 961张，基本实现城乡居民在15分钟内就能到达最近的基层医疗卫生机构，群众在家门口就能得到便捷的医疗卫生服务。

中医药事业发展实现新跨越。传承创新中医药服务。坚持传承精华、守正创新，促进中医药和西医药相互补充、协调发展。将中医医疗机构建设纳入区域卫生健康发展规划和医疗机构设置规划并优先发展。强化中医院以中医药服务为主的办院模式和服务功能。推进中医药融入基层卫生健康服务，实现中医药在家庭医生团队服务中的全覆盖。实施中医临床优势培育工程，充分发挥中医药在突发公共卫生事件中的作用，支持中医药全程深度参与突发公共卫生事件处置和医疗救治工作。《江苏省中医药条例》颁布实施，省委、省政府印发《关于促进中医药传承创新发展的实施意见》。中医药服务体系不断完善，2022年末，全省中医类医院203个，全省中医药人员45 957人，全省每万人口中医床位8.2张。

优化基本医保公共服务。以提升群众满意度为导向，加快推进医保公共服务标准化规范化建设，推动实现一站式服务、一窗口办理、一单制结算。适应人口流动需要，提高医保关系转移接续和异地就医费用直接结算质效，推进门诊费用跨省直接结算。做实基本医疗保险市级统筹，有序推动省级统筹。落实基本医疗保障待遇清单制度，统一基本政策和医保支付政策确定办法，健全筹资和待遇调整机制。完善统一门诊慢性病、门诊特殊病保障制度，建立覆盖全民的大病医疗保险制度。巩固扩大生育保险覆盖面，提升生育保障待遇水平。推动医疗卫生机构优先配备使用基本药物，逐步形成以基本药物为主导的"1+X"用药模式，持续做好短缺药品保供稳价，健全罕见病用药保障机制，更好保障群众用药需求。

三、持续提升群众健康水平

江苏深化医药卫生体制改革，推进医疗卫生体系建设，覆盖城乡居民的15分钟健康服务圈基本建成，全民医保体系基本形成，基本医疗卫生制度基本建立；广泛开展全民健身运动，推动健身与健康融合，群众体育普及程度不断提高；深入开展爱国卫生运动，推进城乡环境综合整治，建成一批国家卫生城镇、生态城市和生态园林城市，城乡环境面貌明显改善；强化食品药品安全工作，严格监管、标本兼治，群众饮食用药安全得到有效保障；积极发展健康产业，产业规模不断扩大，产业布局不断优化，健康产品供给更加丰富。江苏全省主要健康指标位居全国前列，优于中高收入国家平均水平。

2014年12月，习近平总书记在江苏考察期间，来到镇江市丹徒区世业镇卫生院，了解农村医疗卫生事业发展和村民看病就医情况。在这个守护周边1万多名村民健康的卫生院里，习近平总书记首次提出"没有全民健康，就没有全面小康"的重要论断。他指出，要推动医疗卫生工作重心下移、医疗卫生资源下沉，推动城乡基本公共服务均等化，为群众提供安全有效、方便价廉的公共卫生和基本医疗服务，真正解决好基层群众看病难、看病贵问题。经过多年发展，世业镇卫生院的服务能力得到显著提升，建成了国家"群众满意的乡镇卫生院"。居民足不出岛，就能看病、看好病。"健康小岛"世业洲的发展，展现了新时代江苏卫生健康事业的巨大成就。

2022年，全省居民两周患病首选基层医疗机构的比例为74.9%，县域内就诊率为93.94%，由二、三级医院下转患者较上年同期增长9.7%，由基层上转患者较上年同期降低11.2%。总体来说，江苏基层医疗卫生体系较为完备，基层特色科室、社区医院、农村区域性医疗卫生中心、基层中医馆建设等多项改革举措在全国都是率先开展并推广的。2023年5月，江苏出台《江苏省基层卫生条例》，这也是全国首部省级层面的基层卫生立法，对于促进基层医疗卫生体系健康发展具有重大的意义。全省实现了人民健康状况持续改善，全省人均预期寿命从"十二五"时期末的77.51岁提高到"十三五"时期末的79.1岁，孕产妇死亡率控制在较低水平，婴儿死亡率、5岁以下儿童死亡率分别从3.3‰、4.33‰降至2.44‰、3.69‰，居民主要健康指标位居全国前列，接近中高收入国家发展水平，政府卫生支出处于全国前列。

第四节
有效保障居民住房需求

住房是人民群众对美好生活向往的基本需求。住房问题既是民生问题又是发展问题，关系千家万户的切身利益，关系人民安居乐业，关系经济社会发展全局，关系社会和谐稳定。推进"百姓富"的重要任务，是有效保障居民住房需求，特别是保障好住房"刚需"和改善性需求。

一、提高住房保障供给能力

江苏住房保障工作一直走在全国前列，坚持"房子是用来住的、不是用来炒"的定位，处理好基本保障和非基本保障的关系，以政府为主提供基本保障，加快建立以公租房、保障性租赁住房和共有产权住房为主体的住房保障体系，有效增加保障性住房供给。"十三五"时期，全省累计实施棚户区改造134万套，完成投资5 460亿元，近400万群众"出棚进楼"，棚户区改造工作连续多年受到国务院办公厅表彰；全省城镇常住人口保障性住房覆盖率由22.58%提高到26.06%，住房保障制度完善率达到

90%以上,住房保障制度基本确立。

规范发展公租房。通过集中建设、配建、收购、租赁等方式多渠道筹集公租房房源,加大公租房供给。坚持实物保障与租赁补贴并举,深化政策性租赁住房、共有产权住房试点,加大新建商品住房项目配建租赁住房力度。对低保、低收入住房困难家庭和分散供养特困人员采取实物配租为主、租赁补贴为辅方式供给,对中等偏下收入住房困难家庭采取租赁补贴为主、实物配租为辅方式供给。完善部门联动审核机制和保障对象失信惩戒制度,严格准入退出,提升公租房运营管理专业化、规范化水平。[1]

扩大保障性租赁住房供给。以人口净流入多、房价高的大城市为重点,以小户型为主、租金低于同地段同品质市场租赁住房租金为特征,加大保障性租赁住房供给力度。坚持"谁投资、谁所有"的原则,建立政府给予政策支持、多元主体参与、多渠道供给的保障性租赁住房投资建设机制,切实增加保障性租赁住房供给。完善土地出让收入分配机制,探索支持利用集体建设用地、企事业单位自有闲置土地、产业园区配套建设用地等按照规划建设保障性租赁住房。[2] 常州紧扣"打造全国青年创新创业最向往城市"的目标愿景,从人才的需求出发,精准匹配区域发展层次、产业结构、人才结构,开发满足不同区域、不同层次、不同类别需求的保障性租赁住房产品体系,形成了覆盖各层次新市民和青年人的供给体系,基本实现租赁住房精准供应。

为破解青年人住房难题,江苏省政府文件明确全省保障性租赁住房的保障对象为城市新市民、青年人等群体,户型以建筑面积不超过70平方米的小户型为主,租金应低于同地段同品质市场租赁住房租金,同时对建设方式、支持政策、监督管理等作了明确规定,为全省各地发展保障性租赁住房奠定了制度保障。相关部门组织各地开展摸底调查,摸清新市民、青年人阶段性租赁住房需求,摸清存量土地、房屋资源的底数。指导各市

---

[1]《江苏省"十四五"城镇住房发展规划》,江苏省人民政府网站,2021年8月16日。
[2]《江苏省"十四五"公共服务规划》,江苏省人民政府网站,2022年1月21日。

科学制定保障性租赁住房发展目标，将南京、苏州、无锡、常州、南通等五个发展保障性租赁住房的重点城市作为工作重点。"十四五"时期，全省将新增保障性租赁住房供给58万套（数量名列全国第三），其中苏州、南京两个外来人口最多的大城市将分别为20万套和15万套，占全省的60%。① 江苏将进一步完善工作机制，强化目标责任制管理，用好各项支持政策并加强政策衔接，精准对接新市民、青年人需求，大力发展保障性租赁住房，切实缓解新市民、青年人的住房困难。

因地制宜发展共有产权住房。坚持政府主导、市场运作、产权清晰、收益共享、风险共担、进退有序的原则，鼓励社会力量参与共有产权住房建设和管理，多元化、多渠道扩大房源筹集渠道。鼓励各地根据经济社会发展水平和住房困难群体住房消费能力，统筹研究确定共有产权住房的实施计划、范围和供应规模。

二、改善城镇居民居住条件

持续提高住房质量和居住品质。建筑业是江苏的支柱产业、优势产业和富民产业，带动近千万名就业人员，2022年全年实现建筑业总产值4.38万亿元，占全国的13.0%，产值规模继续保持全国第一。江苏发挥建筑业优势，针对人口密集、城镇密集、经济密集的省情特点，积极探索人居环境改善路径，江苏累计获得"联合国人居奖""中国人居环境奖"的城市数量，创建国家生态园林城市、国家园林城市的城市数量，均位居全国首位。针对在快速城镇化时期城市发展中遗留下来的"水体黑臭""雨后看海"等"城市病"问题，扎实推进黑臭水体整治、海绵城市建设和易淹易涝片区整治。

持续推进棚户区改造。严格把握棚户区改造范围和标准，科学安排棚改任务，完善货币化安置政策，优先安排城市危旧房，重点改造老城区"脏乱差"棚户区。加强棚改项目质量安全管理，完善基础设施建设，提

---

① 白雪、刘霞：《住有所居，托起新市民约安居梦》，《新华日报》2023年9月25日。

升社区便利度，让群众住得放心、舒心、暖心。加大对棚户区改造资金投入，积极争取中央补助资金，充分发挥省级保障性住房专项引导资金的作用。支持各地在省下达的新增专项债券额度内，将符合条件的棚户区改造项目纳入专项债券支持范围，依法合规拓展融资渠道和方式。

加强老旧小区改造。江苏合理确定改造内容，分类推进城镇老旧小区改造，推进配套基础设施建设，补齐幼托、养老、家政等公共服务短板，鼓励支持绿色化改造和既有多层住宅加装电梯、无障碍设施等适老化改造。江苏重点改造2000年底前建成的小区，有效解决了老旧小区居住品质不高、存在安全隐患等痛点，成为提升百姓幸福指数的有效途径。同时，老旧小区改造也带动了建筑建材、燃气供水、电力通信、家用电器等相关消费，助力全省扩大有效投资。江苏鼓励各地以化解"城市病"为问题导向，系统谋划改造重点项目和任务，将其作为提升城市品质、实施城市更新的切入点，放在更高的视角、更广的维度来系统考虑，将老旧小区改造与城市更新、存量住房改造提升、历史文化街区保护等统筹规划、协同推进，开展组团改造、住区街区一体化改造、整个片区统筹改造。房屋由"旧"到"新"、道路由"堵"到"疏"、楼院由"乱"到"齐"，环境从"脏、乱、差"到"净、畅、美"，居民的生活品质得到实实在在提升。

三、提升农村地区居住品质

重点推进苏北农民住房改善。苏北地区农民群众住房条件改善是符合中央要求、顺应群众期盼的民生工程、发展工程。2018年8月，省委、省政府出台《关于加快改善苏北地区农民群众住房条件推进城乡融合发展的意见》，全面启动苏北地区农民群众住房条件改善工作。经过两年多努力，农村四类重点对象存量危房实现"清零"，建成了一批建设品质高、公共服务好、产业发展优、环境条件佳、文化特色足、群众满意度高的新型农村社区。苏北农房改善注重与实施乡村振兴战略相衔接，加快城乡空间布局优化，抓好配套产业发展、新型社区治理等"内外兼修"的系统工程，重构乡村生态、重塑社会形态，持续增强乡村发展的内生动力。

支持苏中苏南地区结合实际,积极改善农民群众住房条件。鼓励各地按照特色田园乡村建设标准,重点依托规划发展村庄,改造和新建一批新型农村社区,增强公共服务和社区管理功能。对农村原有居住点及集镇,重点补齐基本公共服务设施配套及路灯照明、断头路等短板,改善农民居住环境和出行条件。推进城镇老旧小区改造。以2000年底前建成的城镇老旧小区为重点,围绕适老化、出新、停车、安全等相关功能要求,合理确定改造内容,补齐老旧小区公共基础设施和功能配套短板。结合城市更新和存量住房改造提升,合理拓展改造实施单元,推进相邻小区及周边地区联动改造,有序开展绿色社区创建和完整居住社区建设。加大政府资金支持,将城镇老旧小区改造纳入保障性安居工程。合理发挥金融机构作用,推动社会力量参与,积极鼓励居民出资。

第五节
推进基本公共服务均等化

基本公共服务是由政府主导、保障全体公民生存和发展基本需要、与经济社会发展水平相适应的公共服务。基本公共服务均等化是指全体公民都能公平可及地获得大致均等的基本公共服务,其核心是促进机会均等,重点是保障人民群众得到基本公共服务的机会,是中国式现代化的内在要求和重要内容。江苏坚持民生为重,积极推动基本公共服务均等化走在前列。

一、健全完善基本公共服务标准体系

制定基本公共服务标准体系,明确政府提供公共服务的项目、内容、

数量等要求，为各地各级政府履行公共服务职能提供规范性参考。江苏省依据国家基本公共服务标准，聚焦人民群众所需所盼，按照"幼有所育""学有所教""劳有所得""病有所医""老有所养""逝有所安""住有所居""弱有所扶""行有所畅""环境有改善""优军服务保障""文体服务保障""公共安全保障"，构建覆盖全省的基本公共服务实施标准，明确基本公共服务项目的服务对象、服务内容、服务标准、支出责任和牵头负责单位，作为各级政府提供基本公共服务的基准和人民群众享有相应权利的重要依据。加强基本公共服务标准实施应用的综合协调，研究解决跨部门、跨行业、跨区域的重大问题，加强监测评价，并统筹考虑经济社会发展水平和财政保障能力等因素，对基本公共服务标准进行动态调整。①

健全行业领域公共服务标准。针对不同行业的内在特点，完善各重点领域建设类、管理类、服务类标准，做好标准间统筹衔接，推进标准化管理，建立包含不同标准层次、兼顾长远发展需求的行业领域标准体系，加强标准普及应用。探索开展区域协作联动，加强相关标准规范对接，促进区域内设施设置、人员配备以及服务质量水平有效衔接。深化基本公共服务标准化试点，推动试点地区在优化资源配置、规范服务流程、创新服务方式等方面先行先试。②

二、推进城乡公共服务资源均衡配置

加快城市优质资源向农村辐射。优化中小城市、县城和重点中心镇公共服务设施布局，引导城市优质教育、医疗、养老等机构在新城新区设立分支机构，促进基本公共服务资源更加均衡可及。加快发展城乡教育联合体，鼓励城乡学校开展"学校联盟"或"集团化办学"。推进义务教育教师"县管校聘"，积极发展名师空中课堂等线上教育，有效促进优质教育资源共享。深化紧密型县域医共体建设，推进远程诊疗、远程手术、互联

---

①②《江苏省"十四五"公共服务规划》，江苏省人民政府网站，2022年1月21日。

网健康在农村广泛应用，推行基层卫生人才"县管乡用"制度。统筹城乡文化基础设施资源，促进农村电影放映、全民阅读、文体活动等服务供给提质增效。强化社会保险全民覆盖，提高农村居民待遇保障的获得感。

推进县城公共服务补短板提质量。积极推进以县城为载体的新型城镇化，优化教育、医疗卫生、养老托育、文旅体育、社会福利和社区综合服务设施等布局。补齐县城公共卫生防控救治短板，健全县城重要应急物资收储调配机制、基本生活用品保障机制。支持苏南地区县城完善教育、卫生、文化、体育、养老等功能，打造县域公共服务高质量发展高地。推进苏北苏中地区县城补齐高等级医疗机构、职业教育、养老服务等设施短板，提升公共服务供给配置能力。

提升农村公共服务水平。严格落实乡镇综合服务设施建筑面积不低于1 500平方米的标准，全面推进乡镇政府购买公共服务指导性目录制度，强化综合服务能力建设，把乡镇建成服务农民的区域中心。对被撤并乡镇、人口减载区域及偏远地区，以实有人口规模为基础，合理保留和科学完善基本公共服务设施，确保就近便捷获得基本公共服务。将应对突发公共事件的基础设施及避难场所建设纳入农村公共服务设施建设规划。

优化基层社区服务功能。将城乡社区综合服务设施纳入经济社会发展规划、国土空间规划，按照每百户居民拥有面积不低于30平方米的标准，以新建、改造、购买、项目配套和整合共享等形式，完善城乡社区综合服务设施，重点加强经济薄弱村、老城区社区设施建设。社区综合服务设施内居民服务和活动空间不低于70%，鼓励居民群众民主参与公共空间管理。实施"服务到家"计划，打造社区和农村便民服务示范点。到2025年，全省城乡社区综合服务设施面积达标率达到90%。优化社区基本服务功能，推广基层全科社工模式，完善激励支持政策，加快形成"一门受理、一站式服务、全科社工"的社区服务模式，健全村级公共服务事项帮办代办机制，让老百姓少跑腿、办成事。

三、提升区域公共服务协调发展水平

进一步缩小省内公共服务差距。区域发展差距不仅表现为经济总量、产业发展水平以及居民收入的差距，也体现为公共服务供给水平特别是优质公共服务供给之间的差别。江苏加大省级统筹力度，通过完善事权划分、规范转移支付、设立统筹基金等方式，完善对苏北等经济相对薄弱地区基本公共服务财政投入机制，有效弥补因本地财力不足而造成公共服务投入乏力的问题。教育、医疗等公共服务资源配置直接影响到当地居民获享公共服务的水平，江苏重点支持在苏北苏中地区规划设置高等院校，推动省内外高水平医疗机构、养老机构在苏北苏中地区设立分院或院区，促进优质公共服务资源的均衡配置。

优化都市圈公共服务资源配置。都市圈是由依托核心城市形成的高能级城市空间，中心城市优质公共服务的辐射范围广，是促进区域公共服务有效供给的重要推动力。江苏探索建立都市圈公共服务一体化推进机制，强化内部政策协同和资源共享，推进基本公共服务制度对接，逐步缩小基本公共服务差距，共同打造"幸福都市圈"。推动宁镇扬公共服务资源一卡通，扩大公共服务辐射半径，加快推进南京都市圈优质公共服务一体化、连锁化供给，充分发挥苏锡常地区产业、人口和城镇密集的独特优势，打造苏锡常普惠便捷优质共享生活圈，进一步强化对长三角一体化的支撑作用。加强徐州都市圈医疗卫生、社会保障、职业教育等领域改革创新，推动跨省域、跨城市公共服务制度对接和资源共享。

推动实现市域内基本公共服务均等化。推进市域内县域间民生政策保障标准统一，对补助到个人、涉及"老小孤残"等困难群体的兜底保障政策，以及按"人头"算账、群众必需的教育、医疗、就业、保障性住房等基本公共服务项目，逐步推行城乡统一、区域均衡的保障标准。对群众需求迫切的教育、医疗、养老等公共服务设施，以及新型农村社区综合服务设施，逐步推行统一的建设标准，以设施标准化带动服务水平均等化。

四、促进常住人口基本公共服务均等化

推进按常住人口配置公共服务资源。立足江苏人口发展趋势，准确把握人口总量、结构、分布特点，优化公共服务资源配置。强化人口数据支

撑，加快推进以居民身份证号码为唯一标识、以常住人口基础信息为基准的省级人口基础信息库建设。分类完善公安、养老、教育、就业、卫生等信息系统，以省信息资源共享交换平台为基础，加快实现跨部门、跨地区信息的整合共享和综合利用。以常住人口规模结构分布和流动趋势为依据，科学确定各类公共服务设施服务半径和覆盖人群，优化资源配置，提升服务供给水平，做到布局优化、普惠可及。

持续提升农业转移人口基本公共服务质量。农业转移人口是城市化的重要力量，需要逐步融入城市生产生活之中，并获得与原有城乡居民相同的保障和社会待遇，这在很大程度上决定城镇化"下半场"的质量。江苏拥有数量较多的农业转移人口，这一群体获得公共服务的质量是影响"百姓富"的重要因素。在事关农业转移人口代际发展的基础教育保障上，江苏推动各地政府扛起责任担当，逐步将外来务工人员随迁子女纳入各地教育发展规划和财政保障范围，推动入学待遇和升学考试同城化，促进随迁子女与本地学生发展融合。一些苏南城市是农业转移人口和外来务工人员的重要目的地，存在较大的公共教育供求缺口。当地政府通过综合施策，积极提高公共教育供给规模和布局优化，有效解决了外来人员子女就近教育问题。实践证明，这一举措极大地发挥了拴心留人的作用，增强了外来人员的归属感和认同感，也成为推动本地发展的基础性优势。江苏积极推进进城务工人员与城镇职工同工同酬，平等参加职工社会保险并享受相关待遇。落实农业转移人口参加城镇基本医保政策，将农业转移落户人口纳入当地医疗卫生服务范围，享有同等的基本公共卫生服务补助标准，确保进城落户农民与当地城镇居民同等享有政府提供基本住房保障的权利。

第八章
筑牢"百姓富"的基础底线

在人类现代化进程中,从来不乏风险挑战,唯有驾驭风险、战胜挑战,才能披荆斩棘、走向未来。推进中国式现代化的任务光荣而艰巨,在实践过程中既要保持战略自信、战略定力,又要树立底线思维、极限思维,把风险挑战估计得更充分些,把应对手段准备得更充分些,这样才能牢牢掌握现代化建设的主动权。实现全体人民共同富裕,是中国式现代化的坚定追求;推进"百姓富",是江苏在中国式现代化中"走在前、做示范"的重要体现。但推进"百姓富"绝非易事,挑战大、难度高,江苏不仅要在"富"的高品质、均衡性、共享性等方面下功夫,同时也要在筑牢民生、安全、法治、诚信等底线上下功夫,使之成为应对各种不确定性的确定性,让人民群众在追求和实现富裕的过程中有依靠、有支撑、有底气。

第一节
兜牢民生底线

基本民生是指保障人民基本生活所需要的权利和利益,属于基础性、底线性民生,对困难群体实施救济是其重要体现。在社会保障体系中,社会救助是社会保障体系中兜底性、基础性的制度安排,是兜牢基本民生的关键环节。在推进"百姓富"进程中,兜牢民生底线至关重要。底线的兜牢力度,决定"百姓富"的实现高度。

一、保障基本民生是"百姓富"的试金石

西方国家在现代化进程中,无法克服内生性的社会贫困问题,社会救济具有消极性、零散性。在完成现代化之后,特别是第二次世界大战后,西方发达国家在保障基本民生上更为积极,在理论上则形成国家干预和社会民主主义济贫理论、新自由主义和中间道路的社会救助理论。由于国

情、制度等根本差别,这些理论不能直接照搬到中国。西方国家对困难群体的救济可实现制度、政策和群体上的全覆盖,但无法实现针对每个人的全覆盖,"一个都不能少"则是中国式现代化的内在要求。习近平总书记深刻指出:"我说小康不小康,关键看老乡,关键看贫困老乡能不能脱贫。"① 在"温饱—总体小康—全面小康—基本现代化—全面现代化"的逻辑链条中,中国在决胜全面建成小康社会阶段完成了消灭绝对贫困的历史任务,创造了人类减贫史上的伟大奇迹。踏上现代化新征程,人民生活水平由小康型向现代化的富裕型转变。在这个社会民生水平实现现代化的整体跃升过程中,转变对于不同群体、不同家庭、不同个体而言,是不同步、不均衡的。其中,保障困难群体基本生活所需始终是一个重要的方向,而且需要在现代化的底线标准上实现全覆盖。因此,可以说,保障基本民生,在现代化的底线标准上实现困难群体救济"一个都不能少",这既是"百姓富"应有之义,更是推进"百姓富"的根本前提与衡量"百姓富"的试金石。

二、在精准识别中应救尽救、应养尽养

坚持精准扶贫、精准脱贫基本方略,把精准识别、精准帮扶、精准退出贯穿脱贫攻坚全过程,是中国创造脱贫清零奇迹的重要方法论。江苏坚持高标准,在更大范围内确保城乡低保对象、特困人员全覆盖,同时注重精准识别,确保政策的精准性、有效性。2021年7月,江苏出台《江苏省低保边缘家庭和支出型困难家庭认定暂行办法》,对本省户籍居民申请认定低保边缘家庭或支出型困难家庭认定条件作出规定。2022年6月,出台《江苏省特困人员认定办法》,坚持应救尽救,应养尽养;属地管理,分级负责;严格规范,高效便民;公开、公平、公正,依法纳入特困人员救助供养范围。规范低保准入条件,落实最低生活保障审核确认相关法规文件,在综合考虑申请人家庭人口、收入、财产状况以及赡(抚、扶)养义

---

① 习近平:《论"三农"工作》,中央文献出版社2022年版,第167页。

务人赡(抚、扶)养能力的基础上,做好低保审核确认工作。完善低收入人口动态监测平台,建立常态化信息共享和数据比对机制。

江苏率先建立家庭经济状况核对机制,建立了纵向连接部、省、市、县四级,横向联通相关省级部门和金融机构的省级社会救助家庭经济状况核对平台,显著提升了救助精准度。2022年,全省共保障城乡低保对象64.14万人,特困人员20.2万人。城乡低保平均保障标准为每人每月823元,城乡特困供养基本生活标准分别为每人每月1705元和1156元,困难残疾人生活补贴、重度残疾人护理补贴全省平均标准分别为每人每月577元和122元,集中供养、分散供养孤儿基本生活保障平均标准分别为每人每月2729元和2069元;为89万困难群众增发一次性生活补贴1.3亿元;率先实施纾困补贴政策,向1500余家民营养老机构发放补贴1.37亿元。为推动社会救助扩围增效,江苏将健全完善特困人员救助供养制度,进一步规范特困人员供养服务工作。同时全面推进由急难发生地直接实施临时救助,有力提升救助的便利性,加大对非本地户籍人口救助力度。

三、健全多层次社会保障体系

完善的社会保障制度在一定程度上能有效化解市场竞争、重大灾害及个人家庭、部分社会群体脆弱性所带来的社会风险,对共同富裕具有制度保障作用。在市场经济条件下,如果不对收入分配进行有效调节,或者对贫富差距扩大问题视而不见,社会公正、公平是不可能自动实现的,效率也就不可能持续提高。有了健全的社会保障,人民群众才能够增强应对风险挑战的能力,可以更稳定地共享国家发展成果。江苏高水平推进社会保障体系建设,成为"百姓富"的重要发力点。

健全精准扩面长效机制,完善适应新就业形态的社保政策,促进有意愿、有缴费能力的灵活就业人员、新就业形态从业人员主动参保缴费,城乡居民基本养老保险基本实现适龄参保人员应保尽保。顺应就业类型、方式的新变化,积极开展平台灵活就业人员职业伤害保障试点,深入贯彻实施超过法定退休年龄人员和实习生参加工伤保险,构筑特殊人群职业伤害保障网。落实退休人员基本养老金调整机制，推动保障水平稳中有升。健全城乡居民养老保险待遇确定和基础养老金正常调整机制，引导城乡居民选择高档次标准缴费、多缴多得。实施被征地农民社会保障办法，切实保障相关群体合法权益。优化制度设计安排，推动企业职工养老保险省级统筹高质量运行，完善失业、工伤保险省级统筹，提升制度统筹共济和抵御风险能力，为各项社保待遇的按时足额发放提供有力支撑。积极推进多层次养老保险体系建设，鼓励有条件的用人单位建立企业年金，完善职业年金政策，推动养老保险第三支柱发展，多渠道多层次提升养老保障水平。

完善社会保险制度机制。落实基本养老保险全国统筹，实施企业职工基本养老保险基金省级统收统支统管，健全责任分担和激励约束机制。推进机关事业单位养老保险制度平稳运行。顺应人口老龄化趋势，逐步提高领取基本养老金最低缴费年限。保障特殊群体权益，落实职工基本养老保险遗属待遇和病残津贴政策。把社会保险水平作为提高城市化质量水平的重要内容，完善城乡居民基本养老保险制度，推动各地合理确定缴费档次和政府补贴标准，探索建立与个人缴费水平相关联的待遇调整机制。在经济转型不断深化，国内外宏观形势高度复杂的背景下，失业率保持在较低水平。江苏建设积极稳健的失业保险制度，实施失业保险省级调剂金制度，推进失业保险基金省级统筹。探索灵活就业人员参加失业保险新模式，推进平台灵活就业人员职业伤害保障工作，提高灵活就业人员保障水平，增强其抗风险能力，为产业结构升级和就业结构优化创造有利条件。

提升社会保险待遇水平。落实职工基本养老保险调整机制，综合考虑物价上涨、职工平均工资增长和基金承受能力等因素，合理调整基本养老保险待遇水平。落实城乡居民基本养老保险待遇确定和基础养老金正常调整机制，基础养老金省定最低标准每年调整增幅原则上不低于8%，切实提升相关人员获得感。完善失业保险金与物价上涨挂钩联动机制，更好保障失业人员基本生活。完善工伤保险待遇项目标准，科学合理提高工伤保险待遇水平。发展多层次、多支柱养老保险体系，鼓励引导有条件的用人单位建立企业年金制度，提高企业年金覆盖率，完善职业年金制度，稳健开展职业年金投资运营，规范发展第三支柱养老保险，推动个人养老金发展。

四、建成高标准、广覆盖的社会救助体系

江苏城市居民最低生活保障制度起步于1996年，农村居民最低生活保障制度建立于2005年，经过多年发展，已全面建立以最低生活保障、特困人员供养为基础，涵盖受灾人员、医疗、教育、住房、就业、临时救助和社会力量参与社会救助的制度体系。完善最低生活保障制度，规范对象认定、标准制定、审核审批、资金发放、动态管理等工作，做到应保尽保。2017年起，进一步拓展保障对象，将生活困难、靠家庭供养且无法单独立户的成年无业重度残疾人按照单人户纳入低保。完善特困人员救助供养制度，将城市"三无"人员救助与农村"五保"供养统一为特困人员救助供养，明确认定条件、供养内容和供养标准。完善临时救助制度，对遭遇突发事件、意外伤害、重大疾病或其他特殊原因，导致基本生活陷入困境的家庭或个人给予应急性、过渡性救助，有力保障其基本生活，充分发挥临时救助在"救急难"中的兜底作用。完善受灾人员救助制度，改革防灾减灾救灾和应急管理体制机制，制定自然灾害救助应急预案，规范开展灾害应急救助、过渡期生活救助、因灾遇难人员家属抚慰、旱灾救助、因灾倒损房屋恢复重建和冬春救助。完善医疗救助制度，全面开展重特大疾病医疗救助工作，拓展救助对象，取消起付线，提高封顶线，规范疾病应急救助，切实减轻困难群众医疗负担。完善教育救助制度，规范家庭经济困难学生认定工作，按规定采取减免相关费用、发放助学金、安排勤工助学岗位等方式保障教育救助对象基本学习生活需求。完善住房救助制度，采取配租公租房、发放租赁补贴、农村危房改造等方式，稳步推进住房救助，保障困难群众基本住房安全和需求。健全以基本生活救助、专项社会救助、急难社会救助为主体，社会力量参与为补充的分层分类救助制度体系。完善按户保与按人保相结合的最低生活保障制度，给予低收入家庭和支出型困难家庭相应的医疗、住房、教育、就业等专项社会救助或临时救

助、慈善救助等必要的救助措施。在全省推行乡镇（街道）"一门受理、协同办理"运行机制，全面实施"救急难"、重残重病"单人保"、低保缓退渐退等政策，有力保障困难群众应保尽保、应救尽救。积极完善基本生活救助标准动态调整机制，率先以设区市为单位全面实现低保标准城乡并轨、同城同标。深化温情社会救助改革。

江苏全面推行困难群众申办社会救助"只需跑一次，无需开证明"。推进社会救助"主动办、移动办、掌上办、全城办"，积极推行持有居住证人员在居住地申请低保，提升救助管理服务效能。完善以临时救助为枢纽的"急诊救助"模式，畅通急难救助申请和急难情况及时报告渠道，健全快速响应、个案会商等"救急难"工作机制。强化"大数据＋铁脚板＋网格化"机制在社会救助领域的运用，依托大数据共享交换平台，健全主动发现机制，变"人找政策"为"政策找人"。建立"物质＋服务"救助方式，为有需求的困难家庭提供访视照料、生活指导、心理抚慰、社会融入、资源链接等救助服务。开展"让善汇流、为家充电"等品牌慈善救助活动，引导社会力量参与社会救助，不断提升困难家庭生活品质和获得感。

五、实施底线民生保障提升行动

针对"以老养残""一户多残"家庭的特殊困境，完善城乡一体的重残重病"单人保"政策，强化对成年无业重度残疾人的精准保障。加强分散供养特困人员照料服务，提高生活不能自理特困人员集中供养率。制定低保边缘家庭和支出型困难家庭认定办法，并根据需要给予基本生活救助、专项社会救助或必要的救助措施。强化救急难，探索由急难发生地乡镇（街道）或县级人民政府有关部门实施临时救助。实施社会救助增效行动，积极推进低保扩用增效，提高困难群众的获得感。稳步提升社会救助水平，以设区市为单位，低保标准按照上年度全体居民人均消费支出的30％—40％动态调整，特困供养基本生活标准不低于低保标准1.3倍，所有设区市制定照料护理分档标准；充分发挥临时救助救急难作用，底线民生保障更加牢固。

健全分层分类的社会救助制度。加强社会救助制度建设，制定《江苏省社会救助办法》，对全省最低生活保障特困人员供养、受灾人员救助、医疗救助、教育救助、住方救助、就业救助、临时救助以及社会力量参与社会救助进行规范。构建分层分类的社会救助体系，对低保对象、特困人员、低保边缘家庭和支出型困难家庭等低收入群体，实施不同层次保障措施，建立常态化的救助帮扶机制。建立低保标准与消费支出相挂钩的动态调整机制，确保低保对象的实际生活水平不因物价波动而降低，并能实现持续提升。完善特困人员救助供养认定办法，将特困人员救助供养覆盖的未成年人年龄从16周岁延长至18周岁。针对未纳入低保的生活困难家庭开展低保边缘家庭和支出型困难家庭认定和动态监测工作。

加强残疾人群体服务保障。强化政府保基本兜底线职能，完善以寄宿制托养服务为依托、乡镇（街道）服务机构日间照料为主体、居家托养服务为基础的托养服务体系，提升以社区为基础、康复及辅具服务机构为骨干、家庭为依托的残疾人康复服务能力，推进"残疾人之家"由乡镇（街道）全覆盖向有需求的村（社区）延伸，开展常态化服务。落实残疾人"两项补贴"标准动态调整机制。低收入家庭中的一级、二级重度残疾人和三级智力、精神残疾人，经申请，可单独纳入低保。加快推进精神障碍社区康复服务工作。探索困难重度残疾人社会化照护服务。完善困难残疾人家庭定期巡访探视制度。健全残疾人辅助器具适配补贴制度、低收入精神残疾人基本精神类药物费用豁免制度和低收入残疾人家庭无障碍改造补贴制度。推动落实按比例安排残疾人就业和集中就业，多渠道扶持残疾人自主创业和灵活就业。制定《江苏省无障碍环境建设实施办法》，加快推进无障碍环境建设。实施县域残疾人服务能力提升行动，建设县、乡、村三级联动互补的基层残疾人服务网络。

构建江苏特色儿童福利制度体系，保障和维护未成年人的生存权、发展权、受保护权和参与权，强化家庭保护、学校保护、社会保护、网络保护、政府保护、司法保护等责任落实，形成"家庭监护为主体、社会监护为补充、国家监护为兜底"的未成年人监护制度。加强未成年人监护能力建设，建立监护评估机制，提升家庭监护能力。加强对儿童关爱保护类公益性社会组织的培养扶持，提升儿童关爱服务的专业化水平，打造"苏童成长"关爱服务品牌。完善困境儿童"主动发现"机制，开展"类别化＋差异化"的关爱服务。稳步提高孤儿和事实无人抚养儿童基本生活保障水平，健全动态监测、跟踪服务、长效帮扶工作机制。推动农村留守儿童委托照护协议签订和监护职责履行全覆盖。建立健全四级未成年人保护工作网络，制定未成年人保护机构建设和服务指引。改造提升 120 个省级示范性未成年人保护工作站（关爱之家）。开展特殊困难老年人探访关爱服务，预防和减少老年人居家安全风险。积极发展残疾预防和残疾人康复事业，对纳入基本医疗保险支付范围的医疗康复费用予以支付，对符合救助条件的残疾人参加基本医疗保险个人缴费部分予以资助；对残疾儿童的基本康复费用给予全额补助，对重度残疾人给予补贴，为城乡困难残疾人、重度残疾人提供基本康复服务，按规定对基本型辅助器具适配给予补贴；实施困难残疾人生活补贴和重度残疾人护理补贴制度，对纳入基本医疗保险支付范围的医疗康复费用予以支付，对符合救助条件的残疾人参加基本医疗保险个人缴费部分予以资助。

六、积极发展社会慈善事业

近年来，江苏营造"人人可慈善、处处可慈善"的浓厚氛围，创新慈善方式，汇聚更广泛的善意，"人人慈善"从理念变成行动，社区、居民、企业等也能以更精准、更便捷的方式加入慈善行列。截至 2023 年 8 月，全省累计登记或认定的慈善组织达 813 家，其中省级慈善组织 224 家，具有公开募捐资格的慈善组织 193 家。全省志愿服务队伍超过 10 万支，注册志愿者 2 200 多万人，五年间全省累计接受慈善捐赠 283 亿元，社会组织累计实施各类帮扶项目 7 593 个，投入帮扶资金 33.17 亿元，在脱贫攻坚、乡村振兴等战略中作出了重要贡献。从 2020 年开始，省民政厅联合省慈善总会开展"为困难家庭赠送'家电包'活动"，覆盖 12 个省重点帮扶县

（区）的有家电需求的低保对象、分散供养特困人员、困难残疾人等贫困家庭。开展向全省1万名80岁以上的独居老年人发放智能手环的活动。开展"苏慈助医"慈善活动，在政府实施多重保障的基础上，建立慈善医疗救助机制，为最困难的低保对象进一步减轻医疗负担。计划连续开展3年，实施范围为江苏95个县（市、区），救助对象为18周岁以上、个人住院政策范围内自付费用较高的低保人员。镇江市慈善总会打造"助医品牌"，15年间累计救助困难群众137万多人次。南通市拥有包容汇通的江海文化，走出"中国近代慈善第一人"张謇，产生了以"莫文隋"、江海志愿者、磨刀老人等为代表的精神文明"南通现象"、慈善楷模，南通市积极建设"人人参与、人人共享、向爱向暖、向上向善"的全国闻名的"慈善之城"。

第二节
守好安全底线

安全是一个人最基本的需求，是一个国家、一个社会稳定和发展的前提。只有每个人都能够享受到安全，社会才能够真正实现共同富裕和可持续发展。没有安全这一基本保障，就无法创造推进"百姓富"的基础条件，即使实现了一定程度的"百姓富"，如果安全得不到保障，也有可能失掉已取得的发展成果。

一、安全是"百姓富"最基础的要求

党的十八大以来，习近平总书记以马克思主义政治家、思想家、战略家的非凡智慧和担当，创造性地提出总体国家安全观，强调"坚持政治安全、人民安全、国家利益至上有机统一，以人民安全为宗旨，以政治安全为根本，以经济安全为基础，捍卫国家主权和领土完整，防范化解重大安

全风险"①；提出要"牢记公共安全是最基本的民生的道理，自觉把维护公共安全放在维护最广大人民根本利益中来认识"②。安全是一个广义的概念，维护和促进包括公共安全在内的总体安全，才能为社会主义现代化建设贡献有利条件，也才能让"百姓富"获得安全保障。在安全的情况下，人民群众才能无后顾之忧。

二、筑牢国家安全的江苏屏障

江苏地处改革开放前沿地区，位于应对战略承压的前端、防范风险挑战的前哨，统筹发展和安全任务艰巨繁重。江苏按照总体国家安全观要求，增强忧患意识，坚持底线思维，全面落实总体国家安全观，持续推进国家安全体系和能力建设。完善风险研判、决策风险评估、风险协控协同、风险防控责任四项机制，构建全域联动、立体高效的国家安全防护体系。增强维护国家安全能力，以人民安全为宗旨，以政治安全为根本，坚定维护国际政权安全、制度安全、意识形态安全，加强重点领域安全能力建设。打好政治社会安全总体战。全面落实各地区各部门维护政治安全、社会安全的工作责任，坚决防范其他领域风险向政治社会领域传导，巩固发展江苏政通人和的良好局面。打好经济金融安全主动战。全力维护产业链供应链安全，着力守好财政金融"钱袋子"，防范化解政府债务尤其是隐性债务风险，防范化解政府平台债务风险，守住不发生区域性系统性风险的底线。打好科技安全攻坚战。

集中攻坚突破"卡脖子"问题，加强网络信息关键基础设施安全防护，提升工业互联网安全水平，打好开放数据安全防护战，织密扎牢开放安全和数据安全防护网，着力保障网络技术安全可靠。打好粮食能源安全稳定战，牢记粮食安全这个"国之大者"，用"长牙齿"的硬措施落实最

---

① 《习近平谈治国理政》第四卷，外文出版社2022年版，第390页。
② 中共中央党史和文献研究院、中央学习贯彻习近平新时代中国特色社会主义思想主题教育领导小组办公室：《习近平新时代中国特色社会主义思想专题摘编》，党建读物出版社、中央文献出版社2023年版，第423页。

严格的耕地保护制度，加快建设旱涝保收、高产稳产"吨粮田"，培育更多优良品种，保障重要农产品有效供给，建设新时代鱼米之乡。用好国际国内两个市场，推进资源节约、集约、循环利用，加快新能源安全可靠替代，提升能源资源供给抗风险能力。打好生态生物安全纵深战，深入打好污染防治攻坚战，狠抓长江大保护任务落实，实施新一轮太湖、淮河治理工程，积极稳妥做好碳达峰碳中和工作，确保生态环境质量持续改善。加快建设国家医学中心和国家区域医疗中心，推进生物技术研究和生物产业发展，全面打造健康江苏品牌。

三、高水平建设平安江苏

按照新时代党的建设总要求，大力推行"党建＋"模式，把平安建设与加强基层党组织建设紧密结合起来，与推行党员干部"大走访"常态化制度化紧密结合起来，充分发挥广大党员干部在平安建设中的先锋模范作用，真正使党的领导覆盖到平安建设的每一个领域、每一个环节。把满足人民需要作为平安建设的出发点和落脚点，努力打造平安建设人人参与、建设成果人人共享的生动局面。依法严厉打击各类违法犯罪，全省持续呈现八类主要刑事案件、侵财案件发案下降以及破案上升的良好态势。把打击整治锋芒直指人民群众反映强烈的涉黑涉恶问题，纵深推进扫黑除恶专项斗争，有效净化了社会治安环境。强力推进打击治理电信网络诈骗工作，电诈犯罪连续多年持续大幅上升势头得到有效遏制，立案数逐年下降。扎实开展打击整治养老诈骗专项行动，有力守护了老年人的"钱袋子"。深入推进社会面巡防规范化、专业化建设，不断优化勤务布局，织密防控网络，建立常态化巡防机制，提高街面见警率和巡防管事率，落实"1、3、5分钟"快速反应机制。强化公安武警联巡、路地公安联勤和区域警务协作，建强区域处突机动队、实战警种特侦队、机关合成行动队，实现重大突发事件快速反应、高效处置，切实保障社会面平安稳定。

创新组织群众、发动群众机制，广泛吸纳社会力量参与平安建设，全省已设立各类群防群治组织3.6万个，发展平安志愿者390万人，打造出

"平安联盟""平安义工"等一系列平安志愿者品牌,为推进平安建设注入了强大力量。按照总体国家安全观要求,全面强化防风险、保安全、护稳定各项措施,深入开展护航高质量发展系列行动,有力服务保障国家重大战略实施。组织开展"大走访"、社会矛盾和安全隐患大排查大整治,扎实开展维护政治安全、社会矛盾化解、维护公共安全等专项行动,圆满完成一系列重大活动安保任务,确保了全省社会大局持续安全稳定。不断加强校园和医院等单位及周边社会治安综合治理,持续深化"平安企业""平安校园""平安医院"等系列平安创建活动,有效防范、化解、管控社会治安风险。全省群众安全感始终保持全国前列,江苏被公认为是全国最安全的省份之一。

四、提高公共安全治理水平

坚持安全第一、预防为主,建立大安全应急框架,有效防范应对自然灾害和生产安全事故,提高防灾减灾救灾和重大突发公共事件处置保障能力,加快推进全省应急管理体系和能力现代化。构建智能精准的监测预警体系,强化智能监测、精准预警,提升感知化解能力;完善统一高效的指挥调度体系,提高应急指挥联动响应水平和应急指挥软硬件水平,提升快速响应能力。建设专业集约的应急救援体系,加强消防救援力量、专业应急力量、水上应急救援能力等建设,提升应对处置能力。健全科学完备的应急保障体系,完善物资保障机制、灾害救助机制、综合保障机制,提升保障服务能力。坚持以防为主、防抗救结合,建立"纵向贯通、横向互联、科学指挥、高效运转"的应急管理体制机制,着力构建以国家综合性消防队伍为主力军、专业救援队伍为骨干、社会应急力量为基础、应急救援基地为支撑的应急救援力量体系;实施自然灾害防治重点工程,加强防灾减灾骨干工程建设,健全自然灾害防治处置体系,全面提升气象、水文、地质、地震等多灾种和灾害链综合监测、风险识别、预警预报、精准治理水平,增强重点防洪工程以及园林安全、森林防火等重点领域的安全保障能力建设。深入推进危险化学品、煤矿、非煤矿山、消防、道路运输、水上运输和渔业船舶、城市建设、开发区、危险废物等重点行业领域专项整治和化工产业整治提升行动，围绕重点领域启动大检查大排查大整治，强化"两客一危一货"、渣土车、校车等重点车辆源头管理。高标准推进"一年小灶""三年大灶"专项整治，坚决遏制较大及以上生产安全事故，持续压降事故起数和死亡人数，牢牢守住不发生重大安全事故底线。建强城市交通、市政、防灾减灾等基础设施，推动公共安全治理模式向事前预防型转变，努力把风险隐患化解在萌芽状态、解决在未发之时。

第三节
确保法治底线

一个现代化的国家，必然是一个法治的国家。在法治轨道上全面建设社会主义现代化国家，是中国式现代化的内生特征，本质上是发挥良法善治在以中国式现代化全面推进中华民族伟大复兴中的保障作用。推动共同富裕，需要与之相适应的法治基础。加强法治社会建设，打造法治轨道上的有为政府，实施法治化的社会治理机制，提升全民法治意识，降低社会运行成本，减少矛盾冲突，既为"百姓富"提供良好的法治环境和社会秩序，又为"百姓富"提供前提基础和兜底保障。

一、法治为"百姓富"保驾护航

良好的法治能够有效保障社会财富公平分配，在法治框架内合理调整收入分配关系，规范收入分配秩序，规范财富积累机制，促进在更高质量、更有效率、更加公平、更可持续、更为安全的发展前提下形成有利于"百姓富"的初次分配、再分配、三次分配协调配套的分配体系和分配格局。纳入法治轨道，有利于增强医疗、教育、就业、养老、住房、社会保障、社会救助等基础性、普惠性、兜底性民生公共产品供给，切实依法保障公民的受教育权、劳动就业权、社会保障权、健康权、居住权等，真正守住"百姓富"的底线标准。以法治方式保障财富取得机会公平，依照宪法和法律来治理国家，确保人民群众在财富取得方面预期明确、起点公平、共同参与。良好的法治能够发挥市场"无形之手"和政府"有形之手"的积极作用。无论是市场规律还是政府规则，都可以在法治层面达成统一，有效保障在法治轨道上促进资源配置的高效集约利用。

二、用高水平法治强化江苏发展核心竞争力

大力构建多元规范、有效实施、法治服务、调整修复、信仰培育"五大体系"，创新"订立规矩、重塑习惯、涵养法治"江苏模式，法治社会建设在持续的目标引领、靶向发力中全面加快推进。提升全社会法治素养、健全完善社会领域制度规范、推进社会主义核心价值观融入法治建设和社会治理，保障公民、法人和其他组织合法权益，推动形成符合时代特征、体现中国特色、具有江苏特点、人民群众满意的法治社会建设生动局面。制定实施"八五"普法规划，大力落实谁执法谁普法、以案释法、媒体公益普法"三大机制"，大力实施公民法治素养提升行动，大力推进社会主义法治文化建设，扎实开展法律进机关、进乡村、进社区、进学校、进企业、进单位、进家庭、进网络，持续深化"法护人生""法进家庭""法润村居"系列活动，引导群众在法治实践中感受法治、信仰法治，努力让法治成为全社会的共同意识和行为准则。针对群众多元化需求，建立健全法律服务事项清单动态调整机制，深入开展公共法律服务"五进"，深化"全生命周期"法律服务产品研发，深化"法援惠民生"品牌建设，深化"民意12348"工作机制，探索建立公民法律服务档案和公共法律服务评价指标体系，提升法律服务对社会生活的全覆盖质效。优化整合律师、公证、仲裁、司法鉴定等服务资源，加强覆盖全业务、全地域、全时空的高品质一体化公共法律服务网络平台建设运用，全面推行"一网通办"，推动司法所、基层法律服务所、律师事务所"三所入村"，通过便捷、实效的公共法律服务，为守护群众美好生活传递法治温度。加强各级

非诉讼服务中心（分中心）规范化建设，深入推行一站式解纷服务，针对安全生产、环境保护、征地拆迁等重点领域，完善区域内多部门联排、联调、联办工作机制，健全重大案事件联动协同处置机制。深化"矛盾不上交"三年行动和"公证服务能力提升三年行动计划"，积极融入"大数据＋网格化＋铁脚板"，搭建"苏解纷"智能平台，探索司法鉴定参与调解、公证参与社区治理等做法，坚决把矛盾纠纷化解在基层、解决在萌芽状态，把法律优势转化为社会治理效能。

三、让法治成为最好的营商环境

法治是最基本、最有效、最可靠的治国理政方式，同时也是衡量各国和地区现代化实现程度的通行综合指标。无论是营商环境还是法治环境，都是法治在不同维度和领域的反映。法治是营商环境的重要构成，良法善治本身就是最好的营商环境。江苏紧紧跟进国家营商环境创新试点改革举措，坚持对标先进、深化改革、协同联动、法治保障，以综合更优的政策环境、公平有序的市场环境、高效便利的政务环境、公正透明的法治环境、亲商安商的人文环境全面提升市场主体满意度和获得感，建设市场化、法治化、国际化的一流营商环境，努力将江苏打造成为具有全球吸引力和竞争力的投资目的地。持续优化营商环境政策供给。推出一批具有江苏特色、含金量高的政策举措，增强市场主体获得感和满意度，以高质量的政策供给为营商环境提供制度支撑。针对因自然灾害、事故灾难或公共卫生事件等突发事件造成市场主体普遍性经营困难的情况，及时制定纾困解难政策。鼓励地方先行先试、大胆探索，对锐意改革的地区和单位加大激励力度，复制推广成熟经验和典型做法。围绕率先在全国建成开放强省，以开放促改革促发展，加快构建双向开放新格局，加快规则、规制、管理、标准等制度型开放，构建与高标准全球经贸规则相衔接的规则制度。全面实施外商投资法及其配套法规，依法平等对待内外资企业。实施《江苏省优化营商环境条例》，制定贯彻落实年度任务清单，强化责任落实。将完善优化营商环境长效机制和重点改革事项相结合，以深化改革促进政策完善。鼓励各地结合实际每年迭代升级出台本地区营商环境综合性改革措施，发挥政策综合集成效应。持续开展营商环境相关的地方性法规、规章、规范性文件和政策文件清理。打造公平有序的市场环境，全面实施市场准入负面清单制度。提升企业开办便利度。平等对待各类市场主体。依法平等保护各类所有制企业产权和自主经营权，保障依法平等使用土地、技术、数据等生产要素，深化要素市场化配置改革。清理对各类市场主体的不合理限制。落实推进国家自然垄断行业改革和大幅放宽服务业领域市场准入，引导和支持非公有制经济进入能源、铁路、电信、公用事业等行业的竞争性环节。加强反垄断和反不正当竞争执法司法。简政放权激发市场活力，提升行政权力运行规范化水平。深入推进"一件事"改革。优化应用服务场景，大力推进一批关联事项整合服务，将涉及的相关审批事项打包，提供套餐式、主题式服务，由一个牵头部门统一受理，配合部门分头办理，优化再造办事流程。加快打通部门间业务系统，规范相关标准，加强电子证照、电子签名、电子印章应用，推动"一件事"线上全流程办理，并逐步向移动端延伸。加强市场主体权益保护。进一步完善公共法律服务，为中小企业提供全生命周期法律服务。加强知识产权保护。完善新业态新领域知识产权保护机制，严格执行知识产权侵权惩罚性赔偿制度。建立健全多元化涉企纠纷解决机制。

四、以法治保障和增进民生福祉

法律援助是保障公民和有关当事人合法权益、保障法律正确实施、维护社会公平正义的一项重要法律制度。近年来，江苏围绕"法援惠民生"品牌推出"拓展工程""倾情保稳定""双争建新功"等系列活动，实现从"人找服务"向"服务找人"、从"单一援助"向"综合帮扶"、从"扩面增量"向"提质增效"转变，持续提升群众幸福指数。2021年底，全省13个设区市全部将法律援助经济困难标准调整为最低工资标准，实现对低收入群体法律援助全覆盖。按照《中华人民共和国法律援助法》规定，对社会救助、优抚对象和追索劳动报酬的进城务工人员等免予核查经济困难状况，根据实际需要提供援助帮扶，对困境儿童、留守儿童等未成年群体加强兜底保障。打造泰州"百日维薪"、常州"法润青果"、淮安"守护花开"、徐州泉山"法援惠少年计划"、溧阳"妇女儿童维权法律服务团"等各具特色的"法援惠民生"利民品牌。实施"法律援助工作站点覆盖提升工程"，推动法律援助全面延伸至村（社区），进一步规范站点运行管理，努力让群众享受"家门口、一站式"法律援助服务，基本形成覆盖城乡、较为完备的法律援助服务网络。

提升困难群体法律援助水平。修订实施《江苏省法律援助条例》，加强法律援助机构规范化建设，合理配置法律援助资源，充分发挥法律援助在公共法律服务中的兜底保障作用，保障困难群体合法权益。进一步降低法律援助申请门槛，对城乡最低保障对象、享受"两项补贴"的残疾人、特困职工等特定群体，免予经济状况审查，拓展法律援助服务领域和覆盖范围，有效满足民生领域法律援助需求。深化"法律惠民生"品牌建设，提升法律援助服务品质和群众满意度。[1]

第四节
坚守诚信底线

社会信用体系是社会主义市场经济体制和社会治理体制的重要组成部分，树立诚信文化理念，弘扬诚信传统美德，提高全社会的诚信意识和信用水平，是现代化建设的基础性工程，是具有公共物品属性的社会财富，是影响"百姓富"的重要因素。

---

[1]《江苏省"十四五"公共服务规划》，江苏省人民政府网站，2022年1月21日。

一、良好的信用体系是社会公共财富

重信守诺的诚信风尚，是一个社会顺利运行的共同财富，是人民群众共建共享的文明成果，在很大程度上影响到百姓何以致"富"和如何享"富"。在中国传统文化体系中，诚信被视为"君子之品"。孔子主张"言忠信，行笃敬，虽蛮貊之邦，行矣"，强调诚信是走遍天下的"通行证"。人无信不立，国无信则衰。重视诚信、以诚立信，成为中华民族从古至今的主流社会风尚，成为建设中华民族现代文明的宝贵精神财富。马克思敏锐洞察到信用和信用业是"一种崭新的力量"，可在现代社会大生产中发挥关键作用。现代市场经济是信用经济，信用是市场经济的道德基础。在社会主义市场经济条件下，要发挥市场在配置资源中的决定性作用，建立良好的社会信用体系是基础。在完善的社会信用体系作用下，信用犹如市场经济中的"价格机制"，发挥引导市场交易向诚信主体集中的作用。

习近平总书记在地方工作时就曾指出，"'人而无信，不知其可'；企业无信，则难求发展；社会无信，则人人自危；政府无信，则权威不立"，要"建立包括信用信息、信用评价、信用激励和失范惩罚机制在内的社会信用体系"。[①] 进入新时代，习近平总书记高度重视社会诚信体系建设，强调"对突出的诚信缺失问题，既要抓紧建立覆盖全社会的征信系统，又要完善守法诚信褒奖机制和违法失信惩戒机制，使人不敢失信、不能失信"[②]。2022 年，中办、国办印发《关于推进社会信用体系建设高质量发展促进形成新发展格局的意见》，强调完善的社会信用体系是供需有效衔接的重要保障，是资源优化配置的坚实基础，是良好营商环境的重要组成部分，对促进国民经济循环高效畅通、构建新发展格局具有重要意义，强调要扎实推进信用理念、信用制度、信用手段与国民经济体系各方面各环节深度融合，有序推进各地区各行业各领域信用建设，运用信用理念和方

---

① 习近平：《之江新语》，浙江人民出版社 2013 年版，第 18 页。
②《习近平：坚持依法治国和以德治国相结合 推进国家治理体系和治理能力现代化》，《人民日报》2016 年 12 月 11 日。

式解决制约经济社会运行的难点、堵点、痛点问题，规范完善各领域各环节信用措施，切实保护各类主体合法权益，充分调动各类主体积极性创造性，形成推进社会信用体系建设高质量发展合力。信用体系是社会体系的核心组成部分，是社会体系正常运转的"基础桩"。对于人民群众来说，良好的社会信用体系本身就是公共产品，是社会成员均从中受益的公共财富，是推进"百姓富"的内在要求。从推进"百姓富"的角度看，信用的形成、信用交易的扩展和信用活动的高度活跃，是现代经济繁荣富裕的重要推动力，也发挥着约束个人守信功用，让诚信之人获得正向收益，形成诚信与个人发展之间的正循环，构成社会诚信体系促进"百姓富"的微观机制。

二、"诚信江苏"成为百姓共享的亮丽名片

江苏自古以来就有重信守诺的深厚传统。从"季札挂剑"的"践信泉台"到季布"一诺千金"，再到张謇以诚立业，江苏大地诚信文脉源远流长、赓续不息。在现代化建设进程中，江苏积极弘扬诚信传统，持续推进诚信江苏建设，确定"让诚信成为江苏的亮丽名片"的目标。江苏省社会信用体系建设起步于2004年，历经多年持续发展，形成了制度体系健全、基础设施先进、应用服务广泛、试点示范显效的江苏特色。进入新时代，江苏确立由"门槛管理"转变为"信用管理"的发展思路，瞄准持续打造诚信江苏亮丽名片的目标，推进政务诚信、商务诚信、社会诚信和司法公信四大领域信用建设；省委、省政府制定出台一系列重点领域信用管理制度，在20个重点领域或行业实施重点领域信用监管示范工程，强调完善公共信用信息系统，加强行业信用信息平台建设，推动信用监管信息应用，有力保障信用监管示范创建工作落地落实。省社会信用体系建设领导小组制定出台信用监管、信用承诺、信用修复等制度性文件，建立了较为完善的信用承诺、信用评价、分级分类管理、信用奖惩、信用修复等一系列信用管理与服务制度，构建了覆盖各类信用主体、涵盖行政管理各环节的制度体系。

江苏落实中央关于"依法依规、保护权益、审慎适度、清单管理"的要求，于2021年7月出台《江苏省社会信用条例》。该条例成为全省规范社会信用的一部综合性、基础性、地方性法规。条例明确，社会信用体系建设应当适应高质量发展要求，遵循政府推动、社会共建、依法依规、保护权益、公正公开、奖惩结合的原则。条例的制定和实施，对于加强社会信用管理，规范社会信用服务，健全社会信用体系，保护信用主体合法权益，提高社会诚信水平，推进治理体系和治理能力现代化，具有重要意义，也为国家出台社会信用体系建设法提供了参考。[1] 江苏在《江苏省旅游条例》《江苏省药品监督管理条例》《江苏优化营商环境条例》《江苏省地方金融条例》等地方立法中都突出强化信用管理，在加强社会信用管理，规范社会信用服务，健全社会信用体系，保护信用主体合法权益，提高社会诚信水平，推进治理体系和治理能力现代化等方面，发挥了积极的法治保障功能。

南京、无锡、苏州、宿迁等市成功创建全国信用建设示范城市，信用平台和网站建设、行政许可和行政处罚信息公示、"信用交通省"创建等成为国内示范品牌。南京市在一些重要部门和重点领域初步构建起以行业信用信息为基础、以行业信用评价为标准、以信用分类监管为手段、以场景应用为目标的新型监管机制，打造出全过程、差异化、智能化、协同化、法治化"五位一体"的南京信用监管新模式。[2] "'信易+养老服务'让养老无忧"获"信易+"应用典型案例；"以'细意浓情'树诚信服务品牌"和"以德为基显诚信经营　践诺守信担社会责任"获全国诚信兴商典型案例。无锡市2019年成功创建全国第三批社会信用体系建设示范城市，2021年起国家发展改革委连续三年充分肯定无锡的信用体系建设工作。无锡市以优异表现通过全国社会信用体系建设示范城市复评，在全国261个城市信用监测中排名居前，初步形成一网站、一平台、多应用的信

---

[1]《构建基本规则　推进信用建设》，《新华日报》2021年8月11日。
[2]《南京聚力构建以信用为基础的新型监管机制：以"诚"立"信"，书写新时代社会信用体系建设的"南京答卷"》，《新华日报》2022年5月10日。

用服务支撑体系，无锡市"信易贷"平台获评全国中小企业融资综合信用服务特色平台，"信用修复导服平台助力企业诚信回归""无锡市在省内率先建立信用修复辅导站帮助企业重塑信用观""滨湖区探索建立543产业沙盒监管工作机制"等五个创新举措获全省推广。苏州市持续深化以信用为基础的新型监管机制建设，通过提供标准统一的公共信用信息数据服务，赋能政府部门、社会机构开展"信易＋"场景创新应用，开发全国首个数字人民币"信易贷"产品，交通运输行业"信易批"试点以来为数千名名信用优良主体提供了简化手续、承诺容缺办理等便利服务。参与长三角区域信用合作，在食品药品安全、生态环境、产品质量、文化旅游等领域建立了互认统一的信用联合惩戒机制。宿迁市出台全国首部设区市层面社会信用综合性法规《宿迁市社会信用条例》，为全国地方信用立法工作提供了"宿迁经验"，宿迁市着眼改革创新应用，先后制定了信用监管、宿易贷、信用承诺等多项具有宿迁特色的政策性意见，有力有效指导各地各部门开展行业创新和区域创新。

三、社会诚信风尚加速形成

让守信者获得认可，受到激励，让失信者损失信誉和利益，防止出现"劣币驱逐良币"现象，是构建现代社会秩序和市场秩序的关键。江苏注重加强守信激励，依法依规建立严重失信主体联合惩戒制度，在税收、交通出行、劳动保障、道路运输、商贸流通、食品安全、生态环境等行业领域实施对严重失信主体的惩戒措施。着力培育信用服务市场，促进信用服务市场稳步发展。社会诚信意识不断增强，崇尚诚信、践守诺言的社会风尚日益浓厚。诚信教育全面实施，建立贯穿基础教育、高等教育、职业教育、成人教育各层级的诚信教育体系。在社会关注度高、群众反映强烈的重点领域开展诚信缺失突出问题专项治理，信用生态得到有效改善。开展诚信之星、十大诚信标兵等推选活动和"放心消费在江苏"、诚信示范街区、文明诚信市场、诚信旅行社示范单位等诚信主题实践活动。持续开展"诚信建设万里行"、"德美江苏"全国网络媒体江苏行等诚信主题宣传活动,利用电视、网络、报纸、杂志等各类媒体发布信用建设成果,通过新闻发布会、《新华日报》专版报道、信用知识竞赛等方式,着力营造讲诚实、守信用的社会环境。面向未来,江苏正以信用法规制度体系建设为保障,以构建规范化、精准化信用管理机制为重点,以创新信用监管和服务为动力,以一体化、智能化信用信息系统建设为支撑,以保障信用主体合法权益为根本,全面建成以信用为基础的新型监管和社会服务机制,健全适应高质量发展要求的社会信用体系,构建政务诚信、商务诚信、社会诚信和司法公信全面高质量发展的新格局,打造诚信江苏亮丽名片。[①]

[①]《江苏省"十四五"社会信用体系建设规划》,江苏省人民政府网站,2021年8月9日。

第九章

在治理现代化中增进秩序与活力

治国安邦，重在基层。习近平总书记历来高度重视基层治理，在2023年全国两会期间参加江苏代表团审议时指出江苏要"在强化基层治理和民生保障上走在前"，7月考察江苏时又赋予江苏"在推进社会治理现代化上实现新提升"的重大任务，为江苏加快推进基层社会治理指明了方向、提供了遵循。提升社会治理水平，筑牢"百姓富"的治理之基，是顺利推进"百姓富"的关键因素。

第一节
促进秩序与活力的平衡

保持秩序与活力的平衡，是一个社会健康发展的重要标志，也是一国成功走向现代化必须达到的社会状态，对于中国这样的大国尤其具有关键价值。

一、保持秩序与活力的平衡：一道世界性难题

习近平总书记指出："在现代化的历史进程中，处理好这对关系是一道世界性难题。中国式现代化应当而且能够实现活而不乱、活跃有序的动态平衡。"[①] 现代化创造出经济持续增长、社会现代转型等超越传统社会的发展奇迹的根本动力在于具有强大的内生活力，同时现代化又能保持较为稳定的社会秩序。在西方现代化进程中，文艺复兴、启蒙运动、宗教改革为现代化进行了思想准备，通过肯定人的主动性为激发人的能动性创造前提；科技革命的产生和工业革命的爆发离不开近代科技的勃兴以及基于市场法则的商品经济的繁荣。在资本逻辑的驱动下，形成创造社会财富的内生机制。与此同时，现代民族国家产生并扮演了推进现代化的关键角色，

---

① 习近平：《推进中国式现代化需要处理好若干重大关系》，《求是》2023年第19期。

推动现代法治以及与现代化转型相适应的制度体系的建立，成为保持现代化进程中社会秩序的基础性力量。西方国家实现现代化的进程并非一帆风顺，不乏伴有经济危机、社会动荡乃至革命。西方发达国家逐步建立起社会保障制度，一些国家则成为福利主义国家，这些都是资本主义国家适应挑战而进行的制度改良。发展中国家在追求现代化的过程中，则面临更为严苛的内外部约束，处理秩序与活力的难题更大。不少国家虽然实现了一定程度的发展，社会和市场活力逐步彰显，但产生了比较严重的社会危机，面临社会动荡的风险甚至导致现代化的成果得而复失，大大增加了现代化建设的难度，凸显发展的脆弱性。如果过于追求秩序，则可能表面上维持了一时的相对稳定，但内部的发展活力受到抑制，造成社会活力的缺乏、体制的僵化，最终陷入发展困境，反而蕴藏更大的潜在风险。因此，能否处理好"秩序与活力的平衡"是一道世界性难题，是中国式现代化必须面对和处理好的时代命题。

二、促进秩序与活力的平衡：现代化建设的中国经验

改革开放以来，中国的现代化建设取得世界性成就，创造了经济快速发展和社会长期稳定的奇迹，实现了秩序与活力的平衡，这对于处于深度社会转型、体制转型乃至文化转型的大国经济体而言，是相当不容易取得的重大成就。但是这种秩序与活力的平衡是相对的，不是绝对的，特别是很大程度上因为快速发展，很多矛盾被来消化或推迟了。同时，巨大的改革红利、人口红利也让中国在较长时期内拥有更大化解风险矛盾的空间。随着中国经济进入新常态，改革进入深水区，人口红利趋势消失，开放面临逆全球化和脱钩断链等挑战，许多过去行之有效的条件不再具备。一方面，在创新引领的中国式现代化高质量发展阶段，必须在更大力度、更深层次上激发各类主体的创新创造活力，让活力充盈成为现代化中国的最鲜明特征；另一方面，要高度重视秩序的保持和增进，防止出现重大风险并造成风险扩散，这可能对现代化造成全局性的冲击，统筹发展和安全成为事关现代化成败的关键所在。应当看到，中国特色社会主义制度充满生机

活力，具有高度稳定性，但同时仍不可避免产生各类风险与矛盾。体现在社会治理上，随着人民群众生活水平的提高和参与意识持续增强，他们对社会治理特别是基层社会治理提出了更多元化、差异化和物质化的公共服务需求。但是，在省域、市域、县域等单元中，受服务能力和治理水平的制约，存在社会治理缺乏有效创新、基层社会治理能力不足等问题，过多运用行政手段，过多依赖硬性的管理规定，公共服务机制没有跟上等短板依然普遍存在，使得应对风险挑战存在短板。为此，要强化基础治理的创新性探索，高度重视把矛盾纠纷化解在基层、化解在萌芽状态。对于群众反映强烈的各类违法犯罪活动，要发挥法治社会保障社会公平正义的功能，严惩违法行为，确保人民安居乐业。在现代化大局中，秩序与活力不是彼此割裂的，更不是彼此对立的，不是非此即彼的选择题。秩序的有效保持有利于形成稳定预期，更好地激发各类主体的内生动力。同时，在经济中低速增长和多个传统红利消失的情况下，只有真正保护、激发各类主体活力，形成汩汩不止的内生动能，才能让社会更好地保持弹性、韧性，形成具有强大抗冲击力、能应对各类复杂条件的稳定秩序，实现秩序与活力的相互促进、相互依存。推进中国式现代化，保持秩序是基础，保持活力是目的；是要创造一种寓活力于秩序之中、建秩序于活力之上的生动局面，同时创造高质量发展与保持社会长期稳定的新的奇迹。

第二节
强化治理保障社会秩序

推进社会治理现代化，是完善和发展中国特色社会主义制度、推进国家治理体系和治理能力现代化的重要内容。"良好的社会治理是实现社会和谐稳定、人民安居乐业的前提和保障。只有持续加强和创新社会治理，推动社会治理体系和治理能力与时俱进，才能及时发现和有效应对矛盾风险，更好保障国家安全和人民安居乐业。"①

一、顶层设计指引治理创新

江苏先后出台关于加强城市社区治理与服务、加强农村社区治理与服务、加强新型农村社区治理与服务、加强基层治理体系和治理能力现代化建设等一系列政策文件，印发《江苏省"十四五"城乡社区服务体系建设规划》，不断完善基层党组织领导下的自治、法治、德治相结合的城乡社区治理体系，涌现出南京市栖霞区仙林街道的新时代城市版"枫桥经验"、徐州市"马庄经验"等一批社区治理创新经验。持续推进城乡社区服务体系建设，全省 2.13 万个城乡社区实现社区综合服务设施全覆盖。推进"政社互动""减负增效"改革，推行村级组织统计数据"一套表"、党建民生"两本账"、村级组织工作事项"三项清单"，让村（居）组织将更多精力集中在为民服务上。大力推行"一门受理、一站式服务、全科社工"服务模式，深入推进智慧社区建设，"互联网＋社区政务服务""互联网＋社区商业服务"广泛覆盖。促进多元参与。建立健全社区、社会组织、社会工作者、社区志愿者、社会慈善资源"五社联动"机制，进一步整合资源、激发活力、创新服务。全省登记的各类社会组织总数居全国第一。

二、坚持党建引领推进开拓创新

江苏积极构建党组织统一领导、各类组织积极协同、广大群众广泛参与的基层治理体系，出台《关于加强基层治理体系和治理能力现代化建设的实施意见》，建立健全党建"抓管带"机制，引导党员干部下沉社区、在职党员到社区报到，实现"村村到、户户进、人人访"。健全"乡镇（街道）党（工）委—村（社区）党组织—网格（村、居民小组）党组织—党员中心户（楼栋长）"四级组织架构。完善基层党组织领导下自治、

---

① 本报评论员：《在推进社会治理现代化上实现新提升》，《新华日报》2023 年 7 月 14 日。

法治、德治有机融合的群众自治机制,紧密团结群众参与治理,创新基层应急制度机制。建强网格支部堡垒,将支部建在网格上,全省建成一批功能集成的"党员网格驿站"。常州市新北区以"党建＋网格"为抓手,深入实施村(社区)党群服务中心提升行动,由村(社区)党组织下设网格党支部建立责任包干制度,设立"网格党支部责任区""党员先锋岗"负责日常管理,提供党务、政务、文化、健康等系列便民服务。无锡市新吴区新安街道云湖社区坚持以党建为引领,以成立"红领"网格服务队为契机,搭建家门口网格化体系,有效推动党员代表、社区组织骨干、居民骨干、楼道长等新市民主体群众力量参与社区文化服务、志愿服务、矛盾调解等自治共治活动,探索了"党建在网格、自治在网格、服务在网格、友邻在网格"的社区可持续发展治理模式。南京江北新区团工委针对新型城乡街道转型下青年流动聚集新特点、新变化,率先在泰山街道建立"网格驿站＋共青团＋N"服务青年机制,创新打造纵串街道、社区、网格驿站、网格,横联社会组织、青年社团、青年达人的纵横交织型青年服务"塔群",集成资源为青年提供家门口的一站式暖心服务。

三、 健全多元主体治理参与机制

社会主体多元是现代社会的重要特征,决定了现代社会治理必然是多元主体共同参与的治理格局,要通过共建共治共享来实现有效的社会治理。实践充分证明,主体是推动社会治理的关键性要素,没有主体积极参与的社会治理无疑是空中楼阁,更无法实现有效治理。现代社会具有主体类型的多元性与变动性,现代化的社会治理不可能搞单一主体或单一中心,必须为各类主体参与社会治理创造条件、提供保障,形成共建共治共享的社会秩序。事实上,政府、市场、社会、公众都有关注公共利益的公共性和倡导价值共享的内在需求,这内在地决定了他们都是现代社会治理不可或缺的重要参与主体。共建共治共享社会治理格局基础在于共建,核心则在共治。共治之所以需要,一个最为直接的原因在于现代社会治理领域出现了多元主体和多元决策中心，政府、社会组织、企业、公众等主体都可以在一定规则的约束下，以不同形式共同行使治理权力。任何一个主体都难以单枪匹马地行动，而必须寻求与其他主体的通力合作、共同治理，以实现治理力量的合理均衡。

江苏在现代化建设进程中积极探索构建社会治理共同体，推动形成全员参与、各尽其力、各安其序的治理格局，为人民群众创造贴心舒心的社会环境，为"百姓富"注入宝贵的善治因子。江苏坚持发挥党统揽全局、协调各方的领导功能，让党的领导成为善治优治的主心骨；发挥各级政府在社会治理中组织协调、规范保障等功能，让有为政府和强有力的公共服务供给成为江苏治理的强支撑；发挥广大市场经营主体处于经济一线的独特作用，健全市场主体履行社会责任的激励约束机制，倡导诚实守信的经营理念，维护与促进公正高效的市场秩序；发挥群团组织、社会组织广泛联系社会各界群体的强大功能，在调配组织资源、规范行业竞争、畅通各界交流、沟通政商关系、服务社会民生、关爱弱势群体等方面发挥不可替代的关键作用。

四、推动构建社区治理共同体

建立"五社联动"机制。江苏创新社区、社区社会组织、社会工作者、社区志愿者、社会慈善资源"五社联动"机制，不断提升社区党员群众的公共意识和参与能力，推动构建社区共建共治共享共同体。深化"微自治"实践。深入开展"邻里自治""楼宇自治""院落自治"等"微自治"实践，以共同利益联结为基础，充分发挥辖区内人大代表、政协委员、楼栋长、居民代表、老党员、老模范等作用，做细做实小区、楼栋、院落等民主议事协商，真正做到民事民议、民事民决、民事民办，让居民在共建共享中提升幸福感和获得感。健全党员干部下派机制。推行机关企事业单位、市场主体与城乡社区组织联建共建，推动建立健全党员干部下派工作机制，推动党员干部常态化下沉到社区、服务进网格。推行"群众点单、社区派单、党员接单"模式，组织在职党员通过认领"微心愿"等载体,力所能及为居民群众解决实际困难。

五、 促进社会组织高质量发展

高质量的社会组织是实现社会有效治理的重要推动力,在发现、反映、解决人民群众利益诉求方面发挥不可替代的重要作用。江苏持续健全政社分开、权责明确、依法自治的社会组织制度,引导各类社会组织健康发展,鼓励在社会治理中发挥更加积极的作用。建立健全社区、社会组织、社会工作者、社区志愿者、社会慈善资源"五社联动"机制,进一步整合资源、激发活力、创新服务。到2022年,"江苏省共登记各类社会组织超8万家,社区社会组织14.1万家,总数位居全国第一。各类社会组织和9.98万名持证专业社会工作者、11万支志愿服务队伍和2 200万名注册志愿者活跃在城乡社区一线,为居民群众提供多样化、差别化的社区服务"[①]。苏州深入实施"社工+"战略,将基层社工站打造成"五社联动"的重要平台,推动"社工与社区"良性互动、"社工与慈善"有机衔接、"社工与志愿服务"同频共振,营造服务优质、资源丰富、便捷持续的基层"慈善社工服务圈"。

面向未来,江苏将推动全省城乡社区组织实现"六个规范",即:组织架构规范、规章制度规范、阵地建设规范、职责事项规范、队伍建设规范、工作保障规范,努力把城乡社区建设成为人人有责、人人尽责、人人享有的社区治理共同体。完善社区社会组织发展政策,推动从"数量增长"向"质量提升"转变,更好地服务经济社会发展和社区居民。培育引导生活服务类、公益慈善类、救助帮扶类和居民互助类社区社会组织广泛参与社区服务。江苏积极推进社区社会组织结构布局进一步优化、服务能力进一步提升、服务领域进一步拓展,形成比较成熟的社区社会组织服务制度,推动居民更加便捷融入城乡社区治理、踊跃参与社区服务。健全社会组织党建工作体制机制,扎实推进党的组织和工作有效覆盖。完善税收

---

① 皮磊:《江苏省促成多元参与,创新基层社会治理》,《公益时报》2023年8月1日。

优惠、财政资助等扶持保障政策，推动政府向社会组织购买服务常态化。重点培育发展公益慈善类、行业协会商会类、科技类、城乡社区服务类社会组织，扶持发展一批有实力、有能力、有品牌的社会组织。健全社会组织综合监管和信用评价机制，完善评估制度和退出机制。①

六、网格化治理走在前列

江苏首创网格化社会治理理念，率先在全省域推进网格化社会治理，探索形成"大数据＋网格化＋铁脚板"治理机制，建立市域社会治理现代化综合指挥中心，出台首部网格化省级政府规章。2017年，江苏省住房和城乡建设厅印发《关于深入推进城市管理网格化工作的指导意见》，要求实现县级以上城市的城市管理网格全覆盖。一条具有时代特征、江苏特点的基层治理之路逐渐清晰。南京市把全市划分成道路街巷、河道湖泊、市民广场、公园景区、居民小区、单位责任区等33种类型的管理单元。每一类管理单元后面都有一个管理部门，每一个管理单元都有责任单位，进一步发挥了南京市相关单位的职能作用，调动了全社会参与城市治理的积极性。在网格划分之外，江苏还全面梳理系统内管理、养护、执法等人员力量，充分发挥街道、社区在城市管理中的作用，并积极引导社会力量广泛参与。整合多方力量组建城市管理网格化队伍。有条件的地区按照相关法律法规和政策规定，探索公共区市容秩序"物业服务化"管理机制，将相关人员充实到网格化队伍，加强规范化管理。此外，还联合公安、生态环境、卫生健康、市场监管等部门参与城市管理网格化工作，实行"一格多方"的联动机制，实现"多元合一"。② 以无锡市为例，无锡市组建"五员制"工作队伍，配优市级督导员、配精区级辅导员、配强街镇执法员、配足社区管理员、配好单位联络员，共建成27个"五员制"社区。无锡市秉承建设、管理、

---

① 《江苏省国民经济和社会发展第十四个五年规划和二〇三五年远景目标纲要》，《新华日报》2021年3月2日。
② 本刊：《江苏：以"四化"融合城镇管理与社区治理》，《城乡建设》，2020年第2期。

执法"上中下游"协同治理的理念,通过群管群治来解决社区群众反映的突出问题,以破解长期以来城市管理由城管部门单打独斗的局面,不断提升社区居民的获得感和幸福感。目前,江苏省共有10.5万个城乡网格,配备专兼职网格员25万名,90%的安全隐患和矛盾纠纷在网格内就能得到处置和化解。

第三节
优化治理激发社会活力

江苏通过不断优化社会治理,不断推动社会治理重心向基层下移,以数字化、智能化、精准化的治理方式为支撑,用"绣花功夫"把工作做在细微处、把服务做到群众心坎上,激发社会活力,为促进"百姓富"创造有利条件。

一、坚持服务为本提升治理效能

加强服务载体建设。江苏从2016年起将社区综合服务设施建设纳入省政府民生实事项目,通过改扩建提升设施综合功能,建立群众家门口的社区服务枢纽,为百姓创造便捷共享的服务环境。完善社区服务体系。全省各村、社区在基层党组织的领导下,以基层群众性自治组织为主导、社区居民为主体、社会组织和驻社区单位共同参与的城乡社区服务格局基本形成;城乡社区综合服务设施建设水平位居全国前列,全省城乡社区综合服务设施覆盖率为100%,85%的设施建设达到每百户不低于30平方米的国家标准。省"互联网+社区政务服务""互联网+社区商业服务"广泛覆盖。共有便民利民养老助餐点7 000余个、基层医疗卫生机构32 702个、城乡社区综合文化服务中心6 630个,全面建成城市社区"10分钟体育健身圈"。城乡社区社会组织加快发展,截至2020年底,全省已注册登记社区社会组织38 406个，占登记社会组织总数的43%，另有备案社区社会组织105 782个，建成的社会组织孵化培育基地1 231个。城乡社区服务人才队伍建设得到加强。全省共有城乡社区工作者17.5万人、村（社区）"两委"班子成员15.5万人、城乡社区持证社会工作者2.2万人，城乡社区志愿者608.8万人。① 江苏贯彻落实省"十四五"城乡社区服务体系建设规划，健全城乡社区公共服务、便民利民服务、志愿服务等协同发展的综合服务体系，推进"全科社工、一窗通办"。采取"公益创投"等方式创新社区服务，2022年投入资金约2.6亿元。提升社区服务效能。推进智慧社区建设，完善政务服务"一网四端"体系，"互联网＋社区政务服务""互联网＋社区商业服务"广泛覆盖，促进线上线下融合发展，努力构建"15分钟便民服务圈"。

二、 优化社会治理层级功能

发挥市县主阵地作用，针对不同城市、不同地区探索符合实际的社会治理制度体系。江苏扎实开展市域社会治理现代化试点，完善事前事中事后全程治理机制，探索区域社会治理新模式。各地按照协商于民、协商为民的要求，积极开展试点探索，形成一批具有江苏特色的农村社区协商经验模式。溧阳市以"推进协商治理，建设美丽溧阳"为主题，开展"民主三制""百姓议事堂""社区议事园"改革，逐渐摸索出适合当地基层社会协商治理的新路径。张家港市创新推出"民生微实事"，短平快解决农村居民身边的小急难事。健全自治、法治、德治相结合的乡村治理体系，深入推进"万村善治"工程，有效保障农民群众各项权利，开展乡村治理体系建设县级试点和示范村镇建设。南京市江宁区以及江阴市等7个县（市、区）获评"全国乡村治理体系建设试点县"，江苏的数量位居全国第二；徐州市铜山区汉王镇、常熟市梅李镇等6个镇与南京市浦口区后圩村等61个村获评"全国乡村治理示范村镇"，江苏的数量并列全国第一。各

---

① 《江苏省"十四五"城乡社区服务体系建设规划》，江苏省人民政府网站，2022年7月23日。

地积极探索实践，涌现出江阴市徐霞客镇"1+4"机制、连云港市连云区"1521党建+自治+网格"等乡村治理创新做法，有力促进了农村基层社会和谐稳定。根据乡村振兴战略决策部署，省委政法委牵头实施"万村善治工程"，形成徐州市汪贾区马庄村"三治合一"乡村善治样板、南京市六合区金山村"1+1+3"乡村治理体系等一批可复制、可推广的经验做法，有效提升乡村社会治理效能，筑牢乡村风险防范屏障，夯实乡村平安稳定根基。各地以农村社区治理服务精细化、精准化为导向，在融入五级网格平台建设基础上，积极探索社区微协商。张家港市、江阴市等地探索形成"民主协商+网格"模式，创新居民协商议事形式和活动载体，以网格为单位成立网格协商议事会，打破社区自治组织行政化倾向，畅通民意诉求表达渠道。

三、探路城市治理促进"百姓富"新路

随着城市化的快速发展，城市成为"百姓富"的主阵地。城市治理水平成为影响"百姓富"的关键变量。现代化的城市治理，要让城市治理体系科学高效运转，让各类资源要素高效配置，让各类主体实现共建共治共享。党的十八大以来，习近平总书记站在统筹中华民族伟大复兴战略全局和世界百年未有之大变局的高度，科学把握城市发展大势，深刻洞察城市发展规律，就城市工作作出一系列重要论述，深刻揭示了中国特色社会主义城市发展规律，明确了城市发展的价值观和方法论，科学回答了城市建设发展依靠谁、为了谁的根本问题，以及建设什么样的城市、怎样建设城市的重大命题，为做好新时代城市工作指明了前进方向、提供了根本遵循。城市治理是推进国家治理体系和治理能力现代化的重要内容；既要善于运用现代科技手段实现智能化，又要通过绣花般的细心、耐心、巧心提高精细化水平；使政府有形之手、市场无形之手、市民勤劳之手同向发力；真正实现城市共治共管、共建共享。这些重要论述阐明了城市治理对于城市现代化的重要意义，明确了提高科学化、智能化、精细化水平的理念和手段。现代城市治理是在一个社会结构日益开放、参与主体日益多

元、利益诉求日益多样的崭新时空环境中开展的公共事务治理，需要充分考虑城市经济社会发展水平所形成的承载能力，合理安排并妥善处理政府、公众、社会组织、企业等多元主体之间的关系。江苏城市众多，积极探索城市治理创新，成为影响百姓创富和享富水平的重要因素。

南京市积极创新，为特大城市社会治理现代化探路。从 2022 年起，南京不断强化智能应用，把网格化社会治理与智慧城市建设、大数据中心建设有机结合，着力打通服务群众"最后一米"。江北新区和 11 个区全部建有城市数字治理中心。它们和市级城市数字治理中心联动，共同打造全市共建共享、互联互动的"一网统管"基层治理体系，聚焦危化品、城镇燃气、道路交通等重点领域，引入"安全审计"，持续实施城市风险源普查辨识建档和常态化巡查，建成集风险感知、预警预测、监管执法、应急调度等功能于一体的应急管理信息化系统，城市安全韧性水平显著提升。

2020 年 5 月，苏州市被确定为全国首轮市域社会治理现代化试点城市。苏州积极打响"苏城善治"品牌，协力推动"六治融合"。"在守牢'政治强引领'制高点、夯实'自治强基础'立足点、抓实'法治强保障'关键点、选准'德治强教化'结合点、撬动'智治强支撑'创新点的基础之上，以全国社会心理服务体系建设试点为契机，将'心治强底蕴'作为特色点，创新形成'六治一体'的融合共治方式；创新设立'八心工程'"[①]围绕苏州实际和特色工作，"创新设立党建引领凝心工程、风险防范安心工程、矛盾化解顺心工程、公共服务舒心工程、网格治理聚心工程、心理健康暖心工程、社会参与同心工程、科技赋能慧心工程，通过推进项目落地落实，架起与人民群众之间血脉相通、同心同向的'连心桥'与'共治路'"[②]。苏州市相城区黄埭镇以数字化治理为抓手，提高基层"智"治能力和水平。黄埭镇审批服务综合执法一体化

[①] 彭广余、宋世明、陈广娟：《"苏城善治"探索社会治理现代化新路》，《江苏法治报》2022 年 9 月 6 日。
[②] 邹强：《苏州全力打造市域社会治理现代化"示范城市"》，《苏州日报》2020 年 12 月 16 日。

平台链接市容市政、科创招商、文体旅游等多部门数据，增设热力分析、远程监控等功能，实现事项远程监测全时段、风险防控一体化、指挥调度全协同。据相关负责人介绍，该平台集成了"12345"便民服务热线、数字城管、"寒山闻钟"等诉求平台数据，应用社会治理事项发现、受理、分流、跟踪、处置、督办、反馈、评价"八步闭环工作法"，实现群众诉求一揽子汇聚、一站式解决、一键式处置。

四、积极构建和谐社区

推动社区志愿服务活动制度化常态化，加快社区工作与物业管理融合发展，实现全时空守护平安、零距离服务群众。强化社区公共服务多元供给，优化公共空间布局，重点加强经济薄弱村、老城区社区综合服务设施建设。全面发展适应农村特点和农民需求的新型农村社区治理，建立社会组织、社会工作者、志愿者、现代乡贤等协同参与体系。推动自治、法治、德治融合发展，全面建立党组织领导、村（居）民委员会主导的城乡社区协商制度，围绕群众关心的突出问题开展协商议事，规范协商议题来源、议事主体、议事规则、议案执行等环节和流程，着力解决群众"急难愁盼"问题。"规范村规民约、居民公约，充分发挥其引导约束作用，完善可感、可知、可行的城乡社区居民自治章程，提高居民自我管理、自我教育、自我服务、自我监督的能力和水平"[①]。

全科社工是指掌握社区工作相关职业技能的社区工作者，具有一人多岗、一专多能的优势，一人即可为有不同需求的群众提供全方位服务，以更灵活的工作方式了解民生民情。江苏各地积极探索"全科社工"服务，是增进民生福祉的重要途径。无锡在社区推行"全科社工"服务模式，社区工作者从"一岗制"转变为"全科制"，提升了服务效率。扬州发布全国首个城乡社区全科社工服务规范，从工作原则、人员素质、服务内容、服务流程、服务要求、队伍管理、考核评价等

---

① 《江苏省"十四五"城乡社区服务体系建设规划》，江苏省人民政府网站，2022年7月23日。

角度阐述全科社工相关工作标准。2020年,扬州城市社区已实现全科社工服务模式全覆盖。常州溧阳经济开发区积极推进"全科社工"工作,已实现24个村(居)全覆盖,架构起一张"一站受理,全科服务"之网,将传统的"人找服务"转变为"服务找人",做到"简单业务随时办、复杂业务尽快办、跑腿业务代为办",进而全面推动基层党建与基层社会治理深度融合。

及时发现群众所需,并积极进行响应,对提高百姓获得感、幸福感有特殊作用。昆山市推出"城社前哨"品牌项目,推进"街巷吹哨、部门报到、接诉即办"工作机制,在中心城区的十个社区开展试点,建立了一座服务社区居民的"哨所",打造了一个城管执法人员参与社区管理的"前沿阵地",在居民的烦心事、忧心事和揪心事得到解决的过程中,城管执法队员、社区和居民之间的距离不断缩短。宿迁市宿豫区实现了综合执法管理全覆盖,每个城市社区均设置综合执法管理党支部,建立了八个示范化综合执法管理进小区工作站,以此为阵地,推动基层党的组织向小区延伸。盐城市开展了"党员干部挂钩到社区"活动,全市城管系统2000余名党员干部主动挂钩到居住辖区所在社区,发挥党员先锋模范作用,尽己所能为群众解决身边的困难事。

五、坚持和发展新时代"枫桥经验"

马克思主义认为,社会矛盾具有普遍性和客观性。在社会主义市场经济条件下,人民内部矛盾大量产生并发生新的形态演进,这是我国社会治理必然面临和需要处理的现实问题。习近平总书记指出,"古人说:'消未起之患、治未病之疾,医之于无事之前。'法治建设既要抓末端、治已病,更要抓前端、治未病。我国国情决定了我们不能成为'诉讼大国'。我国有14亿人口,大大小小的事都要打官司,那必然不堪重负!要推动更多法治力量向引导和疏导端用力,完善预防性法律制度,坚持和发展新时代'枫桥经验',完善社会矛盾纠纷多元预防调处化解综合机制,更加重视基层基础工作,充分发挥共建共治共享在基层的作用,推进市域社会治理现代化，促进社会和谐稳定。"① 新时代"枫桥经验"的核心要义在于发挥调节的独特功能，使之成为化解人民内部矛盾的有效手段。调解作为具有中国特色的治理制度和方式，长期以来在中国社会矛盾调处中发挥着重要作用。调解制度延续至今并实现创造性转化的深层原因，是人们对于调解制度的核心理念——"和谐"的认同，这也正是新时代"枫桥经验"能成为社会治理的重要抓手的原因，它蕴藏着"平安""和谐"等中华优秀传统法律文化的核心价值。坚持和发展新时代"枫桥经验"要深刻认识其蕴含的法治价值与和谐理念，注重通过预防化解矛盾纠纷，把矛盾解决在初始、化解在萌芽，维护基层社会和谐稳定。从"百姓富"的层面理解，人民群众所能感受到的"富"，不仅包括物质和精神层面，还包括和谐的生活状态和社会状态。从中国的国情出发，通过调节等"非诉"方式调节矛盾、促进和谐，为广大人民群众所乐见，也是"百姓富"的重要体现。

党的十八大以来，江苏把推进社会治理现代化作为推进省域治理体系和治理能力现代化的支柱性工程，把握新时代人民内部矛盾的新特点和新趋势，陆续出台《关于加快推进社会治理现代化　建设更高水平平安江苏的实施意见》《关于加强基层治理体系和治理能力现代化建设的实施意见》《关于加强诉源治理推动矛盾纠纷源头化解的实施意见》等制度文件，形成江苏坚持和发展新时代"枫桥经验"的顶层设计，有力指导和促进了江苏和谐发展局面的形成。江苏各地积极探索调节人民内部矛盾的实践举措，南京市栖霞区仙林街道、苏州市吴江区委政法委、淮安市淮阴区司法局、泰州市泰兴市河失镇入选全国"枫桥式工作法"单位。从宿迁的村（居）民"三治"积分制激励管理办法，到扬州的"家门口"调解室、法律咨询室，江苏矛盾纠纷多元化解手段不断丰富。淮安市淮阴区设立老兵调解工作室，处理涉退役军人矛盾纠纷，以"战友情结"化解"矛盾心结"，老兵调解员们将法治宣传、法律服务等融入人民调解过程，既"坐

---

① 习近平：《坚定不移走中国特色社会主义法治道路　为全面建设社会主义现代化国家提供有力法治保障》，《求是》2021年第5期。

堂问诊"又"出门巡诊",提供个性化、定制式服务。南京市高淳区构建区级统筹协调解决重大难题、镇街组织实施解决具体问题、村社落实落细解决服务问题的权责架构。推动区和街镇纠纷调处中心进驻同级综治中心。建成"一站式"多元解纷平台,全面打通访、调、诉全链条闭环服务。探索推进府院联动一个平台、三大机制、三项辅助,积极打好府院联动组合拳,以"一站式"矛调平台闭环解决矛盾风险问题。

江苏全面建成覆盖市县乡三级的社会治理平台,在"网格吹哨、社区把关、街道派单、部门接单"机制下,由基层治理平台紧紧串联在一起,形成排查发现、任务分办、协同处置、结果反馈的闭环处置模式。[①] 面向未来,江苏坚持和发展新时代"枫桥经验",要进一步发扬"和为贵"的优良传统,综合运用行政、法律、政策、经济等各种手段,以调解为主要方式,以调和为目的,结合自愿原则,达到实质性解决纠纷的目的,有效防范矛盾纠纷的激化升级,让稳定和谐的社会关系成为江苏"百姓富"的鲜活样态。

---

① 陈珺璐:《坚持和发展新时代"枫桥经验"——江苏谱写基层善治新篇章》,《新华日报》2023年11月13日。

第十章
在丰富群众精神世界上奋发作为

"百姓富"既富在物质层面，又富在精神层面。追溯共同富裕的理论与实践源头，从东方社会的"天下大同"到马克思主义对未来社会人的"自由而全面的发展"的构想，共同富裕从来都是物质共富与精神共富并存。人民美好生活不仅要求物质富足，也要求精神富有，丰富人民群众精神世界是"百姓富"的内在要求。建设"强富美高"新江苏，必须走物质文明和精神文明协调发展之路，让丰厚的物质精神文明成果成为江苏现代化建设最富标志的成果。

第一节
同步推进物质富足、精神富有

习近平总书记指出："既要物质富足、也要精神富有，是中国式现代化的崇高追求。物质贫困不是社会主义，精神贫乏也不是社会主义。"[①] 中国式现代化是全体人民共同富裕，是人民群众物质生活和精神生活都富裕，追求是的人民群众物质富足与精神富有相统一的现代化。

一、把握物质富足、精神富有的辩证关系

辩证唯物主义深刻揭示了物质和意识的辩证关系，一方面，物质决定意识，是意识产生的前提和基础，客观的社会存在决定人们的意识；另一方面，意识具有能动的反作用，人们在满足衣食住行等基本的物质生活需要的同时，也产生精神生活的需要。社会主义社会要创造发达的社会生产力，实现物质财富的不断丰富，同时还要创造高度的精神文明，实现精神财富的不断丰富，让人民群众拥有丰盈充实的精神世界。对于共同富裕来说，实现物质生活的共同富裕是前提和基础，实现精神生活的共同富裕是

[①] 习近平：《中国式现代化是强国建设、民族复兴的康庄大道》，《求是》2023年第16期。

重要内容。也只有人民精神生活需要得到满足，实现精神生活的共同富裕，才是共同富裕彻底实现的标志。党的二十大报告将"人民精神文化生活更加丰富"作为社会主义现代化国家建设的重要目标，体现了对中国式现代化走全体人民共同富裕之路的规律性把握。推进中国式现代化，不仅需要强大的物质力量，也需要强大的精神力量。中国式现代化的艰巨性、挑战性前所未有，尤其需要强大的精神驱动力，特别是激发人民群众参与现代化建设的内生动力，形成具有高度创造力、凝聚力的精神力量。任何一种精神文明都需要建立在一定的物质文明基础之上。

精神文明具有相对独立性。恩格斯指出："政治、法律、哲学、宗教、文学、艺术等等的发展是以经济发展为基础的。但是，它们又都互相作用并对经济基础发生作用。这并不是说，只有经济状况才是原因，才是积极的，其余一切都不过是消极的结果。而是说，这是在归根到底不断为自己开辟道路的经济必然性的基础上的互相作用。"[①] 从本质内涵上分析，精神富有基于但并非依附于物质富足，具有相对独立性、不可替代性，并且精神文明建设对物质文明建设有强大的反作用。古罗马帝国一度拥有强大的军事、政治、文化影响力，但社会道德秩序的崩溃侵蚀了国家强盛的根基，加速了国家的灭亡。西方早期的现代化，一边是财富的积累，另一边是信仰缺失、物欲横流。今天，西方国家仍无法解决物质丰裕下的分配不平衡和弥散性的精神贫乏问题。中华文明历来把人的精神生活纳入人生和理想之中。中国共产党在领导中国人民进行革命、建设、改革的过程中，始终高度重视精神力量的极端重要性，强调精神变物质、物质变精神的辩证法。人民群众精神振奋、发愤图强，就可以创造出很多人间奇迹，越是面对困难挑战，越有敢于胜利的信念信心，保持昂扬向上的精神风貌。新中国成立后，在极端困难条件下，广大人民群众调动起冲天干劲，完成了大国现代化启动这一世界性难题，建成独立的工业体系，为改革开放后的经济跨越发展奠定了重要基础。中国式现代化坚持物质文明和精神文明协

---

① 《马克思恩格斯选集》第4卷，人民出版社2012年版，第649页。

调发展，丰富人民精神世界，激发人民精神力量，让现代化成为一个动态的、积极有为、始终洋溢着蓬勃生机活力的过程。

二、以人民为中心促进物质富足、精神富有

物质共富与精神共富在本质上都是人的需求的必然要求，是"以人民为中心"思想在发展层面的具体体现。人民群众既是物质共富的主体，也是精神共富的主体。在以往的社会制度条件下，人民群众推动创造了可观的物质财富，但不仅不能在分配环节获得与劳动相匹配的成果，出现"遍身罗绮者，不是养蚕人"的悖论；而且，人民群众在物质生活水平被限制的情况下，很难有条件从事精神财富的创造或分享，出现不同程度的异化现象。只有在社会主义制度条件下，人民作为物质共富与精神共富的同一主体才有具备现实条件。人民是物质与精神财富的创造者，也应该是物质和精神财富的分享者。共建、共享与共富在逻辑与实际上完全相通。习近平总书记指出："中国式现代化既要物质财富极大丰富，也要精神财富极大丰富、在思想文化上自信自强。要坚持两手抓、两手硬，促进物质文明和精神文明相互协调、相互促进，让全体人民始终拥有团结奋斗的思想基础、开拓进取的主动精神、健康向上的价值追求。"[①] 改革开放初期，中国的社会主要矛盾，是人民日益增长的物质文化需要同落后的社会生产之间的矛盾。这一主要矛盾意味着，由于受到当时社会生产力水平的限制，人民群众迫切要求提高物质文化生活水平，在"物质文化需要"中更注重物质需要的满足，同时也保持一定对精神文化的需要。进入新时代，中国社会的主要矛盾已经转变为人民日益增长的美好生活需要和不平衡不充分的发展之间的矛盾，人民群众对精神文化的需要更加强烈，需要把促进人民群众精神生活共同富裕摆在更重要位置，不断满足人民群众多样化、多层次、多方面的精神文化需要，让现代化的物质和精神成果更多更公平惠及全体人民。江苏推进"百姓富"，必须将实现人民群众物质富足、精神富

---

① 习近平：《中国式现代化是强国建设、民族复兴的康庄大道》，《求是》2023 年第 16 期。

有作为重要追求，推进物质精神同步共富，释放物质共富与精神共富的双重力量、双重价值，为实现"百姓富"不断创造更加坚实的条件。江苏在中国式现代化中"走在前、做示范"，必然要在推进物质文明和精神文明协调发展上走在前列，率先探索人民群众物质富足、精神富有的现有样态。

三、"两个文明"协调发展的坚定探索

推进物质文明和精神文明"两个文明"协调发展，是中国社会主义现代化的内在要求和显著特征，贯穿于江苏现代化建设的全过程。改革开放后，江苏全省上下呈现出昂扬向上的精神面貌，积极健康的精神文明成为现代化建设的重要动力。江苏在改革开放初期之所以能够为邓小平同志的"小康构想"提供印证，不仅在于苏南地区创造了巨大的物质文明成果，实现了经济的高速增长，人民物质生活水平得到了显著提高，还在于人民群众呈现积极向上的精神面貌，社会主义精神文明达到新高度。以苏州为代表的苏南地区实现了物质文明与精神文明的协调发展，人民群众的精神面貌焕然一新、朝气蓬勃，人民群众精神文化生活丰富多彩，社会安定团结、和谐稳定，犯罪率大大降低。这是江苏重视"两个文明"协调发展的缩影。

江苏持续推进"两个文明"协调发展，对精神文明建设进行持续探索。1984年10月，江苏省委明确提出，党的十一届三中全会以来，人们的思想和道德水平有所提高，科学文化事业日趋繁荣，要求在经济建设的同时，必须十分重视社会主义精神文明建设。1986年10月，江苏贯彻落实中央关于社会主义精神文明建设指导方针，提出不仅追求在经济持续、稳定、协调发展上继续领先，在科学技术的发展上、在精神文明建设上也争取在全国领先。1995年10月，全国精神文明建设经验交流会在张家港市召开，"团结拼搏、负重奋进、自加压力、敢于争先"的十六字"张家港精神"和"张家港经验"走向全国。同年11月23日，《人民日报》刊发题为《弘扬"张家港精神"》的评论："归结起来看，'张家港精神'是一

种抓住机遇、加快发展、勇创大业的精神，是一种敢于竞争、敢闯一流、永不满足的精神，是一种雷厉风行、脚踏实地、真抓实干的精神，也是一种共产党人实践全心全意为人民服务宗旨、对人民高度负责、严于律己、自觉奉献的精神。"张家港从昔日的"穷沙洲"一跃而起，成为全国"两个文明"建设标兵，成为江苏持续推进"两个文明"协调发展的典型。1996年10月，江苏明确提出在"两个文明"协调发展上走在全国前列的目标。

进入21世纪，江苏"十五"计划提出，江苏经济发展进入以提高效益为中心的新阶段，经济结构进入加快优化升级的新阶段，社会发展进入更加注重人的全面发展的新阶段，要坚持"两手抓，两手都要硬"的基本方针，促进社会全面进步，要把物质文明建设与精神文明建设作为统一的奋斗目标，统一规划，同步实施。江苏"十一五"规划提出，更加注重经济社会协调发展，促进人的全面发展；更加注重社会公平，使全体人民共享改革发展成果，认真解决好人民群众最关心、最直接、最现实的利益问题，促进社会主义经济、政治、文化和社会建设的互动并进。江苏"十二五"规划进一步提出，在基本生活得到保障的同时，人们对提高生活质量、改善生活环境提出了更高要求；在物质生活不断改善的同时，人们对丰富精神文化生活、扩大政治参与、体现公平正义提出了新的需求。江苏要以保障和改善民生为经济社会发展的出发点和落脚点，促进人的全面发展和社会全面进步，让全省人民过上更加富裕、更加安定、更加美满的生活。

进入新时代，江苏更加自觉、更大力度推进"两个文明"协调发展。江苏"十三五"规划提出，实施民生共享战略，积极推进社会主义核心价值观建设，深入开展爱国主义、集体主义、社会主义教育，大力弘扬民族精神、时代精神，提升全社会精神追求，推动物质文明和精神文明协调发展，不断提升公民文明素质和社会文明程度。江苏"十四五"规划提出，以社会主义核心价值观为引领，以满足人民文化需求、增强人民精神力量为目标，系统谋划推进文化事业产业发展，加快提升文化创新创造发展能力，构筑思想文化引领高地、道德风尚建设高地、文艺精品创作高地，当好社会主义文化强国建设的探路者、先行军。江苏切实担当举旗帜、聚民心、育新人、兴文化、展形象使命任务，坚持以人民为中心的工作导向，以高质量发展为主题，以人的全面发展为核心，以物质文明与精神文明相协调的现代化为方向，统筹推动文明培育、文明实践、文明创建，大力推进城乡精神文明建设融合发展，经过多年的努力，道德风尚建设高地展现出令人欣喜的现实模样，崇德向善、共建文明、美人之美、美美与共已成为江苏鲜亮的文明底色，"两个文明"协调发展成为江苏现代化建设的强大动力。

第二节
持续丰富人民群众精神世界

丰富人民精神世界是中国式现代化的重要任务，也是"百姓富"的重要追求和衡量标准。持续丰富人民群众精神世界，是推进中国式现代化及省域实践的内在要求，是我国社会主义现代化的显著优势。

一、深厚区域文化为"百姓富"注入深层动力

江苏是中华文化重要发祥地和中华文明重要承载地，拥有全国数量最多的国家历史文化名城、中国历史文化名镇、中国历史文化街区，汉文化、金陵文化、吴文化、淮扬文化交相辉映，大运河文化、长江文化、江南文化、江海文化交融相生，独特的区域文化不仅为人民群众提供了丰厚的精神滋养，而且有力推动物质财富的创造。江苏素以实业见长，形成了深厚的实业文化。改革开放以来，江苏抓住实体经济不放，大力发展实业，使实体经济成为江苏最厚实的家底。发达的实体经济成为江苏经济抵御风险、行稳致远的可靠依托。江苏自古就有崇文重教之风，人民群众整

体素质较高。优质的人力资本与实体经济相结合,江苏人在勤奋拼搏中创造出一个个经济奇迹,通过勤劳的双手、智慧的大脑改写自身的命运,创造出一个个勤劳致富的故事,这也是江苏推进"百姓富"的优势所在、底气所在。

二、推动共同富裕理念入脑入心

追求共同富裕是社会主义的本质要求,在中国有着深厚的文化传统,但共同富裕理念不可能自动形成。江苏坚持以党的创新理论指引共同富裕,指引推进"百姓富"的实践进程。深入学习贯彻习近平新时代中国特色社会主义思想,深刻把握实现共同富裕是社会主义的本质要求,是人民群众的共同期盼,是中国式现代化的重要特征,是中国共产党矢志不渝的奋斗目标。要引导人民群众认识到,共同富裕是中国式现代化的本质特征,是区别于和优于西方现代化的重要体现;共同富裕与每一个家庭、每一个人息息相关,是全体人民的共同富裕;共同富裕需要共同奋斗、共同创造,要靠人民群众的勤劳智慧来创造;共同富裕需要国家和社会要创造更加普惠公平的条件,给更多人创造致富机会,个人也不能置身事外,要人人参与、避免"躺平";共同富裕是一个长期推进的过程,要保持耐心和信心,防止畏难和急于求成。

中国共产党的初心使命就是为中国人民谋幸福,为中华民族谋复兴。不断增进人民福祉,实现人民幸福,是党的初心使命的集中体现和现实反映。带领人民追求和创造共同富裕,体现在中国共产党的整个发展史上。江苏拥有光荣的革命传统,注重加强革命遗址、革命文物、革命档案保护研究,推进革命文物的整体规划、连片保护、统筹展示、教育宣传,赓续红色血脉。加强党史、新中国史、改革开放史、社会主义发展史教育,让党员干部和人民群众在红色教育和历史教育中增强对党带领人民创造美好生活的认知和认同,更加坚定为实现全体人民共同富裕而不懈奋斗。江苏以社会主义核心价值观引领共同富裕,强化教育引导、文化熏陶、宣传展示、制度保障,夯实共同富裕的思想道德基础。深入实施文化基因解码工程，加强对中华优秀传统文化蕴含的价值理念和道德规范的挖掘阐释。指导开展"以文化人"行动，推动社会主义核心价值观融入文艺作品创作、文化产品和旅游产品供给全过程。推动共同富裕理念融入日常生活。广泛开展志愿服务关爱行动。以"培育慈善文化""弘扬诚信文化"等为主题，开展形式多样的群众文化活动，营造人与人之间互相尊重、互相关心、互相帮助、和睦友好的社会风尚。

三、在提升文明素养中丰富精神世界

不断巩固和加强马克思主义指导地位，坚持不懈地开展党的基本理论、基本路线、基本纲领教育，开展爱国主义、社会主义、集体主义教育，在全社会树立共同理想和精神支柱。江苏发挥社会主义核心价值观引领风尚和凝心聚力的作用，培育和深化中国特色社会主义价值认同，深入宣传阐释社会主义核心价值观。坚持从最能形成共识的"爱国、敬业、诚信、友善"入手，深入宣传阐释社会主义核心价值观的丰富内涵和实践要求，找准社会主义核心价值观同人们思想道德情感的契合点，推动社会主义核心价值观入脑入心；全面覆盖各类媒体、公共空间、宣传文化阵地以及人群，创新开展公益广告宣传，拓展网上传播平台，用好各类文艺作品和群众性文艺活动载体，深入宣传阐释社会主义核心价值观。

大力弘扬民族精神、时代精神，广泛倡导科学精神，增强公民的国家意识、法治意识、社会责任意识，提升全社会精神追求。选树道德模范、时代楷模、最美人物、优秀建设者和身边好人，推动领导干部、知识分子、企业家、公众人物发挥示范带动作用。扎实推进未成年人思想道德建设，深化拓展"八礼四仪"养成和心理健康教育。围绕"爱、敬、诚、善"主题，加强社会公德、职业道德、家庭美德、个人品德教育，推动道德讲堂创新发展，实施网德建设工程，开展网络公益活动。通过提升人的精神境界和文化素养，培育合格的社会主义建设者和接班人，让新一代江苏人成为物质共富和精神共富的建设者、共享者。

注重资源挖掘抓文化滋养。深入挖掘和阐发地域特色文化，在传承历

史文脉中激发创造力，深入分析江苏文化的起始源流、精神内核、人文特质、历史意义和当代价值，提炼和展示江苏优秀传统文化的精神标识和文化精髓。广泛开展"我们的节日"经典诵读等活动，发挥经典浸润人心、涵养品格的重要价值，以优秀文化涵养人们的精神气质，增强人们的文化认同与文化自信。健全完善志愿服务常态长效机制，深入开展"文明江苏"志愿服务行动。深化文明城市、文明村镇、文明行业、文明单位、文明家庭和"江苏最美乡村"创建。发挥红色资源作用，让其成为江苏培养时代新人的有效手段。从雨花英烈的革命风骨到新四军将士在江淮大地上留下的铁军精神，从周恩来故里到"常州三杰"纪念地，江苏始终致力于加强革命文物红色遗产的展览展示、宣介教育工作，通过开展各类主题活动，传播红色文化，赓续红色基因，让一代代江苏人从红色文化中接受精神洗礼，凝聚奋斗力量，不断丰富百姓精神世界。

四、激发"四敢"担当丰富精神世界

"敢为天下先"的精神，是江苏的鲜明特质。踏上新征程，江苏认真落实中央关于"让干部敢为、地方敢闯、企业敢干、群众敢首创"的要求，激发广大党员干部、群众和企业家在新征程上坚持把敢为、敢闯、敢干、敢首创作为干事创业的风向标，形成现代化建设的强大精神力量。江苏坚持以"四敢"担当激发高质量发展活力，调动各方面积极性、主动性、创造性，凝聚全社会一心一意促发展、百折不挠向复兴的澎湃动力，这成为丰富人民群众精神世界的重要途径。江苏坚持"让敢为的干部受重用"的鲜明导向，大力选拔善于攻坚、善于创新、勤勉廉洁、默默耕耘的愿为能为有为干部，旗帜鲜明为担当者担当，全面激发广大干部干事担事推动高质量发展的激情活力。"地方敢闯"是改革开放取得成功的宝贵经验，也是推进高质量发展的重要支撑。无论是"乡镇企业异军突起"，还是"自费办开发区"，江苏在"地方敢闯"上有着深厚的传统，并进行了生动实践。高质量发展离不开企业的创新创造，以恒心办恒业，以匠心谋发展。江苏持续深化"放管服"改革，打造最优营商环境，推动一批企业

深耕江苏市场、谋求更大发展，激荡起高质量发展的不竭动能。江苏全力支持和鼓励广大人民群众探索实践，创造更多新行业新业态，打开更多发展新天地，以群众敢首创为高质量发展蓄力赋能。高质量发展需要凝神聚气，"四敢"能够有效提振全社会干事创业精气神，形成永不懈怠的精神状态、敢为人先的改革胆识和一往无前的奋斗姿态。江苏紧扣高质量发展主题，解放思想、开拓进取，在改革创新上大胆探索突破，将干部的担当作为、地方的创新探索、市场主体的积极进取、人民群众的无穷智慧激发出来，形成推动高质量发展的动力之源、精神之源。同时，"四敢"也蕴含着全面推动高质量发展的重要方法。进入新发展阶段，面对前进道路上的风险考验，躺平没有出路，等待没有前途，躺赢没有可能。只有不断激发全社会干事创业活力，才能赢得未来，才能在日益激烈的竞争中争先进位，蹚出高质量发展新路子，描绘活力纷呈的中国式现代化现实图景。

五、持续推进文化惠民

江苏持续开展文化惠民行动，创新实施"千支优秀群众文化团队培育计划"，大力培育乡村文化能人和群众文艺团队，打造群众身边"不走的文化队伍"。通过资金补助和省级直接采购配送两种方式，全方位提升"送戏下乡"质效。推动全民阅读和全民艺术普及，开展惠民演出、巡演巡展、高雅艺术进校园等活动，活跃社会文化生活，提高人民群众艺术修养和审美水平，促进移风易俗、弘扬时代新风。全省积极组织"送戏下乡"，在基层打造与群众零距离的"戏剧大舞台"，注重发挥乡土文化人才的作用，鼓励引导有一定艺术专长、有声望、能吃苦的"乡土艺术家"成为乡村公共文化的倡导者、发起者和参与者，一批有爱心、有才艺的乡土人才、非遗传人、民间艺术家成为文化惠民的重要力量。为了让演出能够满足群众需求和口味，江苏通过"菜单式"服务和精准配送为人民群众打造了家门口的"文化盛宴"。无锡江阴实施"澄艺快递"公共文化服务精准配送项目，依托江阴公共文化云平台，由乡镇街道根据群众需求进行点单，通过"菜单式"点选和"订单式"配送，将公共文化服务精准送到基层，配送节目中既有中老年喜爱的锡剧、越剧、评弹，也有中青年热衷的脱口秀、话剧、室内乐，还有吸引儿童青少年广泛参与的非遗展示、研学、魔术杂技等，深受群众好评。盐城重点构建"1＋5＋18"文化惠民活动体系，高标准部署推进 56 个重点小剧场建设，深入开展"万场文化活动进农村"活动，每年送戏 2 000 场次、送展览 200 场次、送电影超过 22 000 场次。一项项文化惠民举措，让人民群众更好地享受高水平的社会文明成果，成为精神富足的重要途径。

六、创新推进文化富民

江苏大力发展文化产业，拓展文化富民途径，成为推进"百姓富"的重要生长点。"推进文旅融合，在全国率先出台省级夜间文化和旅游消费集聚区建设指南和评价指标，创新举办文旅消费季、文化和旅游项目融资集中签约活动。南京、苏州获评国家文化和旅游消费示范城市。"[①] 江苏注重历史文化与现代文明结合、人文资源与旅游业态融合，提出构建以江河湖海为脉络的"两廊两带两区"文旅发展布局。制定出台世界级运河文化遗产旅游廊道、世界级滨海生态旅游廊道、扬子江世界级城市休闲旅游带、陆桥东部世界级丝路旅游带、沿太湖世界级生态文化旅游区和沿洪泽湖世界级生态文化旅游区建设方案，系统推动沿江、沿河、沿湖、沿海文旅联动发展、特色发展。深化江苏与世界各地文明交流互鉴，完善文化交流精品项目库，实施好"文化丝路"计划，办好"一带一路"手工艺周、中国西班牙文化和旅游年等文旅活动，持续推进江南水乡古镇、中国明清城墙、海上丝绸之路的保护和联合申遗。加大文旅资源境内外宣传推介力度，打响"水韵江苏"文旅品牌，让江苏成为展示中华文明、东方神韵的重要窗口。积极培育文旅融合新业态新载体新项目，"演出＋旅游""音乐＋旅游""展览＋旅游""赛事＋旅游"等日益火爆，无锡的《拈花一笑》、盐城的《天仙缘》、苏州的《游园惊梦》入选全国旅游演艺精品名录。大

---

① 《江苏省"十四五"文化和旅游产业发展规划》，江苏省人民政府网站，2021 年 10 月 15 日。

力推进文创开发，全省共有 37 家国有文化文物单位被列为文创开发试点单位。"文化＋互联网""文化＋科技""文化＋制造""文化＋旅游"的跨界融合发展，拓展文创产业发展空间，释放出更多文化富民红利。

第三节
充分彰显"百姓富"的文明底蕴

"百姓富"既要富在物质文明成果丰硕，也要富在精神文明深入人心。放在人类文明的大视野下审视，"百姓富"在本质上是一个社会整体文明程度达到相当高度后的产物。因此，推进"百姓富"，必须充分激发深层次的文明伟力，让融合古老与现代的文明成为最广阔的富之源泉。

江苏在现代化进程中，注重牢牢把握社会主义先进文化前进方向，始终把人民对美好生活的向往作为奋斗目标，不断丰富人民精神文化生活。

一、厚植"百姓富"的文明根基

自古以来，中国人就把追求美好的精神文化生活纳入人生发展和社会理想之中。中国共产党自成立之日起就是一个具有高度文化自觉的马克思主义政党，始终致力于建设一个文化繁荣、文明兴盛的社会主义中国。新时代十年，中国文化建设在正本清源、守正创新中取得历史性成就、发生历史性变革，文化事业和文化产业呈现出更加繁荣、蓬勃发展的生动景象，全党全国各族人民文化自信明显增强、精神面貌更加奋发昂扬。中国式现代化的一个鲜明特色，就是推动社会主义文化繁荣兴盛，繁荣发展文化事业和文化产业，不断满足人民群众多样化、多层次、多方面的精神文化需求，丰富人民精神世界、增强人民精神力量，促进人的全面发展。

江苏在新的形势下推进"百姓富"，必定要上升到建设中华民族现代文明，这既是中国式现代化的必然要求，是社会主义精神文明建设的重要内容，也是在更高水平上赋予"百姓富"新内涵、形成更大凝聚力吸引力的要求。江苏出台《关于进一步把社会主义核心价值观融入法治江苏建设的实施意见》及立法修法规划，先后制定和修订《江苏省志愿服务条例》《江苏省社会信用条例》《江苏省奖励和保护见义勇为人员条例》《江苏省家庭教育促进条例》等十余项精神文明建设领域相关地方性法规，全省所有设区市都制定实施了文明行为促进条例，为文化建设提供制度支撑。江苏以构筑道德风尚建设高地为主抓手，持续加强社会主义核心价值观建设，出台贯彻落实《新时代爱国主义教育实施纲要》和《新时代公民道德建设实施纲要》的三年行动方案，形成向上向善、奋发进取的社会导向，厚植江苏现代化建设的文明之基。江苏坚定文化自信、秉持开放包容、坚持守正创新，在实践创造中进行文化创造，在历史进步中实现文化进步，为"百姓富"注入兼容古今、富有生机的文明之力。

二、打造涵养文明的公共文化空间

公共文化空间是承载文化、涵养文明的重要载体。江苏认真贯彻中央决策部署，切实加大公共文化建设组织推进和政策扶持力度。2015年，出台《江苏省公共文化服务促进条例》，强化政府责任，在制定发展规划、加强资源整合、落实人员编制、提供财政保障、纳入政府考核等若干主要环节，对地方政府责任作出规定。江苏省政府连续多年将公共文化服务相关工作列入年度百项考核指标以及保障和改善民生十件实事，不断加大对重大公共文化工程、重点公共文化产品、重要公共文化活动的投入，公共文化服务效能明显提高，江苏公共文化建设连续多年保持全国领先，实现了多项创新，率先建成省、市、县、乡、村五级公共文化服务设施网络。在持续推进现代公共文化服务体系建设中，江苏大力加强公共文化服务场馆阵地建设与提档升级，国家一级图书馆、文化馆、博物馆数量均居全国前列。把公共文化设施建设与城市更新、乡村建设行动相结合，引导各地创新打造小剧场、城市书房等具有鲜明特色的城市公共文空间。鼓励创新打造一批融合艺术展览、文化沙龙、轻食餐饮等服务的城市书房、文化驿站，营造"小而美"的城乡新型公共文化空间，因地制宜建设文化礼堂、文化广场、乡村戏台、非遗传习场所等主题功能空间。截至2023年底，江苏省各地纳入公共文化服务体系的各类新型公共文化空间超3万个，成为百姓享受公共文化服务、传承文明的重要空间。

三、创新文明传承创新的实践形态

江苏坚持以文铸魂，持续挖掘地域文化内涵，构筑大运河文化、海洋文化、长江文化、江南文化等区域文化传承弘扬高地，以大运河的繁盛、黄海的浩瀚、长江的壮阔、太湖的柔美和里下河地区的乡情等，生动展现水韵江苏大气温润、敦睦柔和的人文风貌。注重在文旅活动中涵养现代核心价值，用好用足文化、文物、旅游资源，梳理精神谱系，延续历史文脉，弘扬时代价值，推动中华优秀传统文化创造性转化、创新性发展；注重以文化人以文育人，强化基层综合性文化服务中心文明实践功能，与新时代文明实践中心建设相衔接，支持有条件的博物馆、纪念馆创建爱国主义教育基地。打造文物保护利用江苏模式，实施革命文物集中连片保护利用工程、重点文物保护利用和展示工程、文物平安工程、世界文化遗产保护管理工程、石窟寺保护利用工程、历史文化名镇名村和传统村落中文物保护工程、古籍保护研究利用工程，鼓励有条件的博物馆服务"15分钟城市生活圈"，通过多种形式活化利用文物资源、展现文物价值，推动博物馆、对社会开放的文物保护单位等成为特色旅游目的地，开发文物领域研学旅行、体验旅游、休闲旅游项目和精品旅游线路，让人们感悟文化之美、陶冶心灵之美。[①]

江苏积极探索文明传承的现实途径，以文立心、以文培元、以文弘业、以文铸魂，培育涵养坚守正道的定力、砥砺前行的动力、变革创新的

[①]《江苏省"十四五"文化和旅游发展规划》，江苏省人民政府网站，2021年10月15日。

活力并将其融入中国式现代化江苏新实践进程，在建设中华民族现代文明的探索中总结新经验，为推进"百姓富"注入至关重要的文明动能。深入实施江苏文脉研究工程，以"编纂整理古今文献，梳理再现名人名作，探究追溯文化脉络，打造江苏文化名片"为宗旨，对江苏历史文化脉络进行系统性发掘和梳理。"探寻江苏文脉，对江苏优秀历史文化进行系统性发掘、整理、研究、传播和内化，是在建设中华民族现代文明上探索新经验的实际行动"①。启动江苏文脉整理研究与传播工程，计划出版3 000册《江苏文库》，截至2022年底，已出版1 002册，展现江苏文脉之悠长、文化之繁盛。

江苏出台全国首个《关于推进小剧场建设的指导意见》，重点打造一批建于街头巷尾、融入城市"烟火气"的公益性小剧场，举办紫金小剧场艺术节，打造"金陵小剧场""江南小剧场"等区域品牌。建湖线下"淮剧小镇"以及大丰荷兰花海《只有爱·戏剧幻城》、东台西溪《天仙缘》实景演出等成为文旅融合新标杆项目。创新举办的戏曲百戏（昆山）盛典成为全国戏曲交流传播的标志性活动并获评文旅部改革创新十佳案例，面向全国构建的"抱石风骨""悲鸿风度""散之风神"美术书法品牌体系形成全国影响力。成功举办五届大运河文化旅游博览会，打造了有国内外影响力的传播运河文化、展示运河带来美好生活的品牌载体。高水平建设运营的扬州中国大运河博物馆成为热门旅游地。江苏聚焦"水＋文化"鲜明特质，提出并打造"水韵江苏"文旅品牌，设计推出"水韵江苏·有你会更美"新标识。

江苏统筹推动文明培育、文明实践、文明创建，全省新时代文明实践中心实现中心（所、站）三级全面覆盖，五大平台协同运行，涌现出"理论飞燕"、"偶"来讲、"十必联"、"五必访、五必到"等特色工作品牌，创新开展"点亮星夜"文明实践"夜模式"活动，发挥了服务群众、凝聚群众的重要作用。江苏创成29个全国文明城市，"实现设区市全国文明城

---

① 王月清：《系统性组织实施江苏文脉工程》，《群众》2023年第17期。

市'满堂红',苏州、南通、常州、无锡建成了全国文明城市群,20个县级城市被列入第七届全国文明城市提名城市名单。全国文明村镇、全国文明单位、全国文明家庭、全国文明校园等创建水平走在全国前列"[1]。

---

[1] 顾星欣、陈洁:《崇德向善,文明成为江苏鲜亮底色》,《新华日报》2023年9月20日。

第十一章

江苏推进"百姓富"的探索启示

在中国式现代化新征程上,扎实推动共同富裕成为国家上下为之奋斗的战略目标。在全国推动共同富裕的进程中,江苏按照习近平总书记擘画的"强富美高"新江苏宏伟蓝图,尊重共同富裕的本质要求,同时注意把握"百姓富"的特色要求,在推进"百姓富"和全体人民共同富裕上敢为人先、锐意探索,形成了一些具有江苏特点、在实践中行之有效、在全国具有推广示范价值的经验做法。

第一节
江苏推进"百姓富"的特色经验

江苏在推进"百姓富"的进程中,着眼自身实际,形成了一系列遵循规律、与国家现代化建设相协调且具有江苏特点的举措,有力推动了江苏的现代化建设。

一、深耕实业做大实体经济总量

以制造业为重点的实体经济,是江苏最厚实的"家底子"。江苏依靠实体经济起家,也将依靠实体经济走向未来。江苏之所以能成为中国经济可依赖的"压舱石",在经济下行压力下展现强大韧性,城乡居民生活水平之所以持续提高,首先得益于实体经济基石之稳。江苏素以实体经济见长,拥有数百年传承不坠的实业文化,产业类别完整性、集群化水平、供应链保障力优势明显,制造业规模连续多年位居全国第一。

江苏把实体经济作为现代化经济体系的根基,深化供给侧结构性改革,去产能、去库存、去杠杆、降成本、补短板,优化供给结构,扩大有效供给,着力提高供给体系质量和效率、全要素生产率和投资有效性,积极培育新的发展动能,改造提升传统比较优势,增强持续增长动力,加快推进由低水平供需平衡向高水平供需平衡的跃升,进一步推动江苏社会生产力水平整体提升。弘扬劳模精神、劳动精神、工匠精神，开展"江苏工匠"评选，建立劳模创新工作室，大力弘扬执着专注、精益求精、一丝不苟、追求卓越的工匠精神。

江苏深入实施科技创新工程，着力构建创新水平与国际同步、研发活动与国际融合、体制机制与国际接轨的现代产业科技创新体系，加快形成重大产业原创性技术成果和战略性新兴产业的重要策源地，努力建设高端创新要素集聚、企业主体创新作用凸显、区域创新功能完善、创新创业繁荣活跃、具有全球影响力的产业科技创新中心。[①] 充分发挥江苏制造业体系健全和规模技术优势，坚持空间集聚、创新引领、智能升级、网络协同、开放集成的方向，着力在技术、设计、品牌、供应链等领域锻长板、补短板；加快建设省级和国家级先进制造业集群，重点打造物联网、高端装备、节能环保、新型电力（新能源）装备、生物医药和新型医疗器械等万亿级产业集群，打造具有国际竞争力的先进制造业基地。坚持调高调轻调优调强调绿的导向，深入实施转型升级工程，推进产业高端化、高技术化和服务化发展，加快健全以高新技术产业为主导、服务经济为主体、先进制造业为支撑、现代农业为基础的现代产业体系，推动先进制造业和现代服务业成为主干部分，构建现代化产业新体系。

在江苏，"经济强"与"百姓富"业已形成紧密的内在关系，在"经济强"中推进"百姓富"，以"百姓富"为标尺衡量"经济强"的进程，成为一体推进"强富美高"新江苏现代化建设的鲜明特色。

二、弘扬企业家精神让企业敢干

企业是促进经济运行的细胞，更是经济高质量发展的源头活水。习近平总书记指出："市场主体是经济的力量载体，保市场主体就是保社会生产力。留得青山在，不怕没柴烧。要千方百计把市场主体保护好，为经济

[①]《江苏省国民经济和社会发展第十三个五年规划纲要》，江苏省发展和改革委员会网站，2016年3月31日。

发展积蓄基本力量。"① 保护市场主体，必须推动企业敢干，激发和弘扬企业家精神。这既是高质量发展的必然要求，又是彰显社会活力的重要标尺。推动企业家敢干，首先需要营造良好的营商环境。近年来，江苏持续打造市场化、法治化、国际化营商环境，制定出台《江苏省优化营商环境行动计划》《关于推动经济运行率先整体好转的若干政策措施》，明确优化提升政府服务、打造国际一流营商环境的具体举措，让企业放心大胆地干。江苏各地加强知识产权司法保护、推行包容审慎监管、优化"产业链＋法律"服务，不断完善审批流程，降低制度性交易成本，瞄准企业差异化需求，完善全周期服务，助力企业脱困。苏州建立企业家月度座谈、企业大走访等工作机制。泰州开展领导干部"千企大走访活动"，聘请100位企业家作为营商环境观察员，建立问题反映直通车，消除企业的顾虑。镇江市润州区设立"项目招引党员先锋岗""项目建设红色店小二"，常态开展全程跟踪、帮办服务，做优"润州最滋润"营商环境，助力产业强市"一号战略"。

让企业敢干，必须大力弘扬企业家精神，帮助企业家稳预期、提信心。党的十八大以来，习近平总书记高度重视企业家在推动经济社会发展中的重要作用，强调要弘扬企业家精神。"市场活力来自于人，特别是来自于企业家，来自于企业家精神"②，企业家要"在爱国、创新、诚信、社会责任和国际视野等方面不断提升自己，努力成为新时代构建新发展格局、建设现代化经济体系、推动高质量发展的生力军"③。江苏省委深入贯彻习近平总书记有关重要论述精神，始终坚持"两个毫不动摇"，支持民营经济发展，积极推动"两个健康"落实落地，让企业家吃下"定心丸"。已经举办三届的江苏发展大会，凝聚共识、汇聚力量，进一步坚定企业来苏投资创业、创新发展的信心。在一系列得力举措的引导下，江苏的企业

---

① 《习近平在企业家座谈会上的讲话》，《人民日报》2020年7月22日。
② 习近平：《谋求持久发展 共筑亚太梦想——在亚太经合组织工商领导人峰会开幕式上的演讲》，《人民日报》2014年11月10日。
③ 《习近平在企业家座谈会上的讲话》，《人民日报》2020年7月22日。

保持敢干的精神势头,聚焦实业、做精主业,坚定走实业报国之路。

三、 坚持把为民造福作为最大政绩

让人民生活幸福是"国之大者"。推动"百姓富",归根到底是要满足人民对美好生活的需求。党的十八大以来,江苏能在推进"百姓富"上取得显著成效,一个关键因素就在于坚持"民之所盼、政之所向",深入践行以人民为中心的发展思想,把人民是否真正得到了实惠、人民生活是否真正得到了改善、人民权益是否真正得到了保障作为衡量一切工作成效的标准,把好事实事做到群众心坎上,从工作布局、政策安排、财政投入等方面加力推进民生建设,着力推动基本公共服务均等化,让人民群众共建共享发展成果。

在决胜全面建成小康社会过程中,江苏聚焦短板弱项、痛点难点,扎实保障和改善民生,坚持兜住底线,加强对贫困和准贫困人口的民生保障力度,防止政策过早撤出引发"悬崖效应",同时,加强对低收入群体的动态监测,确保脱贫政策不留死角、不落一人;针对普遍存在的相对贫困问题,积极探索相对贫困治理之道,着力推动零就业家庭动态清零,拓宽相对贫困人口通过市场化手段获取收入的途径,构建有利于相对贫困人口的包容性扶贫政策体系,拓展减贫政策的主体覆盖面,整合市场力量与社会资源构建相对贫困协同治理机制,探索引导劳动密集型产业、富民型产业向相对贫困地区和相对贫困人口倾斜的有效路径;大力发展民生友好型就业,鼓励发展容纳就业人数多的就业类型,同时探索发展就近式、灵活性就业方式,全方位拓展就业渠道,同时结合新产业、新业态、新模式的探索以及新市场的开拓,推动大众创业与民生改善有机融合、相互赋能,产生了良好的社会效应。

在分配环节,江苏注重国民收入初次分配的作用,鼓励勤劳致富,创造性落实收入分配体制改革成果,从根源上提升一线劳动者报酬;聚焦国民收入在城乡、区域、不同群体之间的差异,通过重构经济地理、优化社会结构,逐步减少收入结构性差异,增强民生供给均衡性,在做好国民收入市场初次分配、政府再分配的同时，更加重视发挥社会公益等第三次分配的力量，激励引导居民财富合理流向社会公益事业，以更好地解决贫困问题和缩小收入差距。

四、持之以恒用心用情抓"民生七有"

民生是衡量人民群众生活水平的基本指标，反映一个社会中人民群众的生存状况以及生存权与发展权受到保障的程度。"百姓富"的价值追求直接体现在对民生的高水平保障上。"民生七有"贯穿于人的生命周期，反映了人的生活品质的全方位改善，是应对中国社会主要矛盾深刻变化的内在要求，是人民群众对美好生活向往的具体化，是"百姓富"的实践样态，彰显了百姓"富"之所在。

江苏坚持"保障和改善民生没有终点，只有连续不断的新起点"[1]，紧扣人民群众新需求新期盼，扎扎实实、久久为功地做好民生工作，既关注呼应群众呼声，稳妥有序提升公共服务保障水平，又合理引导社会预期，不搞超前许诺，用心用情为群众办好事、办实事。民生无小事，枝叶总关情。越是遇到困难挑战，越要高度重视民生，给社会良好预期、给群众更多信心，维护经济社会大局稳定。江苏坚持强烈的问题导向，把人民群众的所思所想、急难愁盼作为工作着力点，着力解决群众的操心事、烦心事、揪心事，把问题梳理清楚、找准找实，带着情怀干、带领群众干，坚持每年办好一批民生实事、解决一批突出民生问题，形成解决突出民生问题的强大合力，让江苏的民生更有厚度，让人民的生活更有盼头。加强基础性、普惠性、兜底性民生保障建设，完善养老和医疗保障体系，统筹做好社会救助、社会福利、住房保障、退役军人服务保障、妇女儿童权益保障和残疾人福利保障等工作。[2] 在民生保障上确保不让一个家庭、一个人掉队。发展慈善等社会公益事业，充分发挥第三次分配在促进共同富裕中

---

[1]《习近平春节前夕赴江西看望慰问广大干部群众》，《人民日报》2016年2月4日。
[2] 本报评论员：《更加扎实有效推进共同富裕》，《新华日报》，2021年12月28日。

的积极作用。

五、加强基本公共服务标准供给

江苏制定出台《江苏省基本公共服务实施标准（2021年版）》（以下简称《标准》），围绕实现让人民群众公平及获得大致均等的基本公共服务，明确了各级政府兜底保障的基本公共服务项目和标准。[①]《标准》包括"十有三保障"13个领域和"12345"热线服务，共31类90项。主要涉及两个方面基本保障：一是广大群众普遍享有的基本公共服务项目，主要包括义务教育、医疗保险、养老保险等，这些服务项目是全社会发展的民生底线，需要由各级政府兜底保障；二是聚焦老、幼、病、残、困等社会弱势群体的基本生存需要，政府在基本生存、居住、就医、就业、就学等方面予以特殊保障。从各级政府的角度来看，《标准》是一份"责任清单"，可以精准把握现阶段保障基本民生"重点保什么""保到什么程度"，做到"案头有账"，以此为依据精准查漏补缺，优化资源配置，把有限的财力用到人民群众最关心的领域、最需要予以保障的人群身上；从人民群众的角度来看，《标准》是一份"权利清单"，可以清晰知道自己能够享受到什么水平、什么内容的基本公共服务，做到"心中有数"。通过《标准》的持续实施，可以更好保障人民群众的生存和发展基本需要，让人民群众的获得感更持续。

为了增强可读性、可操作性，同时也便于社会各界对照监督，《标准》细化明确了每个项目的服务对象、服务内容、服务标准、政策依据、支出责任、牵头责任单位等，努力做到可观、可感、可落实、可考核。在保障内容上，既衔接《国家基本公共服务标准（2021年版）》，又结合省情实际有所拓展提升，并延续江苏"十三五"时期基本公共服务保障范围，确保基本公共服务的可持续性。在支出责任上，落实江苏《基本公共服务领域

[①]《省发改委 省财政厅关于印发〈江苏省基本公共服务实施标准（2021年版）〉的通知》，江苏省发展和改革委员会网站，2022年1月11日。

省与市县共同财政事权和支出责任划分改革方案》及医疗、教育、文化等领域的具体改革方案，逐项明确了每个项目的省与市县支出责任，强化投入保障，确保权责清晰、财力协调，满足群众基本公共服务需求。

六、聚力解决群众"急难愁盼"问题

通过把受益面广、关注度高的基本公共服务纳入年度民生实事，江苏全面拓展覆盖范围，持续扩大服务供给，将一个个民生难点变成民生亮点，努力在高质量发展中让广大群众看到更大变化、得到更多实惠。江苏坚持从人民群众最关心、最直接、最现实的利益问题入手，从每年"十件民生实事"到"十项民生实事"，2022年细化拓展为"12类50件民生实事"，2023年重点围绕《江苏省"十四五"公共服务规划》《江苏省基本公共服务实施标准（2021年版）》确定的基本公共服务"十有三保障"，将年度省政府民生实事进一步拓展到13类55件，持续扩大优质服务供给。

在省政府2023年度民生实事项目中，计划新增110家普惠托育机构，实际建成省级普惠托育机构122家，通过推进省级普惠托育机构建设，全省普惠托育服务供给有效增加，省市级普惠托育机构充分发挥行业标杆作用，带动全省层面上采取多种形式发展托育服务，每千人口托位数增加到3.5个。聚焦事实无人抚养儿童等困境青少年实际需求，计划建设2 000间事实无人抚养儿童"梦想小屋"，实际建成"梦想小屋"2 426间，通过以"梦想小屋"项目为纽带，落实"'一对一'结对、月常态走访、季集中关爱"等制度安排，助力困难家庭青少年全面健康成长。计划优化提升300个标准化"家门口"就业服务站，兜底帮扶3万名困难群体就业，实际建成"家门口"就业服务站332个，帮扶困难群体52 530人实现就业，通过推进大龄、残疾、长期失业等特殊困难群体在"家门口"实现更高质量充分就业，让群众真正享受到"就业在身边"的幸福感。[①] 江苏不断把民生

---

① 《办好民生实事 聚力幸福生活——省十四届人大常委会第七次会议评议省政府2023年民生实事项目实施情况》，《新华日报》2024年1月18日。

红利落到实处，体现了民生实事安排与江苏发展阶段相匹配、与民生需求相适应的时代要求，成为促进"百姓富"的有力举措。

七、构建协调配套的分配制度体系

国家通过合理的税收、社保、转移支付等调节手段，扩大中等收入群体规模，形成中间大、两头小的橄榄型分配结构，促进社会公平正义。就江苏而言，更为重要的是初次分配和再分配如何兼顾效率与公平的问题。一个尤为重要的再分配机制是公共服务和社会保障的均等化。要把壮大中等收入群体作为战略目标，强化就业优先政策，通过"调高""扩中""提低"加快形成橄榄型收入群体结构。要把扩大优质共享的公共服务作为关键抓手，着眼满足群众多层次、多样化需求，深入排查养老、教育、医疗、卫生等领域的突出民生问题，出台硬招实招逐步加以解决。大力发展公益慈善事业，建立第三次分配的体制机制。首先，需要在观念、理念、精神方面有所作为，提高公益慈善的自觉性、自主性、积极性。其次，政府要创造良好的环境，最为重要的是公平正义的社会、法治环境。最后，公益慈善组织自身要加强自律，通过完善组织架构、管理制度，规范慈善行为，不断加强自身的公信力。"要把健全社会保障和救助帮扶体系作为兜底要求，更加注重向农村、基层、相对落后地区和困难群众倾斜，推动居民社会保险和社会救助制度无缝衔接。"[1] 完善先富带后富的帮扶机制，建立健全回报社会的激励机制，让促进共同富裕的有益因子充分激活。

---

[1] 本报评论员：《在率先建设全体人民共同富裕的现代化上走在前列》，《新华日报》2021年9月12日。

第二节
江苏推进"百姓富"的规律总结

在推进"百姓富"的进程中,江苏积极探索,形成了不少富有启示性、具有推广价值的经验,这是江苏在中国式现代化中"走在前、做示范"的具体体现。进入新时代所取得的探索经验还是初步的,江苏必将在未来的实践中提供更多标杆和示范。

一、坚持党的全面领导是最大优势

坚持中国共产党领导,是中国共同富裕伟大实践的根本特征。中国共产党带领人民建立了新中国,为迈向共同富裕奠定了至关重要的政治基础。站起来的中国人民从此迎来自主迈向共同富裕的全新历史进程。在革命、建设、改革等历史阶段,中国人民在中国共产党的坚强领导下,历经艰辛曲折,摆脱物资匮乏的窘迫境地,越过温饱、奔向小康、开展现代化探索,中国共同富裕之路坚定执着、成效斐然。在共同富裕的实践探索中,党的领导始终是中国特色社会主义事业取得成效、走向成功的根本保障。在新时代推进"百姓富",涵盖经济、政治、文化、社会、生态环境等各方面内容,涉及极为复杂深刻的问题领域和利益关系,一刻也离不开党的强有力领导,否则必然缺乏动力、偏离航向。在推进"百姓富"的过程中,江苏按照中央作出的战略部署,加强对发展大局大势的把握,在顶层设计上,江苏省委提出"聚力创新、聚焦富民,高水平全面建成小康社会",明确提出千方百计加快富民步伐,提高广大老百姓的富裕程度和生活质量;将"人民生活高质量"作为全省"六个高质量"部署的关键一环,强调扎扎实实推进民生建设,让全省人民生活更宽裕、更便利、更舒适、更安心、更有尊严,社会更加公平正义;在现代化建设新征程上提出在率先建设全体人民共同富裕的现代化上走在前列。

中国共产党江苏省第十四次代表大会提出,面向未来,要全面推进乡村振兴,区域发展更加协调,城乡居民收入增长与经济发展基本同步,人民群众物质富裕和精神富足达到新水平,地区差距、城乡差距、收入差距显著缩小,中等收入群体规模显著扩大,基本公共服务均等化水平显著提高,发展的平衡性、协调性、包容性显著提高,每个江苏人都享有勤劳致富、奋斗圆梦的机会,共同富裕这一社会主义本质要求在江苏现代化建设中更加充分显现。在推进"百姓富"进程中,江苏注重推进顶层设计与基层探索的有机结合,强调实施顶层设计是为了避免零敲碎打式改革具有的局限性,以形成改革发展合力,但不能因此禁锢基层创新和"摸着石头过河"的选择空间,鼓励引导各地探索促进"百姓富"的特色化路径。例如,依托本地特色资源,苏北等地农村电商、生态富民实践有声有色,成为群众致富的重要途径。

二、鼓励群众创新创造是根本动力

人民群众是共同价值的目标主体,也是建设主体。改革开放初期,江苏大地上诞生了众多勇于开拓的创业者,他们凭借着敢闯敢干的精神,率先走出计划经济模式的窠臼,带动了改革开放后江苏乃至全国经济的第一轮腾飞。进入新时代,江苏深入推进市场化改革攻坚,一视同仁支持国有、民营、外资企业蓬勃发展,营造支持各类市场主体高质量发展的制度环境,着力增强微观主体的活力、韧性、创新力,以激活市场主体动能为抓手,促进各类市场主体创业创富动能充分涌流,形成有利于共享发展的财富创造格局。

激发群众创造潜力,鼓励群众敢首创。创新创业是群众敢首创的最直接标识。江苏尊重人民群众主体地位,释放人民群众的创造潜力、创新智慧,近年来,江苏不断完善富民创业贷款、创业补贴、税费减免等政策,大力支持群众创新创业。同时,全面实施"科技改革30条",探索构建激励创新、宽容失败的机制,让科研人员心无旁骛地安心开展科研创新活动。推动群众敢首创，必须了解群众需求。江苏省委专门印发了《关于在全省各级党组织和广大党员干部中大兴调查研究的实施方案》，积极推动广大党员干部深入群众，问需于民、问计于民，自觉向群众学习、向实践学习，不断汇聚人民群众的好想法好建议，让蕴藏在人民群众中的创造潜力、创新智慧更好释放出来。南京、常州、连云港等地拿出一系列引才礼包，为求职应聘、就业创业青年人才提供优质住宿服务。苏州创建"留创园"，为留学回国人员提供创新创业平台载体，打造青年人才"归谷"，实现青年与城市的双向奔赴。镇江构建青年人才全链条服务体系建设，打好系列组合拳，打造人才集聚"强磁场"，吸引更多青年人才来镇、回镇、留镇。中国以色列常州创新园立足中以创新合作国家战略，聚力优化"引领凝聚青年、组织动员青年、联系服务青年"的工作机制，持续推动"龙城英才计划"，深化推进青年创新人才建设。这些都传递出江苏广大人民群众在新征程上"走在前、挑大梁、多作贡献"的信心和决心。

三、促进区域城乡协调是关键支撑

强化中心城区集聚辐射力与引领力，江苏对照区域性国际化中心城市定位，把国际标准、规则、模式融入城市全方位建设，推进中心城市扩容提质、拓展功能。重点强化中心城区科创、产业、枢纽、开放等功能，通过高端创新要素的集聚辐射，多维度提升城乡融合发展的整体水平。科学提高中心城区人口、产业、基础设施与公共服务集聚程度，推动优质教育、医疗等公共服务资源合理布局。建设高品质产业科创空间，打造促进城乡融合发展的产业科创空间。围绕重点产业发展需要，重点部署以应用为导向的科技创新，加快突破关键核心技术瓶颈制约。探索高品质产业科创空间与农业农村资源对接机制，打造一批扎根乡土、质态优、劳动力强的富民产业。优化区域城乡一体的公共资源配置。统筹推进城乡公共文化体育普惠共享，推动城市优质教育医疗文体资源向县域和镇村下沉，推进城镇基本公共服务向常住人口全覆盖。把握县域作为城乡融合"重要切入点"的时代趋势，强化中心城区科创、产业、枢纽、开放等高级功能，推动数字基础设施在城乡间合理布局,优化城乡高质量融合的空间结构,推进公共资源城乡均等融合化。

四、守牢民生安全底线是基础前提

守住民生底线的重点,是要为困难群体和特殊群体提供政策兜底保障,进一步完善最低工资标准调整评估机制,保障低收入劳动者基本生活和合法权益。江苏实施助力困难群众共同富裕行动,进一步扩大社会救助覆盖面,鼓励有条件的地方将救助对象由户籍人口向常住人口拓展。进一步完善困难残疾人生活补贴和重度残疾人护理补贴制度,完善补贴标准动态调整机制,探索建立面向所有需要长期照护的残疾人的护理补贴制度。鼓励社会力量参与困难群众医疗救助,建立慈善专项医疗救助基金。

安全是发展的底线,任何发展都不能以牺牲安全为代价。没有安全,就谈不上"百姓富"。生活安全安心,是"百姓富"的基本条件。党的十八大以来,江苏统筹发展和安全,防范化解重大安全风险,全面提升安全生产治理体系和治理能力现代化水平,切实维护人民群众生命财产安全和社会稳定,牢固树立安全发展理念和新发展理念,全力抓好安全生产这项"国之大者",全面开展安全生产专项大检查,坚决遏制重特大事故发生,切实提升本质安全水平,牢牢守住"发展决不能以牺牲人的生命为代价"这条不可逾越的红线,推动高质量发展和高水平安全良性互动;持续加强源头治理,淘汰落后产能,严格安全准入,系统提升本质安全水平;坚持对人民群众生命健康极端负责的精神,建构全链条、可溯源的食品药品质量安全保障体系,防控食品药品安全风险;"优化物资储备品种规模和结构布局,形成通用物资和专用物资相支撑的物资储备格局,逐步构建省市县纵向衔接、横向互通的三级物资储备网络"①。

---

①《江苏省国民经济和社会发展第十四个五年规划和二〇三五年远景目标纲要》,《新华日报》2021年3月2日。

第三节
江苏推进"百姓富"的经验启示

从各国现代化进程看,推进"百姓富"是一个充满挑战的过程。特别是不少发展中国家找不到实现民富的路径,导致难以启动现代化或陷入中等收入陷阱。江苏推进"百姓富"的探索,重在探索并形成现实路径,具有可行性和示范性。

一、坚持做大"蛋糕"与切好"蛋糕"并举

实现共同富裕本质上是一个建立在先进的社会制度和生产关系之上,逐步创造发达的社会生产力和公平分配社会财富的过程。中国式现代化把实现全体人民共同富裕作为内生特点和奋斗目标,是由我国社会主义国家的制度属性所决定,归根到底则在于我国有条件在全新的制度环境和文明体系中做大并切好财富"蛋糕",在生产、分配环节、消费等环节实现对资本主义现代化的超越。江苏在现代化进程中推进"百姓富",必须积极探索做大"蛋糕"与切好"蛋糕"的有效路径,推动高质量发展是重中之重。高质量发展是做大做强社会财富"蛋糕"的基础,要在高质量发展中促进共同富裕,必须完整、准确、全面贯彻新发展理念,必须更好统筹质的有效提升和量的合理增长,必须坚定不移深化改革开放、深入转变发展方式,必须以满足人民日益增长的美好生活需要为出发点和落脚点,持续推进高质量发展,依靠全体人民共同奋斗,不断创造和积累社会财富,把可分配的"蛋糕"做大做好,才能稳步向共同富裕目标迈进。对于江苏来说,要发挥江苏科技产业优势,强化战略科技力量的引领作用和企业在科技创新中的主体作用,畅通科技创新成果产业化商业化的转化路径,让科技创新为主引擎的新质生产力充分涌流,成为江苏创造财富"蛋糕"的最

强动力；发挥江苏民间创业优势，大力弘扬新时代企业家精神，引导广大创业者或潜在创业者把握新形势下创新创业的趋势、规律与结构性机遇，富有闯劲拼劲、敢于迎难而上，善于挖掘和拓展创业新场景、新空间，回应人民对美好生活的需求，创造更高质量的社会财富，谱写新时代的创业史；发挥江苏教育人才优势，在更高定位上推进从学前教育、基础教育到职业教育、终生教育的教育体系建设，强化教育对提升人力资本水平的关键作用，全方位提升江苏人才队伍的规模、结构和素质，深化教育人才体制机制改革，推进人力资源的合理配置，打通"优质人力资本供给—更充沛社会财富创造力—增强个人初次分配收益—增强再分配、第三次分配公平性"的逻辑链条。

二、坚持缩小收入差距与缩小财产差距并举

增收是"百姓富"的前提，关键要提升全社会人力资本和劳动者技能水平，提高全要素生产率，增强收入分配的公正性和公共服务的普惠性。当前，我国经济结构、就业结构、分配结构加速变革，富民增收要顺势而为，广拓"活水新源"，实现"利出多孔"。财产性收入占比高是发达国家居民收入的显著特点，因此，促进百姓共富，不仅要缩小收入差距，也要注重缩小财富差距。一是稳住工资性收入，2023年，江苏居民人均可支配收入中工资性收入占比超56%，必须稳住增收主渠道，向新制造、新消费、数字经济等新产业新业态拓就业增量，同步提高劳动边际报酬。二是拓展经营性收入，2023年，江苏居民人均可支配收入中经营净收入约为13%，随着硬核科技创业时代的来临，培育和发展新质生产力所激发、撬动的巨大创业空间，有望为居民经营性收入打开全新增长空间。三是提升财产性收入。2023年，江苏居民人均可支配收入中经营净收入占比接近11%，占比相对较低，未来要抓住提高农民财产性收入和提高中等收入群体财产性收入这两个重点，深化要素市场化改革，优化居民家庭金融资源配置结构，厚植居民财产性收入之基。四是规范转移性收入，江苏2023年人均转移净收入突破1万元，规模水平位居全国前列，未来要持续提升

政府公共转移支付的水平，让转移性收入成为富民增收的可靠支撑点、生长点。

三、坚持补齐短板与筑高底板并举

江苏推进"百姓富"，涉及不同群体，情况千差万别，不能停留于在"平均数"上达标"富"的标准，也不能满足于"大多数"的"富"。需要具体问题具体分析，盯紧属于短板的领域和群体，既注重补齐短板，把一个个难点短板变成优势长项，防止短板及薄弱环节形成漏斗效应，击穿共同富裕的底线；也要注重筑高底板，整体提升百姓创富致富的底线标准和保障水平，真正筑牢"百姓富"的基石，从底线上彰显中国式现代化在特定省域的民富水平。在补齐短板上，重点补齐困难家庭和人群的保障水平，既要健全发现、甄别机制，做到应保尽保，兜牢保障网，也要强化"赋能"与"引路"，增强困难群体增收致富的能力。在筑高底板上，重点增强更高品质公共服务的供给水平，坚持积极响应、渐进改善原则，在政府财力可承受的范围内，合理确定政府提供公共服务的范围领域及配置标准，稳步提高教育、医疗、养老、托育等公共服务品质。

四、坚持壮大中等收入群体与畅通社会流动并举

从国际经验来看，只有形成足够规模且稳定的中等收入群体，缩小收入差距，才能成功跨越中等收入陷阱，实现经济可持续增长和社会繁荣富裕。扩大中等收入群体是推进中国式现代化的重要内容。江苏要深入实施中等收入群体壮大行动，以投身培育新质生产力大潮的高技能人才、新型管理人才、科技创业者、专业服务人等群体为主体，倡导"勤则不匮、劳有所得"的价值观，引导这些群体在创造高质量社会财富中成为中等收入群体的稳定成员。在壮大中等收入群体的同时，江苏要以产权制度改革与要素市场化配置改革为重点，切实保障不同所有制经济和不同要素所有者的合法权益，构建公平有序、运转高效的要素市场，积极探索数据等新型要素合理配置和价值实现机制，让各类所有制主体和要素主体获得与其贡

献相匹配的收益;推动劳动力要素合理有序流动,针对现实存在的堵点痛点,精准破解制约社会人员向上流动的体制机制障碍,为各类人员创造公平竞争的市场环境和公正友善的政策环境,让畅通的人员流动成为社会活力和创造力的显著标志,推动更多低收入群体有条件通过奋斗创造改变生活境况,成为中等收入群体的新成员。

五、坚持激发市场活力与先富带动后富并举

共同富裕不可能自动实现,必须依靠全体人民共同奋斗。江苏推进"百姓富",要充分激发各类市场主体的活力和动力,促进社会财富的充分涌流,创造丰裕的物质成果和社会文明成果。同时,充分释放政策红利,激发市场活力的撬动效应、倍增效应、乘数效应,在持续发展中释放财富创造的"复利效应"。江苏积极激励更多辛勤劳动、合法经营、敢于创业的致富带头人积极作为,带动更多人实现致富。在全国现代化大局中,江苏不仅把自身的现代化建设好,还积极带动更多地区同步发展,持续提升对口支援、对口合作水平,提升帮扶质量和实效;在省域内,持续增强对发展相对薄弱地区的支持力度,在统筹城乡区域协调中整体提升全省各板块的发展水平。

六、坚持物质富裕与精神富裕并举

习近平总书记指出:"当高楼大厦在中国大地上遍地林立时,中华民族精神的大厦也应该巍然耸立。我们将不断提高人民物质生活和精神生活水平,做到家家仓廪实衣食足,又让人人知礼节明荣辱。"[①] 江苏推进"百姓富"的过程,是一个物质积累的过程,也是一个精神丰实的过程,两者互为因果、相得益彰。江苏在创造物质文明的过程中,大力弘扬积极向上的事业观、劳动观,鼓励奋斗创造,形成鼓励实干、崇尚奋斗的社会氛围;旗帜鲜明倡导社会主流价值观,在弘扬社会主义核心价值观中激浊扬

---

① 习近平:《坚守初心 共促发展 开启亚太合作新篇章——在亚太经合组织工商领导人峰会上的书面演讲》,《人民日报》2022年11月18日。

清、凝心聚魂；把握道德是社会文明进步、团结和谐的基石，重视发挥道德的教化作用，引导人们不断提升道德水准，营造崇尚模范、争当先进的浓厚氛围；把握文明创建是提高社会文明程度的有效途径，积极开展群众性精神文明创建，改善城乡环境面貌和群众精神风貌。提升公共服务水平和居民生活品质；把握公民文明素质这个精神富裕的关键，持续推进重点人群科学素质提升行动，大力培育创新文化、涵养创新精神，全力建设"书香江苏""诚信江苏""文明江苏"，积极营造全社会共同奋斗共同富裕的良好氛围。

第十二章

锚定"百姓富"谱写新江苏现代化建设新篇章

江苏在全国率先解决绝对贫困，共同富裕起步早、基础牢，"百姓富"的探索业已形成先发态势。开启全面建设社会主义现代化国家新征程，江苏要按照"走在前、做示范"的标准，坚持以人民为中心，着力为广大人民群众创造现代化的高品质生活，以"百姓富"的更大进展奋力谱写"强富美高"新江苏现代化建设新篇章。

第一节
明确"百姓富"的重点路径

推进"百姓富"是一个漫长的发展过程，在不同阶段需要着眼形势任务，确立不同的战略重点，进而形成前后接续、一体贯通的发展过程。在中国式现代化新征程上，江苏需要进一步明确未来实现"百姓富"的重点路径。

一、着力增强省域综合实力、创新力、竞争力

江苏坚定不移实施科技强省战略，致力于打造全国性的创新高地。发挥战略科技力量的引领作用，强化苏南国家自主创新示范区的带动作用，坚持"四个面向"，充分发挥全省高等院校、科研院所集聚的优势，着力增强基础研究和原始创新的支撑能力，打好关键核心技术攻坚战，努力在重要科技领域成为领跑者，在新兴前沿交叉领域成为开拓者。坚持建设具有全球影响力的产业科技创新中心的目标不动摇，突出创新在现代化建设全局中的核心地位，聚焦产业发展需求，着力构建与新发展格局相适应的区域创新体系和产业创新模式，打造关键环节抗冲击能力体系，勇当科技发展和产业创新的开路先锋。

江苏坚持营造区域最优创新生态，继续发展科技、人才等核心优势，遵循创新规律，发挥企业在科技创新中的主体作用，加快构建创新联合

体，推进科技成果转化和产业化，全面提升知识产权创造、运用、保护、管理和服务水平，充分激发全社会创新活力。紧扣打造具有国际竞争力的先进制造业基地目标定位，大力推进全国制造业高质量发展示范区建设，坚持空间集聚、创新引领、智能升级、网络协同、开放集成发展导向，强化技术、设计、产业、品牌、服务系统优势，塑造集群优势、国际化竞争优势，持续提高江苏制造业的全球份额和特色竞争力。引导制造业企业立足创新、追求卓越，实施壮企强企工程，强化质量意识，瞄准国际竞争对手持续提升产品质量，在练好内功基础上加强品牌运作，引导企业从终端的产品竞争延伸至前端的技术标准竞争，大力培育"链主"企业和专精特新企业。

江苏坚持把扩大内需作为发展的重要牵引，发挥产业体系健全、居民消费力较强、城乡一体化水平较高、市场规模化等优势，促进消费持续恢复。重点推动优化投资结构与服务消费需求相统一、改善收入分配结构与"扩中"相统一、促进产业升级与消费升级相统一、完善社会保障体系与促进城乡消费相统一，探索"高效生产—合理分配—畅通交换—稳健消费"的良性循环。把握消费升级、市场下沉等趋势，探索全面促进消费与高质量融合发展的体制机制，推动消费服务技术、服务产品、服务业态和市场结构的转型升级，满足消费者多样化需求。随着扩大内需效应的逐步显现，江苏市场规模优势、消费升级优势将更加显著，有利于带动消费和供给双升级，形成澎湃的创富动力源。

二、提高发展的平衡性、协调性、包容性

提高发展的平衡性、协调性、包容性，是实现高质量发展和可持续发展的重要条件，也是让"百姓富"获得可靠动力的内在要求。一要持续深化改革，建立适宜制度环境。开展经济、科技、教育、市场体系等重点领域的改革攻坚，以高标准市场体系建设塑造统一大市场优势，以要素市场化改革创新生产要素配置方式，让各类先进优质生产要素向发展新质生产力方向顺畅流动，塑造适应高质量发展的微观基础和体制环境。二要坚持

供需互动，促进高水平供需平衡。一方面，规模庞大的中等收入群体消费升级趋势明显，共富导向则在缩小居民收入差距的同时加速消费下沉，把"人口规模巨大的现代化"首先转化为庞大内需市场。另一方面，消费者对产品与服务的品质、体验感、便捷度性以及性价比更为注重，内在要求各类经营主体回应居民消费的发展型、享受型、品质型转型，把握数智化、绿色化、健康化的消费趋势，强化品质品牌、创意设计、人文赋能、消费体验，在供需两端形成涵养新质生产力的合力。三是坚持先立后破，增强发展韧性。发展新质生产力、推动高质量发展是一个有"破"有"立"的过程，该"破"的必须"破"，否则就无法突破束缚新质生产力的卡点堵点；同时，也不能轻易放弃已有的发展基础，人为造成新旧动能间的断裂。面对外部环境的高度复杂性和不确定性，坚持"先立后破"，体现了坚持底线思维、极限思维的战略考量，既要坚持推进经济优化升级，也要处理好新兴产业、未来产业与传统产业的关系，在动态平衡、有序衔接中厚植经济发展的韧性。

三、着力增强人民群众的获得感、幸福感、安全感

获得感、幸福感、安全感的并列提出体现了满足人民向往美好生活需要的整体性。让群众有更多、更直接、更实在的获得感、幸福感、安全感，也是衡量"百姓富"的重点标尺。新时代人民群众的需求从"有没有"转向"好不好"，内在要求高质量供给与之适配，形成高水平的供需动态平衡，这成为新形势下保障和改善民生的核心逻辑。面对传统发展模式难以为继、国内需求升级、外部压力不减的情况，只有通过经济提质增效和创新升级实现"质的跃迁"，才能在更高质态上打开量的扩张空间。换言之，只有首先实现质的提升，才能适应需求升级的要求，才能通过产业化和商业化实现经济产出的规模化。由此，"以新促进""以质带量"成为当前经济发展的新趋势。只有把推动高质量发展放在首位，才能跳出看起来很美实则危害巨大的"福利陷阱"。其逻辑依据在于，对于中国这样人口规模巨大的后发经济体而言，既要倡导奋斗实干，也要提升人力资

本，这样才能提高全要素生产率，形成富有竞争力的生产效率优势，才能夯实高质量发展的动力基础，也才能从根本上保障和改善民生。对政府而言，江苏坚持财力向民生、基层倾斜，一方面坚持尽力而为、量力而行，加强基础性、普惠性、兜底性民生建设，兜住、兜准、兜牢民生底线；另一方面把握民众需求之变，自加压力、抬高标杆，制定省基本公共服务实施标准，以标准引领民生保障与改善，同时逐步推进"民生七有"转向"民生七优"，整体提升全省民生保障质量水平。面向未来，江苏要以满足人民日益增长的美好生活需要为出发点和落脚点，发挥政府、市场、社会等各方力量，畅通向上流动通道，协力创造更高质量的有效供给、更高标准的兜底保障、更为均衡的公共服务，为群众干事创业、增收致富创造更好条件，不断增强人民群众的获得感、幸福感、安全感。

第二节
紧扣高质量发展推进"百姓富"

在新发展阶段推动共同富裕，根本上是要紧扣高质量发展这一现代化国家建设首要任务，通过高质量发展创造更多满足人民群众美好生活需要的社会财富，在高质量轨道上促进社会生产力的持续发展。在政策实践中，深入落实中央关于要素市场化改革的战略部署，充分释放高质量发展的潜能，筑牢"百姓富"的财富根基。

一、在建设高标准市场体系中推进"百姓富"

建设高标准市场体系的要义在于"高标准"，重点在建设统一的产权保护制度、市场准入制度、公平竞争制度、社会信用制度，消除行业垄断、所有制歧视以及区域壁垒、市场分割，为各类市场主体平等参与市场竞争创造条件，在创造社会财富中获得反映要素价值和贡献的合理回报，在做大社会财富总量中实现初次分配时效率与公平的统一。针对生产要素配置中的体制性、结构性扭曲,根据各类要素的发育情况和面临的不同问题,分类施策推进要素市场化改革。土地要素市场化改革重在建设统一的建设用地市场和工业用地市场,建立同价同权、收益共享的农村集体经营性建设用地入市制度,通过公平竞争实现土地使用权转让;[①] 劳动力要素市场化改革重在深化户籍制度改革和破除人才单位制垄断现象,推动公共资源配置由按行政级别、户籍人口配置向按实际服务管理人口规模进行配置转变;资本要素市场化改革重在完善资本市场基础制度,提高上市企业质量,健全资本市场退出机制,构建适应实体经济和科技创新需要的全周期、全链条、全场景金融服务;技术要素市场化改革重在完善科技创新资源配置方式,建立职务科技成果产权制度,大力发展知识产权和技术成果交易平台,破解产学研脱节、专利转化率低等突出问题。

二、在高水平供需动态平衡中推进"百姓富"

作为人口大省,江苏在大国经济体系中推进高质量发展,突出优势是有条件实现高质量供给、高品质需求之间的动态适配,推动形成国内大循环,增强发展的内生动力与韧性。从供给侧看,经过多年供给侧结构性改革,低质供给、无效供给显著减少,但供需失衡、错配现象仍未得到根本改变,有效供给带来的"供给缺口"与"需求外溢"问题突出,其根源在于企业创新力不足,难以提供充分满足消费升级所需的产品与服务。应对之道,是以深化供给侧结构性改革为主线,坚持质量第一、效益优先,切实转变发展方式,向创新和改革要动力,引导创新主体既善于渐进式创新、追随式创新,又敢于开展激进式创新,获取"熊彼特租金",增强高质量供给能力,提升社会总财富的质量水平。在需求侧,把战略基点放在扩大内需上,建立公平合理的收入分配体制,推动更多低收入群体迈入中等收入行列,将扩大内需与保障民生和推进乡村振兴有机结合,增强居民

---

① 马建堂:《建设高标准市场体系与构建新发展格局》,《管理世界》2021 年第 5 期。

消费能力与意愿，提升消费层次，释放内需潜力；发挥大国市场的规模优势，强化融入长三角一体化高质量发展等区域协同优势，加快培育完整内需体系，使生产、分配、流通、消费更多依托国内市场，增强防范和化解外部风险的能力，立足国内市场创造供给与需求的高水平动态平衡，持续推动共同富裕。

三、在加强人力资本投资中推进"百姓富"

在社会主义制度条件下，劳动创造是社会财富的增长之源，提高劳动者能力是增加劳动者初次分配收入的重要途径。作为人力资源大省，江苏高质量促进共同富裕的内在要求是加强人力资本投资、提高劳动者发展能力，实现高质量就业创业，增强劳动者致富本领。在现代生产要素结构中，技术要素越来越多地以知识和技能的方式存在于人力资本之中，或以专利、专用技术等方式存在于股权结构之中；拥有专业技能、管理才能的劳动者地位更加突出。提升劳动者人力资本需要系统施策，加强生命周期培训，把义务教育、高等教育、职业教育和终身学习结合起来，提升劳动者的要素质量和边际产出能力，增强劳动者议价权；进一步破除妨碍劳动者、人才社会性流动的体制机制弊端，着力破除城乡间工资不平等、体制内外工资不平等、垄断行业与竞争性行业间工资不平等的体制性壁垒，完善劳动力市场化定价机制；健全工资价格形成机制，更好发挥政府、工会、企业三方机制在协调劳动关系中的制度性作用，补齐工资集体谈判短板，强化劳动者权益保护；在初次分配中，向一线劳动者，特别是拥有专业知识、专业技能的劳动者倾斜，通过增加劳动者报酬，强化对劳动者增加人力资本投入的正向激励机制。

四、在增加公共生产要素供给中推进"百姓富"

公共生产要素是指由政府提供或由政府与社会共建共有的基础性、公共类生产要素。增加公共生产要素供给，既是高质量发展的内在需求，又是促进共同富裕的重要途径，是江苏在推进"百姓富"中需要着重强化的领域，以此塑造"百姓富"的重大优势。首先，增加制度性公共生产要素供给，政府是重要的供给主体，具有制度权威性和影响广泛性，通过出台全国性改革举措或政策，如针对劳动力市场的区域性、行业性、制度性壁垒，深化户籍制度改革、完善社会保障体系、规范招人用人制度、加强劳动力市场行业自律等举措，加快融入全国统一的劳动力市场建设，为劳动力要素实现市场化配置创造制度条件，增强劳动者参与财富创造或公平分配财富的能力。其次，增加设施类公共生产要素供给。基础创新、前沿创新往往投入巨大、周期漫长，因此需要发挥国家力量建立国家实验室、大科学装置等重大创新基础设施；推进公共交通、数据信息等基础设施建设，为各类生产要素特别是新型生产要素的全国性高效配置提供基础条件。最后，增加机构类公共生产要素供给。现阶段的一个重点方向是建立健全专业性交易所。推进农村土地征收、集体经营性建设用地入市以及农村宅基地改革的突出短板是各地普遍缺乏成熟规范的土地交易所；推进技术要素的市场化配置则面临着缺少知识产权和科技成果产权交易机构的问题。因此，加强专业性交易场所等公共平台供给，有利于为各类生产要素的流动交易提供平台载体和服务规制，让财富创造更加高效、财富分配更为规范。

五、在扩大优质普惠公共服务中推进"百姓富"

发达国家之所以发达，不仅体现在国民自身的高收上，也体现在国民可获得优质普惠公共服务上。中国式现代化是社会主义现代化，内在要求政府要提供优质普惠的公共服务，让高水平、均等化的公共服务成为中国式现代化的重要内容和重大优势。新征程上，江苏扩大优质普惠公共服务，既要提高普惠性、覆盖面，又主要有所侧重，集中力量进行重点突破。一是持续排查突出民生问题，找准群众所需所盼，把民众反映强烈、需求前列的"民生清单"转化为政府的工作清单，有针对性提升公共服务水平。二是把握制约"百姓富"的关键因素，持续加以突破。例如，针对部分居民人力资本不足的短板，持续加强优质教育资源均衡配置，特别是提高职业技术教育的质量水平，让有需求的群众能够便捷地获得教育支持；针对群众日益增长的健康需求，围绕"看病贵、看病难、看病不方便"等痛点，持续推进医疗资源水平提升和均衡配置；针对老年人更具个性化、差异性的养老需求，持续补短板、强弱项，让越来越多的老年人口成为社会的重要财富，为老年人创造更充分、体贴、便捷和更具针对性的公共服务，让优质均衡的养老公共服务成为社会化和家庭化养老的强支撑。三是持续补齐农村公共服务的短板。在推进城乡融合发展、一体化发展的进程中，结合新时代鱼米之乡建设，持续推进更多高水平公共服务在城乡间实现均等化配置，增强乡村创业的含金量和吸引力，让高水平公共服务成为农民致富的新增量和乡村振兴的重大动力源。

六、在健全社会保障和救助帮扶体系中推进"百姓富"

健全的社会保障和充分的救助帮扶体系是现代社会的重要内容，也是实现现代化进程中秩序与活力平衡的关键支撑。在保障托底上，中国要防止超出现阶段的发展水平而陷入"福利陷阱"，同时更要顺应人民群众对美好生活的需要，稳步扩大社会兜底保障的覆盖面并提升保障水平，使之成为现代化建设的可靠支撑。江苏在健全社会保障和救助帮扶体系上，要在完成国家"规定动作"的同时，积极探索更高水平的"自选动作"，这也是江苏在中国式现代化中"走在前、做示范"的重要体现。一是要坚持目标引领，本着让所有人都过上更有尊严的生活的目标，在确定社会保障和救助帮扶的目标人群、保障救助的标准水平上加强研究，更好体现社会公平正义的要求，让相关人群获得较之决胜全面建成小康社会阶段更高水平的保障救助，体现时代的发展性。二是坚持制度支撑，注重对具体个人的个性化支持，更注重社会保障和救助帮扶的制度化保障，根据现实中存在的短板问题，及时探索制度化解决之策，变个别为一般，偶发为常态，让目标人群能够获得更可靠的制度化支持。三是坚持调动社会力量参与，注重发挥政府的关键作用，但也不搞政府大包大揽，创造条件让更多的社会组织和社会力量有意愿、有动力参与到社会保障尤其是帮扶救助之中，大力弘扬慈善风尚，形成社会保障救助的支持网络，增强保障救助的覆盖面和韧性。

七、在完善收入分配制度体系中推进"百姓富"

收入分配制度决定社会创造的价值财富在资本、劳动及其他各类要素所有者之间的分配比重，也决定政府、市场、社会、居民之间的分配比重，是直接影响"百姓富"的重要制度安排。江苏在推进"百姓富"的进程中，要结合省情，创造性贯彻落实中央关于健全收入分配制度体系的部署。一是把鼓励实体经济发展与健全按劳分配制度结合起来，发挥发达的实体经济作为江苏创业就业主阵地、主渠道的基础优势，树立向实而行、向实而强的价值导向，把创造更大规模、更高质量实体财富作为社会的价值导向和分配优先方向，围绕产业发展积极探索"劳有所得""优劳优得"的实现路径。二是坚持按劳分配与按生产要素分配有机结合，尊重各类要素在形成发展社会生产力中的独特价值，重点释放知识、数据、管理等生产要素的巨大价值，充分发挥各类生产要素价值，促进全体人民共享创新型经济、数字经济等发展红利。三是规范并加强政府公共转移支付力度。坚持公共财政向民生倾斜的原则不动摇，持续提升政府转移的规范性，增强政府向重点民生领域、重点群体的转移支付力度，让转移性收入成为富民增收的可靠支撑点、生长点；同时积极用好社会资本、民间慈善等力量，广拓民生领域投入来源，为困难群众提供更大支持，为改善居民收入结构、提升民生福祉奠定坚实基础。

第三节
在打造标杆示范中推进"百姓富"

江苏要想面向未来高水平推进"百姓富"，不仅要把自身发展好，还要着眼全国现代化大局，着力创造更多具有推广价值的标杆示范，这是江苏率先探索"百姓富"的重要目标。

一、打造推进"百姓富"的重大改革标杆

江苏推进"百姓富"面临的重大制约因素，有发展领域的问题，更有深层次体制机制的问题。破除制约"百姓富"的关键性障碍，是推进"百姓富"取得重大进展的"关键一招"。例如，推进国家城乡融合发展试验区（江苏宁锡常接合片区）建设，是江苏破解城乡二元结构问题、缩小城乡差距的战略抓手。在改革探索中，相关县市大力推进相关创新实践，在集体经营性建设用地入市保障产业项目落地、现代农业产业化联合体促进城乡要素高效配置、绿色金融改革创新试验区助力生态产品价值实现、农旅融合实现联农带农发展等领域积极探索，形成一系列改革示范。宜兴推进集体经营性建设用地入市，出台配套政策，完成确权登记、数据成果汇交，树立鲜明的产业导向，通过挂牌出让集体经营性建设用地，有效保障了重大项目和产业发展所需，形成"农土入市—赋权赋能—盘活资源—产业振兴—联动示范"的多方共赢格局。农村集体经营性建设用地入市改革的突破，不仅打开了资本下乡的大门，也成为助推乡村再造的动力源。比较而言，江苏目前所取得的改革突破仍是初步的，且与全国同类地区改革探索同质化的现象突出。为此，江苏要继续坚持试点引路，扎实推进国家城乡融合发展试验区（江苏宁锡常接合片区）建设，聚焦集体经营性建设用地入市机制、科技成果入乡转化机制、城乡产业协同平台、生态价值实现机制和农民持续增收机制等试验重点，总结提炼江苏宁锡常接合片区在引进创新主体、集聚创新要素、打造创新平台、形成新质生产力上的经验做法，凝练出具有可复制可推广价值的标志性成果。加强省级统筹，不断完善全省城乡融合发展体制机制和政策体系，切实提升城乡融合发展、共享品质生活，持续巩固先行省份优势地位。

开展"四化同步"集成改革，是推进区域城乡协调发展的重大举措。"四化同步"发展具有全局性、系统性，以往大量的改革以城乡融合发展

综合改革试点、新型城镇化综合配套改革试点、新型工业化专项改革试点等专项改革试点展开。随着我国改革进入加强系统集成、协同高效的新阶段，以往单项推进改革试点的做法难以适应新的形势需要，江苏把握形势之变，以集成改革为重点，把宿迁市作为示范区，旨在通过制度集成创新提升改革整体效能，为全国同类地区加快现代化建设探索路径。一是推进产业领域改革创新，优化"四化同步"的区域经济格局。强化政策创新与政策协同，推进新型工业化提质增效，促进优势制造业聚链成群；加强乡村一二三产融合集成改革，探索构建融合主体、融合平台利益联结机制，加强农业与现代产业要素跨界配置，推进多主体参与、多要素聚集、多业态发展、多模式打造。二是深化资源要素市场化改革，优化"四化同步"的市场配置格局。推进农业转移人口市民化，探索建立人地钱挂钩、以人定地、钱随人走制度，推进城镇基本公共服务向常住人口全覆盖；探索创新要素参与分配有效形式，加快探索知识、技术、管理、数据等要素价值的实现形式，持续提升要素配置效率与产出效能。三是深化平台示范集成改革，优化"四化同步"的战略支撑格局。把握"人产城"耦合逻辑，营造最优营商环境、人居环境和人才发展环境，增强产业和城市对人的集聚力、服务力，高标准打造一批融入国家和区域科创体系的科技创新共同体、促进优势集群成长的产业生态圈、宜创宜业宜居的生活共同体，打造涵养新型工业化、信息化与农业现代化的高品质产业空间；打造一批差异互补、相对完整的产业链式聚合的空间单元，增强产业链、供应链极端情境下的弹性与韧性，实现高水平安全与高质量发展良性互动，增强区域发展韧性。

二、打造推进"百姓富"的新型主体标杆

对照现代化产业体系标准，江苏新型主体短板明显，"链主"型主体、创新主体、平台型主体亟待培育壮大，集中体现为头部平台企业匮乏，平台企业"小、散、弱"格局尚未根本扭转，与发达国家和地区有较大差距。新形势下，头部平台企业的缺乏，进一步限制了江苏企业在高质量发展中获享庞大市场红利的机会，在客观上可能导致经济增长动能的流失和

增长空间的窄化，这种主体结构的短板也是制约"百姓富"的一个核心成因。要想补齐这一短板，江苏要更加重视创新主体的引育。一是大力发展新型平台。强化平台思维，把握要素、产业平台化趋势，借鉴数字化平台型企业的演进规律，发挥数字经济、创新经济、实体经济的叠加优势，重点探索在中心城区、产业园区、城乡联动空间中连接实体经济与平台经济的模式路径，构建涵养创富、促进共富的新型平台。二是积极培育科创企业。随着硬核科技创新创业时代的来临，科创型企业正成为创造财富的关键主体。以新能源汽车、动力电池、光伏组件为代表的外贸"新三样"快速崛起，相关企业拥有核心技术、自主品牌、创新人才、自主营销网络等综合优势，占据产业价值链高端，形成可观的创富效应，产生大量高质量就业岗位，税收贡献显著，成为保障和改善民生的源头活水，彰显科创型企业在推进"百姓富"中的独特作用。面向未来，江苏要发挥科技领军企业市场需求、集成创新、组织平台的优势，推动有条件的企业强化基础创新力、源头创新力、集成创新力和产业拓展力，打通科技强、企业强、产业强、经济强的通道，更好筑牢民生发展之基、财富之基。三是大力引育新型职业主体。推进"百姓富"必须建立在发达的社会生产力之上，而充分的社会分工和高度的专业化是必要条件，这对劳动者的能力提出更高要求，需要大量能够从事创新活动的战略人才和能够熟练掌握新型生产资料的专业化人才，其中懂技术、懂管理、懂市场的专业复合型人才尤其重要。面向未来，江苏要建设一支高素质的劳动者队伍，同时要顺应产业之变、市场之需，积极引进培育战略科学家、战略企业家、新型卓越工程师、数字工匠、新农人、跨界创业者等职业主体，形成高水平创业就业的新型主体力量。

三、打造推进"百姓富"的政策创新标杆

推进"百姓富"事关广大人民群众的切身利益，政策性很强，对政策的创新性、有效性提出了很高要求。制定出台一批切实可行、富有引领性的高质量创新政策，是在高层次上推进"百姓富"的内在要求。为此，首

先要深入总结在实践中行之有效的举措,在更大范围内加以推广。例如,昆山作为全国百强县的龙头,在率先发展中也率先遭遇公共资源和社会服务供给不足、城乡分布不均衡等困扰。昆山迎难而进,通过创新县域公共服务"三个一"机制,大力打造"城乡共同体"。一是开出一张服务清单。通过标准化体系促进基本公共服务均等化,明确农村基本公共服务项目清单和财政支出标准,解决好"提供什么服务"的问题。二是建立一项制度体系。制定《关于建立健全城乡融合发展体制机制和政策体系的实施方案》《关于开展城乡融合"百村共享"高质量打造"城乡共同体"的行动方案》,推进城乡教育、医疗卫生、社会保障和文化供给均衡发展,解决好"谁来提供服务"的问题。三是健全一套推进机制。探索形成"市级统筹—部门推动—镇级落实—村级协调"的工作推进机制,广泛凝聚起社会各界各方关心、支持、建设的强大合力,解决好"如何落实服务"的问题。昆山"城乡共同体"的政策创新对于破解自身发展问题产生了积极成效,有效增强了群众获得感,也具有很强的示范推广价值。

江苏一些地区在破解农民持续增收堵点难点方面获得了不少有益经验。徐州市深化强村富民乡村集成改革,探索就业创业、联农带农机制,运用集体经济、富民强村帮促等手段拓宽农民增收渠道。当然,在推广过程中,各地也需要结合自身情况加以创造性运用,不断拓宽做强农民持续收入渠道,如鼓励农民通过自营、出租、入股、合作等形式,盘活闲置宅基地和闲置农房;鼓励村集体大力发展生态农业、物业租赁、农旅融合、优势产业等项目,拓宽村集体增收渠道;完善股份分红机制,积极引导村集体经过法定程序,将收益分配向低收入农户等群体倾斜,打通"集体富裕"与"村民富裕"转化通道;通过分配一定比例农村集体经济收益用于支持本村开发公益性岗位。在政策指标打造上,江苏既要自加压力,提高标准,也要尽力而为,量力而行,不能搞"福利主义"那一套,不吊高胃口,不空头许诺。

四、打造壮大中等收入群体标杆

壮大中等收入群体规模、形成橄榄型社会结构,是发达国家和地区的一个共同特征。江苏要积极落实中央关于"把扩大中等收入群体规模作为重要政策目标"的要求，推进"百姓富"既要注重提升百姓获得收入的底线水平，增强社会兜底保障能力，又要更大力度壮大中等收入群体，形成江苏"百姓富"的主导形态，即让多数家庭和个人能够获得较高的收入水平、较高的社会资本和高水平社会公共服务供给。一是发挥劳动力整体水平较高的优势，推动高校毕业生、科技人员、高技能人员、专业服务人员、创业人员等重点群体进入中等收入行列，形成很好的示范效应，带动更多人进入中等收入行列。二是高度重视畅通社会向上流动渠道，深化要素市场化改革，切实减少因户籍、地域、身份、性别等产生的歧视和不公平待遇，在社会不同阶层、不同行业、不同区域之间保持畅通的流动机制与渠道，为让各类人、各类经营主体各展其长创造条件，激发创富动能。三是持续提升公共服务水平和均等化程度，让优良的社会公共服务成为普惠性公共产品，惠及每一个人。在兜底的同时不断提高标准，形成与现代化相匹配的公共服务供给，为弱势群体和个人提供必要支持，成为提升中等收入群体获得感的重要体现。四是创新提升人力资本的途径，推进政府、社会、市场协同发力，形成针对不同群体、不同场景的社会性学习、培训机制，让终身学习成为常态，持续提升相关人员就业创业的质量水平，增强其在第一次分配中获得更多收入的能力。五是构建更加公平的社会分配机制，注重激发主体的积极性，促进公平与效率的统一，拓展居民增收渠道和获得各类社会支持的渠道，重点为中低收入家庭和人群创造达到中等收入水平的条件。

五、锻造先富带动后富标杆

江苏有先富带后富的优良传统，既包括省域内部的南北挂钩帮扶，又包括江苏与对口地区的帮扶合作，前者体现省域发展水平的内部趋同，后者体现国家发展水平的内部趋同，共同体现省一级在我国现代化建设中的关键作用。江苏率先发展，在全国大局中发挥了对其他地区的示范带动效应，既是全国宏观经济大盘的重要压舱石，又是全国范围内推进共同富裕的先锋和标杆。在新征程上，江苏锻造先富带动后富标杆，有多个可待重点突破的领域。一是持续提升苏南苏北合作水平。在新时代赋予南北合作优势互补、协同共进的新内涵,既推进苏南的优势资源、要素、项目更充分向苏北流动,又发挥苏北的特色优势,打开苏南高质量发展的更大空间;在合作内容上,既推进人员、产业、园区等传统合作的升级,又积极向公共服务、社会治理、人文交流、飞地经济、教育科技等方向拓展,形成更紧密、更持久的合作共赢局面。二是打造城市群和都市圈共富的标杆。江苏拥有城市群、都市圈形态较为完整、成熟的优势,例如,在中心城市和城市群成为承载发展要素主要空间形式的情况下,形成紧密连接上海的"万亿城市连绵带",这意味着江苏拥有了高位突破的强大战略支撑。这些城市的科技、教育、人才优势集中,创新链、产业链、服务链、供应链、金融链完整,人文与经济相互激荡、彼此生发,市场空间巨大、富有全球吸引力,有条件在一体协同、良性竞合中聚合起更强大的创新动能、市场动能、开放动能,形成吸引全球创新要素、创新主体的强磁场,进而产生巨大的创新、创造、创富效应,成为"百姓富"整体提升、全域突破的区域,可形成具有全国影响力的共富标杆。三是在打造人民群众物质富足和精神富有协同发展的标杆。江苏"两个文明"协调性高,不同区域均拥有独特的人文经济优势,有条件在同步促进人民群众物质富足和精神富有上积极探索,形成有特色、有优势的示范标杆,既赋予江苏"百姓富"丰富内涵,又产生示范带动效应,为其他地区发展提供经验启示。

后 记

本书为"中国式现代化江苏新实践研究丛书"之"百姓富"，按照江苏省哲学社会科学界联合会统一部署开展研究，得到中共江苏省委宣传部的直接指导和大力支持，列入江苏省习近平新时代中国特色社会主义思想研究中心的"新时代理论研究文丛"，为2023年江苏省社会科学基金、江苏省习近平新时代中国特色社会主义思想研究中心重大项目"中国式现代化江苏新实践中的百姓富裕研究"（项目编号：23ZDW008）研究成果。

本书以习近平新时代中国特色社会主义思想为指导，把江苏现代化建设放在世界现代化和中国式现代化宏阔进程中来审视，系统展现新时代以来江苏沿着习近平总书记指引的方向追求和推进"百姓富"的非凡历程，总结提炼在这一过程中形成的实践举措及江苏经验，系统阐释其中蕴藏的规律性启示，展望江苏推进"百姓富"的美好前景。

本书由江苏省社会科学院党委书记、院长夏锦文教授任牵头，江苏省社会科学院经济研究所副所长吕永刚研究员，江苏省社会科学院办公室副主任孙运宏博士参写。本书在写作过程中得到了江苏省委宣传部、江苏省哲学社会科学界联合会的指导和支持，省内诸多专家提出了修改意见，在此一并致谢。

党的二十大报告指出，必须坚持在发展中保障和改善民生，鼓励共同奋斗创造美好生活，不断实现人民对美好生活的向往。

推进"百姓富"的过程,就是不断实现人民对美好生活的向往的过程,是让人民群众过上富裕幸福生活的过程。全体人民共同富裕是中国式现代化的鲜明标识,贯穿于中国式现代化发展的全过程,要坚持理论创新和实践创造相统一,从达成共识形成合力,脚踏实地久久为功。征途漫漫,唯有奋斗。作为东部沿海省份,江苏在全国较早地开展省域共富的系统探索,形成了致力于推动"富民强省"的浓厚氛围。进入新时代,江苏沿着习近平总书记为江苏擘画的蓝图扎实推动"百姓富",取得了重大进展。在中国式现代化新征程上,江苏高水平推进"百姓富"仍处于进行时,必将在中国共产党的坚强领导下、全省上下的团结奋斗中,实现高质量发展、高品质生活相得益彰,更好展现城乡人民群众安居乐业、幸福美好的现代化图景。

2024 年 4 月